RAÍZES JUDAICAS DO DIREITO
PRINCÍPIOS JURÍDICOS DA LEI MOSAICA

O GEN | Grupo Editorial Nacional – maior plataforma editorial brasileira no segmento científico, técnico e profissional – publica conteúdos nas áreas de concursos, ciências jurídicas, humanas, exatas, da saúde e sociais aplicadas, além de prover serviços direcionados à educação continuada.

As editoras que integram o GEN, das mais respeitadas no mercado editorial, construíram catálogos inigualáveis, com obras decisivas para a formação acadêmica e o aperfeiçoamento de várias gerações de profissionais e estudantes, tendo se tornado sinônimo de qualidade e seriedade.

A missão do GEN e dos núcleos de conteúdo que o compõem é prover a melhor informação científica e distribuí-la de maneira flexível e conveniente, a preços justos, gerando benefícios e servindo a autores, docentes, livreiros, funcionários, colaboradores e acionistas.

Nosso comportamento ético incondicional e nossa responsabilidade social e ambiental são reforçados pela natureza educacional de nossa atividade e dão sustentabilidade ao crescimento contínuo e à rentabilidade do grupo.

MARCUS ABRAHAM

RAÍZES JUDAICAS DO DIREITO

PRINCÍPIOS JURÍDICOS DA LEI MOSAICA

Prefácio: **Ministro do STF Luiz Fux**
Pósfacio: **Desembargador Federal Messod Azulay**

- O autor deste livro e a editora empenharam seus melhores esforços para assegurar que as informações e os procedimentos apresentados no texto estejam em acordo com os padrões aceitos à época da publicação, e todos os dados foram atualizados pelo autor até a data de fechamento do livro. Entretanto, tendo em conta a evolução das ciências, as atualizações legislativas, as mudanças regulamentares governamentais e o constante fluxo de novas informações sobre os temas que constam do livro, recomendamos enfaticamente que os leitores consultem sempre outras fontes fidedignas, de modo a se certificarem de que as informações contidas no texto estão corretas e de que não houve alterações nas recomendações ou na legislação regulamentadora.

- Fechamento desta edição: *05.06.2020*

- O Autor e a editora se empenharam para citar adequadamente e dar o devido crédito a todos os detentores de direitos autorais de qualquer material utilizado neste livro, dispondo-se a possíveis acertos posteriores caso, inadvertida e involuntariamente, a identificação de algum deles tenha sido omitida.

- **Atendimento ao cliente: (11) 5080-0751 | faleconosco@grupogen.com.br**

- Direitos exclusivos para a língua portuguesa
  Copyright © 2020 by
  Editora Forense Ltda.
  Uma editora integrante do GEN | Grupo Editorial Nacional
  Travessa do Ouvidor, 11 – Térreo e 6º andar
  Rio de Janeiro – RJ – 20040-040
  www.grupogen.com.br

- Reservados todos os direitos. É proibida a duplicação ou reprodução deste volume, no todo ou em parte, em quaisquer formas ou por quaisquer meios (eletrônico, mecânico, gravação, fotocópia, distribuição pela Internet ou outros), sem permissão, por escrito, da Editora Forense Ltda.

- Capa: Aurélio Corrêa

- **CIP – BRASIL. CATALOGAÇÃO NA FONTE.
  SINDICATO NACIONAL DOS EDITORES DE LIVROS, RJ.**

A139r
Abraham, Marcus
   Raízes judaicas do direito : princípios jurídicos da lei mosaica / Marcus Abraham. – 1. ed. – Rio de Janeiro: Forense, 2020.

Inclui bibliografia
ISBN 978-85-309-9092-3

1. Direito judaico – Filosofia. 2. Direito judaico – História. 3. Direito – Doutrina bíblica. I. Título.

20-63508   340.12:26-74

Leandra Felix da Cruz Candido – Bibliotecária – CRB-7/6135

*"As metáforas de anteontem
são as analogias de ontem
e os conceitos de hoje".*

Harold J. Berman
*(Direito e revolução:
a formação da tradição jurídica ocidental, 2006)*

AGRADECIMENTOS

Agradeço a D'us. Por ter me concedido uma alma virtuosa e um corpo saudável para cumprir a minha missão neste mundo. Por me iluminar, proteger e dar serenidade para enfrentar os desafios da vida. Obrigado.

Agradeço à minha esposa. À Mariana, pelo amor, companheirismo e pela amizade diários. Por me ajudar a crescer, superar as dificuldades e transcender a minha individualidade. Por me acolher emocionalmente e compartilhar um lar cheio de luz e paz. Pela união, que nem um *guet* foi capaz de apartar. Obrigado.

Agradeço à minha família. Aos meus pais, Herman e Clara, e à minha irmã, Patrícia, por me mostrarem o puro e verdadeiro sentido de família. Por deles ter recebido, desde a minha infância, amor, carinho, segurança material e educação, alicerces imprescindíveis para a construção de uma vida íntegra, significativa e feliz. Por me ensinarem os princípios e valores morais fundamentais e necessários para dignificar a minha existência e respeitar o próximo, a fim de construir, material e espiritualmente, uma vida plena. Por me orientarem e aconselharem constantemente. Por terem me transmitido as tradições judaicas, sem descuidarem dos ensinamentos seculares. Por estarem sempre por perto e não me deixarem sentir só. Obrigado.

Agradeço ao Ministro Luiz Fux. Por ter me honrado com a sua participação na comissão avaliadora do trabalho final de pós-doutorado, realizado na Faculdade Nacional de Direito da UFRJ, que deu origem a esta obra. Por ter dignificado este livro com o seu belíssimo prefácio. Pelos ricos ensinamentos jurídicos quando foi meu professor na Universidade do Estado do Rio de Janeiro. Pelo exemplo de docente, jurista e magistrado, tendo meritosamente alcançado todos os louvores da toga e da academia, com grandeza e proeminência. Por sempre ter incentivado e apoiado a minha carreira acadêmica e profissional, sobretudo para o ingresso na magistratura. Obrigado.

Agradeço ao Desembargador Messod Azulay. Pela amizade fraternal. Pelo carinho com que me recebeu, desde o meu primeiro dia, no Tribunal Regional Federal da 2ª Região, tornando-se mais que um colega de magistratura, um irmão na vida. Pelos ouvidos sempre à disposição para me escutar. Pelos conselhos diuturnos que me oferece. Pelo posfácio elaborado para este livro, que muito o engrandece. Obrigado.

Agradeço ao professor Carlos Bolonha. Por ter me acolhido na Faculdade Nacional de Direito, onde é Diretor, com toda a hospitalidade e disponibilidade. Por ter aceito, de pronto e com entusiasmo, o meu projeto de pós-doutoramento, supervisionando-me ao longo da pesquisa, tese que deu origem a esta obra. Pelas reflexões e trocas de ideias realizadas. Pela amizade que surgiu. Obrigado.

Agradeço ao meu assessor Vítor Pimentel Pereira. Pelas importantes pesquisas e colaboração acadêmica que realizou, ajudando-me a desenvolver esta obra. Pelos ensinamentos sobre o cristianismo e teologia, sem os quais não seria possível chegar às conclusões aqui expostas. Pelo rico e profundo diálogo construtivo inter-religioso. Por ter sido imprescindível para que eu pudesse realizar essa obra. Pela amizade. Obrigado.

Agradeço ao Grupo GEN. Por acreditar nos meus projetos acadêmico-literários e materializá-los em livros, com profissionalismo e qualidade. Obrigado.

SOBRE O AUTOR

É Desembargador Federal do Tribunal Regional Federal da 2ª Região (desde 2012). Foi Procurador da Fazenda Nacional (2000-2012). Foi advogado de escritório de advocacia e de empresa multinacional (1992-2000). Pós-Doutorado na Universidade Federal do Rio de Janeiro – FND/UFRJ (2019). Pós-Doutorado na Universidade de Lisboa (2018). Doutor em Direito Público pela Universidade do Estado do Rio de Janeiro – UERJ (2005). Mestre em Direito Tributário pela Universidade Candido Mendes (2000). MBA em Direito Empresarial pela EMERJ/CEE (1998). Graduação em Administração pela Universidade Candido Mendes (1996). Graduação em Direito pela Universidade Candido Mendes (1992). Ex-Diretor da Associação Brasileira de Direito Financeiro (2006-2013).

É Professor de Direito Financeiro da Universidade do Estado do Rio de Janeiro (UERJ), na categoria de Professor Adjunto de 2006 a 2016, e de Professor Associado desde 2016. É membro da Diretoria da Escola da Magistratura Regional Federal da 2ª Região – EMARF (desde 2013). É Coordenador do Núcleo de Estudos em Finanças Públicas, Tributação e Desenvolvimento da Faculdade de Direito da UERJ – NEFIT/UERJ desde 2010. Foi Diretor da Escola Superior da PGFN (2003-2004). Foi Diretor da Associação Brasileira de Direito Financeiro (2006-2013). Foi Professor da Universidade Candido Mendes Ipanema (1996-2007). Foi Professor da Pós-Graduação da Fundação Getúlio Vargas – FGV (2000-2006) e do Instituto Brasileiro de Mercado de Capitais – IBMEC (2003-2010). Foi Professor da Faculdade Carioca (1996-1997).

É autor de diversos livros jurídicos, entre eles *Curso de Direito Tributário Brasileiro*, 2ª edição, Editora Forense, 2020; *Curso de Direito Financeiro Brasileiro*, 5ª edição, Editora Forense, 2018; *Lei de Responsabilidade Fiscal Comentada*, 2ª edição, Editora Forense, 2017. É autor de mais de 100 artigos e capítulos de livros, publicados nos mais diversos meios, inclusive em jornais de grande circulação.

MENSAGEM DO AUTOR

Este livro é resultado da tese de pós-doutorado realizada na Faculdade Nacional de Direito da UFRJ no ano de 2019, por meio da qual se buscou identificar os valores jurídicos existentes na Torá e o caminho histórico e jusfilosófico por eles percorrido, que influenciaram as instituições e a cultura ocidental, até chegar ao direito contemporâneo.

Revelaram-se presentes, ao longo dos cinco livros da Lei Mosaica, os princípios da dignidade da pessoa humana, do devido processo legal, da boa-fé, da proporcionalidade e da igualdade.

Esta obra foi escrita sem qualquer viés religioso, podendo ser lida tanto por um agnóstico ou ateu, como por qualquer pessoa que acredite em um Ser Superior, seja qual for a sua religião, uma vez que as constatações aqui alcançadas originam-se de manifestações concretas e telúricas, de natureza histórica, cultural, sociológica, filosófica e jurídica, legados da cosmovisão judaico-cristã, fortemente arraigada nos dias de hoje no mundo ocidental e em nosso país.

O foco deste livro é de natureza ético-valorativa, não tendo sido realizada a análise dos inúmeros tipos jurídicos presentes na Torá, similares aos que temos hodiernamente no direito, o que se pretende fazer, quem sabe, em uma futura obra.

Almeja-se, ao final, despertar a reflexão, seja no estudante ou no profissional do direito, de que o nosso ordenamento jurídico não está fundado apenas e tão somente no direito romano-germânico, mas é derivado também de uma terceira fonte primária: a Lei Mosaica.

Rio de Janeiro, 2020.
Marcus Abraham

PREFÁCIO

Ao longo da História, a vida em sociedade demandou a criação de regras e de práticas de cooperação, de ordenação e de convívio que pudessem reger as interações entre os membros do corpo social. Para cumprir com essa tarefa, um conjunto de preceitos morais e de valores axiológicos foram estabelecidos, de acordo com cada cultura e cada desenvolvimento histórico-institucional.

Nesse sentido, *dois* elementos se destacaram na função de estabelecer a organização social: *(i)* a razão humana, representada pelo direito; e *(ii)* a obediência oriunda da fé em uma divindade, representada pela religião.

Em meio a esse cenário é que a culta e rica obra do Professor Marcus Abraham, cunhada de *Raízes Judaicas do Direito: Princípios Jurídicos da Lei Mosaica*, destaca as intersecções entre os referidos dois âmbitos de criação de regras, de princípios e de práticas sociais e morais: o direito e a religião.

O estudo não possui, porém, caráter religioso ou teológico, mas sim jurídico: aborda, com profundidade, os efeitos concretos que os preceitos do Judaísmo exerceram nos ordenamentos jurídicos das civilizações contemporâneas. Desse modo, por meio de uma abordagem multidisciplinar, evidencia elementos sociológicos, históricos e culturais sobre o tema.

Neste livro, o leitor irá se deleitar com diversas contribuições histórico-jurídicas sobre como a herança judaico-cristã, sobretudo a Lei Mosaica (Torá), influenciou a cultura ocidental, a construção de instituições contemporâneas e a formação de institutos jurídicos relevantes.

Oportuno dizer que o texto base desta obra é fruto de Tese de Estágio Pós-Doutoral do professor Marcus Abraham, no bojo da Faculdade Nacional de Direito da Universidade Federal do Rio de Janeiro (FND-UFRJ). Tive a grata oportunidade de compor a banca de arguição deste trabalho e, logo de início, percebi a relevância e a densidade de sua pesquisa, que foi supervisionada pelo Prof. Dr. Carlos Alberto Bolonha.

Trata-se de obra inovadora, com notável consistência acadêmico-intelectual. A originalidade deste livro, portanto, é uma marca que certamente impressionará o leitor. Faço, pois, especial menção quanto às magníficas reflexões relacionadas à presença do princípio da dignidade da pessoa humana na Lei Mosaica.

Por fim, cumpre ressaltar que a excelência do texto é resultado da qualidade de quem o redigiu. Nas palavras do pensador inglês Samuel Johnson: *"integridade sem conhecimento é algo fraco e inútil. Mas conhecimento sem integridade é perigoso e terrível"*. Podemos dizer que o Professor Marcus Abraham é exemplo raro de conhecimento com integridade: um acadêmico de escol e um magistrado íntegro, probo e correto.

De um lado, o autor é um conhecido doutrinador nas áreas de Direito Financeiro e de Direito Tributário, atualmente, Professor Associado de nossa querida Faculdade de Direito da Universidade do Estado do Rio de Janeiro (UERJ). *De outro lado*, após desempenhar com louvor as atribuições de Procurador da Fazenda Nacional, desde 2012, enobrece a magistratura exercendo o cargo de Desembargador do Tribunal Regional Federal da 2ª Região (TRF 2).

Honra-me sobremaneira o ensejo de prefaciar esta obra.

Desejo a todos e a todas uma proveitosa leitura!

Brasília, 26 de novembro de 2019.

Luiz Fux[1]

---

[1] Ministro e Vice-Presidente do Supremo Tribunal Federal. Ex-Presidente do Tribunal Superior Eleitoral. Professor Livre-Docente em Processo Civil da Faculdade de Direito da Universidade do Estado do Rio de Janeiro (FDN-UERJ). Doutor em Direito Processual Civil pela Universidade do Estado do Rio de Janeiro (UERJ). Membro da Academia Brasileira de Letras Jurídicas. Membro da Academia Brasileira de Filosofia.

SUMÁRIO

INTRODUÇÃO 1

1. DA LEI MOSAICA AO DIREITO OCIDENTAL: UMA BREVE CAMINHADA HISTÓRICA 21
  1.1 A formação do povo hebreu 22
  1.2 A Torá Escrita e a Torá Oral 27
  1.3 As Escrituras cristãs 35
  1.4 As primeiras comunidades cristãs e o cristianismo como religião do Império Romano 38
  1.5 A invasão dos povos bárbaros e a Idade Média 45
  1.6 O direito das Ordenações 60
  1.7 A teoria política no cristianismo protestante e a influência judaica 66

2. VALORES E PRINCÍPIOS 79
  2.1 Os valores na visão filosófica 79
  2.2 Os valores e princípios no direito 83
    2.2.1 O jusnaturalismo racionalista 83
    2.2.2 O positivismo jurídico 86
    2.2.3 A retomada dos valores 89
    2.2.4 O pós-positivismo jurídico 98
  2.3 Enquadramento terminológico de valores, princípios e regras ... 107

3. O PRINCÍPIO DA DIGNIDADE DA PESSOA HUMANA NA LEI MOSAICA 113
  3.1 O ser humano como "imagem de D'us" na lei mosaica e a fonte da ideia de dignidade da pessoa humana 115
  3.2 A expressão "dignidade humana" no contexto da Torá 121
  3.3 A visão cristã da dignidade humana como "imagem de D'us" ... 127
  3.4 O problema da escravidão no Mundo Antigo e a dignidade humana 130
  3.5 A dignidade humana na Idade Média e início da Modernidade 140

3.6 O Iluminismo e a virada kantiana 145
3.7 O século XIX e a negação do dado religioso na base da dignidade humana 149
3.8 O pós-Segunda Guerra Mundial e os tratados de direitos humanos 151

4. OS PRINCÍPIOS JURÍDICOS NA LEI MOSAICA 155
   4.1 Princípio do devido processo legal 155
   4.2 Princípio da boa-fé 169
   4.3 Princípio da proporcionalidade 173
   4.4 Princípio da igualdade 177

5. CONCLUSÃO 191

POSFÁCIO 199

TABELA DE VERSÍCULOS DA TORÁ E PRINCÍPIOS JURÍDICOS 201

GLOSSÁRIO 211

REFERÊNCIAS BIBLIOGRÁFICAS 221

INTRODUÇÃO

Com o surgimento do homem na terra, direito e religião se desenvolvem como uma necessidade básica do ser humano em sua vida em sociedade. O direito como instrumento de solução de conflitos, ordenação e pacificação social, e a religião como dimensão transcendente da existência humana ou da relação buscada pelo ser humano com uma divindade. Ocorre que, tradicionalmente, ambos – direito e religião – se conectam, uma vez que os valores morais inerentes aos ordenamentos jurídicos modernos decorrem não só, mas também, de valores que foram igualmente enunciados nas primeiras religiões que começaram a se desenvolver há mais de 5 mil anos.

Em todo o Mundo Antigo, berço das antigas civilizações, desde a Babilônia, Pérsia, Egito, Índia, China, Israel, Grécia e Roma, o direito era influenciado pela religião através de dogmas e ditames provenientes de uma atribuída revelação ou vontade divinas, que disciplinava não apenas os procedimentos para os respectivos cultos, mas também oferecia regras sobre a organização e estruturação social e familiar, alimentação, habitação, propriedade e herança e até aspectos do comércio e da economia.

Em relação às primeiras formações estatais desse período, como se verifica ao se estudar as origens históricas do Estado – matéria versada pela Teoria Geral do Estado –, não havia distinção clara entre poder temporal e religioso, formando-se um verdadeiro amálgama entre ambos os aspectos. Por certo, as instituições jurídicas surgidas na época buscaram, com frequência, fundamento de validade numa alegada vontade ou bênção divina especial, quando não se confunde a própria pessoa da autoridade criadora de normas com a divindade.[1]

---

[1] No mesmo sentido, entre autores nacionais de Teoria Geral do Estado: AZAMBUJA, Darcy. *Teoria Geral do Estado*. 41. ed. São Paulo: Globo, 2001. p. 138-142; DALLARI, Dalmo de Abreu. *Elementos de Teoria Geral*

O propósito deste livro, contudo, não tem viés religioso, nem visa a discutir o critério de verdade em matéria religiosa, tarefa esta que caberia a uma investigação de cunho teológico. Tampouco se entra no debate se as doutrinas e normas enunciadas por cada religião são oriundas de uma possível autoridade divina ou revelação especial, ou se são apenas criações dos diversos grupos humanos ao longo da história na tentativa de dar algum sentido à existência do ser humano sobre a terra.

As questões teológicas e outras que lhe sejam similares simplesmente não são relevantes para o escopo dentro do qual se desenvolve esta obra, isto é, o de buscar demonstrar, através da análise da fonte primária da Torá, como uma determinada visão de mundo específica (a judaico-cristã) influenciou as bases culturais e morais dos valores e princípios que norteiam o direito ocidental.

Apesar disso, por se tratar de um trabalho literário que busca investigar a matriz hebraica de instituições ocidentais, a obra seguirá a tradição tipicamente judaica de grafar o nome da divindade de modo incompleto, a saber, "**D'us**" (salvo nas citações, em que se respeitará a grafia original dos autores citados). Também é inserido, ao final da obra, um *glossário*, para facilitar a consulta de termos técnicos judaicos e cristãos quiçá menos conhecidos.

Não se nega que outras visões de mundo de matriz religiosa, como o confucionismo na China, ou o hinduísmo na Índia, tenham contribuído para a formação de tradições jurídicas distintas da ocidental. Mas o corte epistemológico foi deliberado: tratar-se-á apenas da tradição jurídica ocidental, da qual somos herdeiros em nosso país, e, dentro desta, apenas da influência judaico-cristã (embora não se ignore que existem outras influências relevantes, como aquela exercida pelas instituições jurídicas do mundo greco-romano e dos povos bárbaros).

Aqui tampouco se sustenta uma visão reducionista de que a noção de moralidade seja característica privilegiada das civilizações

---

do Estado. 30. ed. São Paulo: Saraiva, 2011. p. 70-73. STRECK, Lenio Luiz; MORAIS, José Luis Bolzan de. *Ciência política e Teoria do Estado*. 5. ed. rev. atual. Porto Alegre: Livraria do Advogado, 2006. p. 23.

que nasceram à sombra da cosmovisão judaico-cristã. Como sumariamente dito antes, em cada região do globo terrestre, ao longo da história humana, religiões diversas auxiliaram a formar as mais diversas culturas, embora haja sim pontos de contato entre elas em relação a valores de grande relevância para a vida em comum.[2]

Não há nenhuma estranheza nessas aparentes coincidências. A dimensão moral é parte integrante da experiência humana, ou seja, a necessidade inarredável de reconhecer ou atribuir valor às condutas, situações e coisas que se nos apresentam.

As próprias posições filosóficas que negam a existência (ateísmo) ou promovem a dúvida acerca da existência (agnosticismo) de qualquer divindade não conseguem fugir da necessidade de estabelecer balizas éticas para a convivência entre os seres humanos. A pergunta sobre o agir eticamente adequado não é privativa de religiosos, e a indagação sobre a fonte da moralidade sem que se faça referência necessária à existência de um princípio divino tomou contornos ainda mais fortes na Modernidade.

Não à toa, um dos próceres da Filosofia Moderna, Immanuel Kant, em sua Terceira Crítica (*Crítica da Faculdade do Juízo*, de 1790), coloca a lei moral, enquanto condição formal racional do uso de nossa

---

[2] A este respeito, veja-se a afirmação do filósofo alemão Fritz-Joachim von Rintelen acerca de um universalismo dos valores, ainda que alcancem graus distintos de concretização em cada povo ou cultura historicamente determinados: "Debemos, pues, discutir, acerca de aquellos ámbitos axiológicos que desde siempre han ocupado continuamente a los pueblos y culturas, y en los cuales ambos se han expresado. De esta manera es posible ver que existen efectivamente rasgos fundamentales comunes con el carácter de intenciones humanas generales de valor. El hecho de que estos rasgos fundamentales, em tanto valores básicos intentados, logran sin embargo muy diversas variaciones en su realización histórico-cultural, lo hemos ya tratado. Ello corresponde a lo que ya fue desarrollado en la primera parte acerca del fenómeno axiológico, cuando señalamos que a todo valor esencial le es propia una limitada posibilidad de cumplimiento según diversos grados de intensidad. Esto ocurre particularmente en las otras regiones axiológicas en cuestión: las de los valores estéticos, éticos y religiosos". (RINTELEN, Fritz Joachim von. *Anuario Filosófico de la Universidad de Navarra*, Pamplona, 3, 1970. p. 369).

liberdade, como obrigando por si mesma. Assim, a validade da lei moral não estaria na dependência da crença na existência de D'us, e aqueles que nela não acreditam não podem se reputar livres da obrigação da lei moral. Todo ente racional teria de se reconhecer como limitado pelos preceitos da moralidade, pois as leis morais seriam formais e ordenariam incondicionalmente sem levar em consideração finalidades outras que não o próprio cumprimento do dever moral.³

---

[3] KANT, Immanuel. *Critique of the power of judgment.* § 87. Of the moral proof of the Being of God. Trans. Paul Guyer; Eric Matthews. Cambridge: Cambridge University Press, 2000. p. 315-317 (5:450-5:452). Veja-se o seguinte trecho da p. 317, em que Kant atribui a pecha de "sem valor" ou "indigno" àquele que desejasse se escusar do cumprimento do dever moral por não crer em D'us: "Suppose, then, that a person were to convince himself, partly because of the weakness of all the speculative arguments that have been praised so highly, and partly by the weight of the many irregularities that he has encountered in nature and in the world of mores, of the proposition that there is no God; *he would still be worthless in his own eyes if on that account he were to hold the laws of duty to be merely imaginary, invalid, and nonobligatory, and were to decide to transgress them without fear.* Such a person, even if he could subsequently convince himself of that which he had initially doubted, would still always remain worthless with such a way of thinking, even though he fulfilled his duties as punctiliously as might be demanded of him because of fear or the aim of reward, but without the disposition of reverence for duty." (grifo nosso). No mesmo sentido, em texto posterior, de 1793, sobre o tema da religião: "So far as morality is based on the conception of the human being as one who is free but who also, just because of that, binds himself through his reason to unconditional laws, it is in need neither of the idea of another being above him in order that he recognize his duty, nor, that he observe it, of an incentive other than the law itself. At least it is the human being's own fault if such a need is found in him; but in this case too the need could not be relieved through anything else: for whatever does not originate from himself and his own freedom provides no remedy for a lack in his morality. – Hence on its own behalf morality in no way needs religion (whether objectively, as regards willing, or subjectively, as regards capability) but is rather self-sufficient by virtue of pure practical reason. – For, since its laws bind through the mere form of universal lawfulness of the maxims to be adopted in accordance with this lawfulness as the highest condition (itself unconditional) of all ends, morality needs absolutely no material determining ground of the free power of choice, that is no end, either in order to recognize what duty is or to

Não obstante isso, o próprio Kant admite que a crença em D'us e na imortalidade da alma constituem ideias com valor prático: os seres humanos são agentes imperfeitos e, influenciados por suas inclinações (nem sempre altruístas), apresentam na vida concreta dificuldade de manter o compromisso de cumprir a lei moral. Assim, a ideia de um D'us como recompensador dos bens e males praticados nesta vida numa vida após a morte (imortalidade da alma) pode funcionar como uma força motriz para o cumprimento do dever, especialmente quando o ser humano tem sua vida marcada pela dor e sofrimento, que poderiam levar à perda da esperança (esperança essa que seria mantida pela ideia de uma vida eterna onde os padecimentos cessariam por obra divina).[4]

Também na Modernidade, intelectuais do porte de Jean-Jacques Rousseau, Karl Marx e Friedrich Nietzsche – insuspeitos por sua

---

impel its performance; on the contrary, when duty is the issue, morality can perfectly well abstract from ends altogether, and ought so to do." (KANT, Immanuel. *Religion within the boundaries of mere reason and other writings*. Trans. Allen Wood, George Di Giovanni. Cambridge: Cambridge University Press, 1998. p. 33).

[4] PASTERNACK, Lawrence; ROSSI, Philip, "Kant's Philosophy of Religion", *The Stanford Encyclopedia of Philosophy* (Fall 2014 Edition), Edward N. Zalta (ed.). Disponível em: <https://plato.stanford.edu/archives/fall2014/entries/kant-religion/>. Acesso em: 25 abr. 2019. Nesse sentido: "Hence everyone also regards the moral laws as commands, which, however, they could not be if they did not connect appropriate consequences with their rule *a priori*, and thus carry with them promises and threats. This, however, they could not do if they did not lie in a necessary being, as the highest good, which alone can make possible such a purposive unity. Leibniz called the world, insofar as in it one attends only to rational beings and their interconnection in accordance with moral laws under the rule of the highest good, the realm of grace, and distinguished it from the realm of nature, where, to be sure, rational beings stand under moral laws but cannot expect any successes for their conduct except in accordance with the course of nature in our sensible world. Thus to regard ourselves as in the realm of grace, where every happiness awaits us as long as we do not ourselves limit our share of it through the unworthiness to be happy, is a practically necessary idea of reason." (KANT, Immanuel. *Critique of pure reason*. Trans. Paul Guyer; Allen Wood. Cambridge: Cambridge University Press, 1998. p. 680-681 – A812/B840).

ausência de ligação com qualquer credo religioso –, embora a partir de abordagens diferentes, e algumas até acidamente críticas da religião, afirmam claramente a influência judaico-cristã sobre a visão de mundo ocidental.

Rousseau louva a presença sempre constante do povo de Israel e da lei mosaica através da História mundial, chamando-o de "um espetáculo surpreendente e verdadeiramente único", por ser um povo que, embora perseguido e desterrado, sempre conservou "seus ritos, suas leis, seus costumes, seu amor patriótico e sua união social primeira, quando todos os laços parecem rompidos", cujo sistema de leis "passou por todas as provações e sempre resistiu".[5]

---

[5] "Mas um espetáculo surpreendente e verdadeiramente único é ver um povo expatriado, sem ter lugar ou terra por quase dois mil anos; um povo deteriorado, tachado de estrangeiros por ainda mais tempo, não tendo talvez mais um único descendente das primeiras raças; um povo disperso, espalhado sobre a terra, escravizado, perseguido, desprezado por todas as nações, mas que conserva ainda seus ritos, suas leis, seus costumes, seu amor patriótico e sua união social primeira, quando todos os laços parecem rompidos. Os judeus nos dão esse incrível espetáculo. As leis de Sólon, Numa, de Licurgo, estão mortas. Aquelas de Moisés, ainda mais antigas, continuam vivas. Atenas, Esparta, Roma pereceram e não deixaram descendência sobre a terra. Sião, embora destruído, não perdeu os seus. Eles se conservam, se multiplicam, se estendem pelo mundo inteiro. Eles se misturam com todos os povos, mas com eles nunca se confundem. Eles não têm mais chefes, mas são sempre um povo; eles não têm mais pátria, e permanecem sempre como cidadãos. Qual não é a força de uma legislação capaz de produzir tais prodígios; capaz de enfrentar as conquistas, dispersões, revoluções, os séculos; capaz de sobreviver aos costumes, às leis, ao império de todas as nações; que finalmente promete, pelas dificuldades que suportou, apoiar todos as nações, superar as vicissitudes das coisas humanas e durar tanto quanto o mundo! De todos os sistemas de legislação conhecidos por nós, alguns são entes de razão, cuja própria possibilidade é contestada; outros duraram apenas alguns séculos; outros nunca geraram um estado bem constituído. Nenhum, exceto este dos judeus, passou por todas as provações e sempre resistiu. O judeu e o cristão concordam em reconhecer nisto o dedo de Deus [...]. Mas todo homem, quem quer que seja, deve nisso reconhecer uma maravilha única, cujas causas divinas ou humanas certamente merecem o estudo e a admiração dos sábios, preferencialmente a tudo o que a Grécia e Roma nos oferecem de admirável quanto às instituições políticas e estruturas humanas" (tradução livre, cf. ROUSSEAU, Jean-Jacques. Fragment

Por sua vez, Marx, em sua obra *Sobre a questão judaica*, consagra uma visão profundamente negativa dos judeus – diríamos até *antissemita* –, mas sem negar-lhes a influência, ao afirmar que a mentalidade judaica seria a responsável pelo egoísmo e interesse próprios que geraram o desenvolvimento dos negócios e o capitalismo nas sociedades ocidentais cristianizadas.[6]

"Des Juifs". *The political writings of Jean Jacques Rousseau*: edited from the original manuscripts and authentic editions. Vol. 1. Cambridge: Cambridge University, 1915. p. 356.

[6] "Não procuremos o mistério do judeu em sua religião; procuremos, antes, o mistério da religião no judeu real. Qual é o fundamento secular do judaísmo? A necessidade prática, o interesse próprio. Qual é o culto secular do judeu? O negócio. Qual é o seu deus secular? O dinheiro. [...] De fato, a dominação prática do judaísmo sobre o mundo cristão atingiu na América do Norte sua expressão normal e bem precisa, ou seja, a própria proclamação do evangelho e o ministério cristão se transformaram em artigo de comércio, e o mercador falido negocia com o evangelho do mesmo modo que o evangelista enriquecido investe dinheiro em seus negócios. [...] O judaísmo se manteve ao lado do cristianismo, não só como crítica religiosa ao cristianismo, não só como dúvida incorporada quanto à origem religiosa do cristianismo, mas na mesma medida porque o espírito prático judaico se manteve, porque o judaísmo se manteve na própria sociedade cristã e inclusive atingiu nesta o ponto alto de seu desenvolvimento. O judeu, que figura como membro particular na sociedade burguesa, constitui tão somente uma manifestação particular do judaísmo da sociedade burguesa. O judaísmo não se conservou apesar da história, e sim através da história. [...] O judaísmo atinge o seu ponto alto com a realização plena da sociedade burguesa; mas a sociedade burguesa só se realiza plenamente no mundo cristão. Somente sob a dominação do cristianismo, que torna todas as relações nacionais, naturais, morais e teóricas exteriores ao homem, a sociedade burguesa foi capaz de separar-se completamente da vida do Estado, romper todos os laços que prendiam o homem ao seu gênero, substituir esses laços de gênero pelo egoísmo, pela necessidade egocêntrica e dissolver o mundo humano em um mundo de indivíduos atomizados, que se hostilizam mutuamente. O cristianismo se originou do judaísmo. Ele voltou a dissolver-se no judaísmo. O cristão foi, desde o princípio, o judeu teorizador; por conseguinte, o judeu é o cristão prático, e o cristão prático se tornou de novo judeu. O cristianismo suplantou o judaísmo real apenas na aparência. Ele era muito refinado, muito espiritualista, para conseguir eliminar a crueza da necessidade prática de outro modo do que recorrendo ao expediente de elevá-la

Nietzsche, por fim, afirma que os valores legados ao Ocidente pelos judeus, depois assumidos pelos cristãos, compõem uma moral de escravos, que glorifica a figura dos vulneráveis. Embora proponha a superação desse paradigma moral judaico, não nega que, até sua época, ele era predominante e mesmo vitorioso.[7]

A metodologia expressamente aqui adotada, portanto, acolhe uma linha *histórico-culturalista*, ou seja, de assumir como premissa que nenhuma instituição é gerada a partir do nada ou do vazio: todas elas estão prenhes de sentidos prévios às próprias instituições, participando de um caldo cultural e histórico que será o responsável por plasmá-las de uma determinada forma.[8]

As observações e constatações aqui feitas se realizaram dentro do marco de uma análise filosófica, histórica e jurídica que levou em consideração os elementos culturais como matrizes ou identidades que são próprias a uma organização social concreta e ao direito por ela produzido. Como adverte Harold Berman, faz-se necessário superar uma visão demasiadamente estreita do direito, em que as contribuições de outras ciências sociais são desprezadas, sendo "obviamente, mais fácil reclamar da compartimentalização

---

às alturas do céu. O cristianismo é a ideia sublime do judaísmo, o judaísmo é a aplicação ordinária do cristianismo; essa aplicação, todavia, só pôde se tornar universal depois que o cristianismo, como religião madura, havia realizado plenamente na teoria a autoalienação do homem em relação a si e à natureza. Só então o judaísmo pôde chegar à dominação universal e fazer do homem alienado e da natureza alienada objetos alienáveis, vendáveis, sujeitos à servidão da necessidade egoísta e do negócio." (MARX, Karl. *Sobre a questão judaica*. São Paulo: Boitempo, 2010. p. 56-57; 59).

[7] NIETZSCHE, Friedrich. *Genealogia da moral*: uma polêmica. Trad. Paulo César de Souza. 10. reimp. São Paulo: Companhia das Letras, 1998. p. 26.

[8] "Nunca é suficiente, em qualquer sistema jurídico ocidental, tentar explicar ou interpretar uma regra jurídica (ou valor, ou instituição) unicamente por meio do recurso à lógica, à política ou à justiça; ela deve ser interpretada e explicada, em parte, com recurso às circunstâncias que a fizeram surgir e pelo desenvolvimento dos fatos que a influenciaram ao longo dos tempos". (BERMAN, Harold J. *Direito e revolução*: a formação da tradição jurídica ocidental. Trad. Eduardo Takemi Kataoka. São Leopoldo: Unisinos, 2006. p. 28).

do conhecimento do que fazer algo construtivo para superá-la".[9] Assim, o nosso objetivo é também contribuir construtivamente para expandir esse diálogo virtuoso do direito com outras ciências sociais a ele conexas.

E a aplicação desta linha à influência da visão de mundo judaica e cristã sobre o direito ocidental não é propriamente uma novidade: esta senda já foi trilhada por outros, dentre os quais o já citado professor de Harvard Harold J. Berman, John Witte Jr.[10] (Diretor do Centro para o Estudo de Direito e Religião da *Emory University School of Law*), David Novak[11] (Professor de Filosofia da Universidade de Toronto) e Michel Villey[12] (professor de Filosofia do Direito da Universidade de Paris), apenas para ilustrar com alguns exemplos mais recentes. No passado, o nascimento da teoria política e do Estado na modernidade inglesa foi devedor em grande parte das Escrituras Sagradas hebraicas, como veremos ao estudar, no capítulo 1, sua influência sobre teóricos políticos da relevância de Hobbes ou Locke.

Dentro da perspectiva judaica, a fonte primária escrita que oferece o substrato para a introjeção de valores e considerações éticas

---

[9] Ibidem. p. 10. No mesmo local, encontra-se a crítica de Berman a essa compartimentalização do direito: "Já se notou algumas vezes que uma visão por demais estreita do Direito torna impossível para estudiosos de outras disciplinas – historiadores, cientistas políticos, sociólogos, filósofos – pesquisá-lo eficientemente. Se o Direito é tratado meramente como o conjunto de regras, procedimentos e técnicas válidos, tem pouco interesse para os cientistas e humanistas, que ficam privados de uma das fontes mais ricas de compreensão de suas próprias disciplinas. Se as nossas ciências sociais tornaram-se excessivamente behavioristas e fragmentadas, e se a nossa historiografia, em particular, tornou-se excessivamente nacionalista e ligada a períodos relativamente curtos de tempo, um dos motivos é o fato de nosso pensamento jurídico também ter trilhado essa seara e, por consequência, desligar-se da visão do estudioso profissional e, a partir daí, do público instruído em geral."

[10] WITTE JR., John; GREEN, M. Christian (Ed.). *Religion and human rights*: an introduction. Oxford: Oxford University Press, 2012.

[11] NOVAK, David. *Covenantal Rights*: a study in Jewish political theory. Princeton: Princeton University Press, 2000.

[12] VILLEY, Michel. *A formação do pensamento jurídico moderno*. Trad. Claudia Berliner. São Paulo: Martins Fontes, 2005.

nas instituições jurídicas é a *Torá*. Segundo o relato bíblico, há mais de 3 mil anos, os judeus receberam a Torá ("*a lei de Moisés*") aos pés do Monte Sinai.

A denominação *Torá* (*ensinamento, instrução* ou *lei* em hebraico) ou, no grego, *Pentateuco* (do grego *penta* – "cinco", e *teuco* – "rolo") indica os cinco primeiros livros daquele conjunto de escritos conhecido no Ocidente como Bíblia[13] (tradicionalmente redigidos em rolos de pergaminho). Traz o compêndio da assim chamada "Lei Mosaica"[14], isto é, as normas que teriam sido reveladas por D'us a Moisés no alto do Monte Sinai.

Nesses cinco livros se encontram não apenas as narrativas históricas do povo hebreu, mas também uma série de normas ao povo de Israel, que compreendem regras sobre os mais diversos âmbitos da vida, como a alimentação, vestuário, relacionamento sexual, religião, comércio e trato com os demais membros da sociedade. Embora existam outros Códigos e conjuntos de leis da Antiguidade, como os Códigos de Ur--Nammu e Hammurabi[15], a Torá é um dos sistemas de normas jurídicas mais detalhados e complexos do Mundo Antigo, ao mesmo tempo que um dos mais longevos, por ser até hoje baliza para a vida e conduta do povo judeu, e por ter influenciado sobremaneira o cristianismo.

É justamente pela antiguidade da Torá que seus diversos comentadores judeus através dos tempos (conhecidos como *rabis* ou ainda

---

[13] A palavra Bíblia, a mais comum em língua portuguesa, provém do termo grego "*biblion*", isto é, "rolo" ou "livro", que, no plural em grego, é "*biblia*", ou seja, "rolos" ou "livros". A abrangência dessa última expressão é bem maior: abarca todos os livros da Bíblia hebraica (Antigo Testamento) e da Bíblia especificamente cristã (Novo Testamento).

[14] Para além da Torá escrita, que se identifica com os cinco primeiros livros da Bíblia, existe também uma parte da lei mosaica que foi transmitida através dos séculos por via da Tradição oral do povo judeu (chamada de Torá oral), compilada em forma escrita no *Talmud*. O *Talmud* registra debates e opiniões rabínicas acerca da interpretação da lei mosaica. Embora possam ser feitas referências ao *Talmud*, sobretudo quando este interpreta a Torá escrita, a pesquisa se focará sobretudo sobre o texto dos cinco primeiros livros da Bíblia hebraica.

[15] GILISSEN, John. *Introdução histórica ao direito*. 2. ed. Lisboa: Fundação Calouste Gulbenkian, 1995. p. 60-66.

rabinos) trataram de, ao interpretar seus textos, conferir-lhes um sentido espiritual e valorativo que vai para além da literalidade das palavras. Como salienta Harold Berman, "as metáforas de anteontem são as analogias de ontem e os conceitos de hoje"[16]. Ao longo desse livro, a todo momento, juntamente à apresentação do texto original da Torá, se recorrerá ao auxílio desses sábios que se debruçaram sobre o texto sagrado, para que se possa descortinar o significado mais profundo do mesmo.

Procuramos, portanto, nos ater mais ao valor ético revelado nas disposições da lei mosaica, tal como explanado pelos rabinos de diversos períodos, que a certas características marcadamente históricas do povo de Israel em seu nascedouro e que possam parecer demasiadamente anacrônicas, como é o caso de certas punições previstas na Torá que assumiram, dentro da caminhada histórica do judaísmo, um contorno e significado novos, abrandando seu rigor.[17] Por exemplo, a formulação "olho por olho, dente por dente" (Êxodo 21, 24), conhecida como *lei de talião*, é interpretada no judaísmo rabínico não como se devendo furar o olho de alguém que furou o olho de outrem, mas sim como o dever nascido do dano de repará-lo com compensação financeira adequada e proporcional.[18]

---

[16] BERMAN, Harold J. op. cit. p. 212.

[17] Por exemplo, a pena de morte anexa a quem fosse considerado *herege* ou *blasfemo*, isto é, divergente do ensinamento oficial sobre a fé religiosa, foi interpretada no judaísmo rabínico como um banimento ou exclusão espiritual da comunidade religiosa, mas sem efetivamente aplicar a pena capital prevista na literalidade do livro bíblico de Levítico 24, 16. Um exemplo ilustre na história é o do filósofo judeu Baruch Spinoza (1632-1677), reputado herege pela sinagoga de Amsterdã (chamada *Talmud Torah*), que foi afastado ou banido da prática religiosa em comunidade em razão de suas opiniões em matéria religiosa.

[18] A esse respeito, veja-se a interpretação rabínica presente no Talmude babilônico (Tratado *Bava Kamma* 83b): "The Merciful One states in the Torah: 'An eye for an eye' (Exodus 21:24). You might say that this means that the one who caused injury shall lose an actual eye rather than pay money. The Gemara responds: That interpretation should not enter your mind. The principle implicit in the mishna is derived from a verbal analogy in the Torah [...]: Based on the verse: "An eye for an eye, a tooth for a tooth, a hand for a hand, a foot for a foot" (Exodus 21:24), one might have thought that

O objetivo principal é extrair aquilo que da lei mosaica pode nos conduzir a uma reflexão ético-jurídica proveitosa para os dias atuais, e não fazer um inventário de todos os aspectos (alguns arcaicos) do sistema jurídico mosaico. Tampouco se fará uma análise de todas as regras jurídicas presentes na Torá e de como algumas delas influenciaram diretamente a redação de outras normas jurídicas nos direitos ocidentais modernos[19], mas tão somente daquelas normas mosaicas que veiculam valores e princípios mais essenciais para a vida em sociedade. A análise de regras e tipos jurídicos específicos presentes na Lei Mosaica e que se reproduzem no direito brasileiro de hoje será tarefa para, quem sabe, uma obra futura.

A difusão da cosmovisão com base na lei mosaica se deve, sobretudo, ao aproveitamento que o cristianismo fez de porções da tradição judaica em sua própria religião[20] (recorde-se que o fundador do cristianismo, Jesus de Nazaré, era judeu, bem como os apóstolos, primeiros líderes da comunidade cristã nascente, eram também todos judeus). Com a expansão do cristianismo, que ascende ao posto de religião oficial do Império Romano, no final do século IV, com o Edito de Tessalônica (*Cunctos Populos*) do imperador romano Teodósio I[21], inicia-se a consolidação destes valores no mundo ocidental.

---

if one blinded the eye of another, the court blinds his eye as punishment; or if one severed the hand of another, the court severs his hand; or if one broke the leg of another, the court breaks his leg. Therefore, the verse states: "One who strikes a person," and the verse also states: "And one who strikes an animal," to teach that just as one who strikes an animal is liable to pay monetary compensation, so too, one who strikes a person is liable to pay monetary compensation."

[19] Por exemplo, as normas da Torá referentes a impedimentos matrimoniais, reproduzidas em sua quase integralidade no art. 1521 do Código Civil brasileiro, não serão analisadas.

[20] "Foram os cristãos que escolheram alguns pedaços selecionados do código moral judaico, os transformaram em mandamentos universais e os disseminaram pelo mundo" (HARARI, Yuval Noah. *21 lições para o século 21*. São Paulo: Companhia das Letras, 2018. p. 238).

[21] LEADBETTER, Bill. From Constantine to Theodosius (and beyond). In: ESLER, Philip F. (Ed.). *The Early Christian World*. Vol. I-II. London: Routledge, 2000. p. 283-284.

Porém, mesmo após as invasões bárbaras e a derrocada do Império Romano Ocidental, tal influência permaneceu na Idade Média pela atuação da Igreja cristã, em íntima ligação com o poder temporal, sendo recepcionada, em chave jurídica, pelo direito romano cristianizado e pelo direito eclesiástico (direito canônico), passando pelo direito europeu antigo (do qual o direito português das *Ordenações* é exemplo) até atingir os direitos ocidentais contemporâneos (a cuja família pertence o direito brasileiro).

Precisamente em razão disso, Georg Jellinek afirma que, dos Estados do Mundo Antigo, o de maior ascendência sobre a mentalidade moderna teria sido o israelita, pois "suas instituições, tal como foram descritas pela Bíblia, não somente influenciaram na construção da Igreja primitiva, mas também nas ideias políticas da Idade Média e ainda nas da época moderna".[22] As próprias concepções acerca do Estado e direito constitucional ocidental contemporâneos estão impregnadas desta cosmovisão.

É pela influência moral, cultural e social do cristianismo na formação do Ocidente que a visão judaica (embora já recepcionada e filtrada por lentes cristãs) irá influenciar, como ética de base, as instituições e o imaginário ocidental[23], dentre os quais se encontram alguns dos valores inerentes às instituições jurídicas modernas. Como salientou o jusfilósofo francês Michel Villey, a Torá (Bíblia) foi a fonte documental principal para a formação da cultura ocidental nos mosteiros e universidades medievais, bem como inspiração primeira de filósofos, escritores, artistas e cientistas até por volta do século XVII.[24]

---

[22] JELLINEK, Georg. *Teoría general del Estado*. Buenos Aires: Albatros, 1981. p. 217-218.

[23] "[...] os sistemas jurídicos de todos os países ocidentais e de todos os países não ocidentais que sofreram influência do Direito ocidental são um resíduo secular de atitudes e pressupostos religiosos que historicamente encontraram expressão primeiro na liturgia, nos rituais e na doutrina da Igreja e depois nas instituições, conceitos e valores do Direito. Quando essas raízes históricas não são compreendidas, muitas partes do Direito parecem carecer de uma fonte subjacente de validade." (BERMAN, Harold J. op. cit. p. 213).

[24] "A chamada cultura ocidental nasceu primordialmente nos monastérios nos quais, conforme o programa estabelecido por Santo Agostinho em *De*

Aliás, exemplo de que as concepções éticas e morais difundidas e enraizadas no seio da sociedade na Idade Média foram herdadas também do judaísmo está no diálogo travado por Tomás de Aquino (1225-1274), o maior luminar cristão da escolástica medieval, com a obra do Rabi Moisés Maimônides[25] (1135-1204), um dos principais intelectuais judeus de todos os tempos.

O coração ético da *Torá* se encontra nos conhecidos Dez Mandamentos, igualmente aceitos por judeus e cristãos, que expressam valores e princípios referentes às formas mais basilares de convivência humana e cujo conhecimento poderia inclusive decorrer de um esforço intelectual (chamado por muitos de razão natural) de busca dos alicerces éticos mais fundamentais para a vida em uma sociedade. Honrar aqueles que nos precederam na figura dos pais, não matar, respeitar a união matrimonial como instituição social de máxima relevância, não furtar nem cobiçar as coisas alheias, não dar falso testemunho contra o próximo, todos estes mandamentos relacionados

---

Doctrina christiana, o essencial era meditar sobre a Bíblia e sobre os Santos Doutores; as "Artes" (gramática, retórica, matemática, etc.) não passavam de instrumentos. A universidade medieval dava precedência à Bíblia. Mas ainda no século XVII não existe nenhum grande filósofo, escritor, artista ou cientista que dela não se tenha nutrido. Sem contar que ainda hoje a Bíblia continua um *best seller*. Exceto em nossas universidades, na Faculdade de Direito inclusive. Nelas mal se fala do direito judaico e do direito canônico cristão. A ignorância de certos estudantes a esse respeito é prodigiosa. Ora, não apenas grande parte de nossas instituições (a sagração dos reis, a proibição da usura, o regime do casamento) foram emprestadas das fontes bíblicas, como nossa atual *idéia do direito* é antes uma herança do pensamento judaico-cristão do que do direito romano". (VILLEY, Michel. *Filosofia do Direito.* Trad. Márcia Valéria Martinez de Aguiar. São Paulo: Martins Fontes, 2003. p. 101).

[25] "Depois de sua morte, em 20 de *tevêt* 4965 (13 de dezembro de 1204), aquele que os latinos conheceram alternativamente pelo nome de 'Rabbi Moisés' e de 'Moisés do Egito' veio a ser uma fonte importante da filosofia cristã latinófona: Tomás de Aquino emprestou dela sua terceira prova (*tertia via*) da existência de Deus, Alberto Magno tomou parte da sua crítica dos filósofos árabes, Mestre Eckhart sua concepção da exegese 'pelas razões naturais dos filósofos'". DE LIBERA, Alain. *A filosofia medieval.* Trad. Nicolás Campanário e Yvone Teixeira da Silva. 2. ed. São Paulo: Loyola, 2004. p. 217.

à vida em comum estão presentes no segundo livro da Torá, o *Shemot*, em grego, *Êxodo* (Êxodo, capítulo 20, versos 12 a 14).

É simples perceber o quanto tais mandamentos permeiam, como estrutura ética, diversos institutos dos direitos de todos os povos, como a vedação ao homicídio, o dever de fidelidade matrimonial e as regras de filiação e sucessão, a proibição de obter de modo injusto vantagem sobre os demais, o direito de propriedade, a obrigação de falar-se a verdade perante um tribunal e de não se arruinar a boa fama de que outrem goza.

A distinção aguda entre moral e direito é artificial justamente por olvidar que as pessoas de carne e osso chamadas a dar vida às leis são, antes de tudo, sujeitos morais. Sistemas de direito pré-modernos, como o da Torá, recordam-nos desta condição humana inarredável de seres morais, de modo que as construções humanas são dotadas de carga valorativo-moral. Um sistema jurídico que não seja animado por concepções morais e culturais constitui um verdadeiro e irrealizável corpo sem alma. Em todos os ordenamentos, sempre houve subjacentes concepções morais do que se entende por uma vida boa e dos objetivos que uma determinada sociedade valoriza e pretende alcançar.[26]

Portanto, ainda que, atualmente no Ocidente, após a separação entre religião e Estado, não sejam mais aceitas na vida pública as premissas teológicas que informam sistemas jurídicos pré-modernos como o judaico e o cristão, há algo que os sistemas jurídicos de matriz religiosa nos recordam: a impossibilidade de se construir um ordenamento jurídico totalmente divorciado de qualquer concepção moral.

---

[26] Carlos Bolonha, ao analisar as relações entre moral, política e direito no pensamento kantiano, afirma que "Kant considera que somente por meio de nossa reflexão sobre uma noção básica de moralidade uma pessoa pode compreender o sentido de ser um agente moral. A preocupação de Kant, em sua filosofia da moral, é encontrar e validar as convicções morais que cada um de nós possui para agir corretamente ou ter o sentido da verdade como parâmetro para a vida da 'vontade boa'". (BOLONHA, Carlos. O projeto kantiano de valores: moral, política e direito. *Revista de Estudos Constitucionais, Hermenêutica e Teoria do Direito* (RECHTD), 6 (1), jan./jun. 2014. p. 79)

Se não houver um mínimo substrato ético e moral de quais são os valores que uma determinada comunidade preza (sendo que alguns deles ostentam caráter universal, como a preservação da própria vida), as normas jurídicas simplesmente não seriam cumpridas, pois necessitam de uma atitude minimamente moral dos seus destinatários de desejarem acatá-las, por entenderem que elas contribuem para a convivência social.[27]

Mesmo em tempos atuais, em que se poderia acusar esta relação estreita entre direito e moral como visão algo ingênua ou ultrapassada, ela ainda traz um vislumbre interessante do fundamento de todo e qualquer sistema jurídico. O ordenamento jurídico não é uma entidade que se sustente por si mesma; antes, depende de concepções morais mínimas que lhe deem base.[28] De nada adianta, por exemplo, copiar um moderno e bem elaborado sistema de normas de cumprimento de contratos se as pessoas responsáveis por entabular as relações negociais, em seu dia a dia, não se dispuserem moralmente a cumprir o preceito básico de ordem jurídico-moral de que a palavra empenhada deve ser cumprida (em termos latinos, *pacta sunt servanda*).

Por isso, contemporaneamente, Claus-Wilhelm Canaris pôde nos recordar de que "a unidade interna de sentido do Direito, que opera para o erguer em sistema, não corresponde a uma derivação da ideia de justiça de tipo lógico, mas antes de tipo valorativo ou axiológico".[29]

---

[27] "Se uma sociedade justa requer um forte sentimento de comunidade, ela precisa encontrar uma forma de incutir nos cidadãos uma preocupação com o todo, uma dedicação ao bem comum. Ela não pode ser indiferente às atitudes e disposições, aos 'hábitos do coração' que os cidadãos levam para a vida pública, mas precisa encontrar meios de se afastar das noções da boa vida puramente egoístas e cultivar a virtude cívica." SANDEL, Michael J. *Justiça*: o que é fazer a coisa certa. Rio de Janeiro: Civilização Brasileira, 2012. p. 325.

[28] "Para falar da Tradição Jurídica Ocidental, é necessário postular um conceito de Direito que seja diferente de um conjunto de regras, que o veja como um processo, como um empreendimento no qual as regras só têm valor no contexto de instituições e procedimentos, valores e modos de pensar". (BERMAN, Harold J. op. cit. p. 22).

[29] CANARIS, Claus-Wilhelm. *Pensamento sistemático e conceito de sistema na ciência do Direito*. 3. ed. Lisboa: Calouste Gulbenkian, 2002. p. 30.

Assim, embora os raciocínios de tipo lógico formal não possam ser desprezados, não são eles que possuem a primazia no fenômeno jurídico. São os *valores*, expressos sob as formas concretizadoras de princípios jurídicos, que detêm essa preeminência em qualquer sistema jurídico (moderno ou pré-moderno).

Também o movimento pós-positivista no direito (*e.g.*, John Rawls[30]; Ronald Dworkin[31]; Robert Alexy[32]) tem justamente buscado, nos últimos anos, resgatar o papel dos valores na interpretação jurídica e na aplicação do direito, em que os preceitos éticos e morais passam a ter preponderância, em especial com o debate dos direitos humanos fundamentais.

A presente obra está organizada, após apresentada uma introdução analítica e descritiva da contextualização dos objetivos, em quatro capítulos temáticos centrais, e é rematada com um sucinto desfecho conclusivo. Após, elaboramos uma tabela sintética, indicativa de cada versículo analisado (em hebraico e em português) e o princípio jurídico correspondente, identificando a sua localização em um dos cinco livros da Torá. Acrescentamos, ao final, um glossário de expressões e termos típicos judaicos e cristãos, útil ao leitor para a compreensão global deste ensaio que, com desígnio construtivista, aproxima o direito a áreas como a história, a filosofia e a religião.

Assim, o primeiro capítulo desta obra traçará um breve panorama de eventos, conceitos e instituições típicos da tradição judaica e cristã. Partindo do povo hebreu e do modo como a lei mosaica está estruturada, veremos como o segmento religioso cristão, embora rompendo com o judaísmo que o precedeu, leva consigo e assume as Escrituras Sagradas do judaísmo (a elas agregando novas Escrituras especificamente cristãs). Com o gradual crescimento do cristianismo e seu triunfo como religião majoritária do mundo ocidental, diversos

---

[30] RAWLS, John. *Uma Teoria da Justiça*. Trad. Lenita M. R. Esteves. São Paulo: Martins Fontes, 1997.
[31] DWORKIN, Ronald. *Levando os direitos a sério*. Trad. Nelson Boeira. São Paulo: Martins Fontes, 2002.
[32] ALEXY, Robert. *Teoría de los Derechos Fundamentales*. Madrid: Centro de Estudios Políticos y Constitucionales, 2001.

elementos judaicos desta religião são transportados para a cultura e a civilização ocidental europeia.[33] Pela cepa portuguesa, os valores do cristianismo (e tudo aquilo que este trazia do judaísmo) auxiliaram a plasmar o direito português antigo e, a partir deste, o direito nacional.

No segundo capítulo, apresentamos um estudo abstrato dos valores, em seus contornos básicos e implicações filosóficas, sobretudo destacando a corrente filosófica conhecida como *Filosofia dos Valores*. Também serão tratados os reflexos dessas elucubrações filosóficas no mundo do direito e de como os valores foram recepcionados na Filosofia do Direito e no Direito Constitucional, chegando à formulação do chamado pós-positivismo ou neoconstitucionalismo. O objetivo será lançar pressupostos gerais para a compreensão da dimensão valorativa no fenômeno jurídico.

O terceiro capítulo versará sobre o princípio jurídico da dignidade da pessoa humana conforme entendida na tradição judaico-cristã, a partir da análise do tema no texto da Torá e de alguns comentadores judeus e cristãos. Sua finalidade será responder a pergunta sobre a possibilidade de derivar uma visão de dignidade da pessoa humana a partir dos textos da lei mosaica.

O quarto capítulo analisará, a partir da apresentação de diversas normas concretas específicas da Torá (e também da interpretação dessas normas que dela fizeram alguns comentadores), o modo pelo qual princípios jurídicos de alta relevância são refletidos na lei mosaica (os princípios do devido processo legal, boa-fé, proporcionalidade e igualdade), a demonstrar a premissa exposta no segundo capítulo de que o fenômeno jurídico só pode ser compreendido de modo mais abrangente se estiver referenciado a valores.

Por fim, empreender-se-á uma análise conclusiva da temática dos valores e princípios na Lei Mosaica e sua relação com os sistemas legais ocidentais modernos, salientando o ponto de contato valorativo retomado pela interpretação contemporânea do direito. Ao mesmo

---

[33] Também é possível se falar de uma influência do judaísmo na constituição da doutrina islâmica, devendo-se recordar que os muçulmanos estiveram presentes como governantes em diversas regiões da península ibérica por cerca de oito séculos, como veremos no capítulo 1.

tempo, será frisada a diferença dos pontos de partida de ambos, uma vez que o direito ocidental atual, em ambiente de pluralismo cultural, já não parte – nem tem como partir – de premissas ou fundamentos teológicos.

Esta é a correlação que pretendemos desenvolver ao longo dessa obra, criando conexões e lançando luzes sobre influências da lei mosaica sobre as instituições jurídicas atuais, ligações essas que talvez passem despercebidas a nossos olhos contemporâneos, perdidas na poeira do tempo.

1
DA LEI MOSAICA AO DIREITO OCIDENTAL: UMA BREVE CAMINHADA HISTÓRICA

Para compreender de que modo a cultura e religião judaicas, tal como presentes na lei mosaica (Torá), influenciaram a visão de mundo ocidental, sobretudo por intermédio do cristianismo, é necessário antes traçar um breve panorama tanto de eventos como de conceitos e instituições típicos da tradição judaica e da tradição cristã.

Partindo do povo hebreu e do modo como a lei mosaica está estruturada, veremos como certo segmento religioso, o cristianismo – composto por um grupo de pessoas originalmente judias –, embora rompendo com o judaísmo que o precedeu, leva consigo e assume as Escrituras Sagradas do judaísmo, a elas agregando novas Escrituras especificamente cristãs.

Com o gradual crescimento do cristianismo e seu triunfo como religião majoritária do mundo ocidental, diversos elementos judaicos desta religião são transportados, ainda que com adaptações, para a cultura e a civilização ocidental europeia, mesclando-se aos elementos greco-romanos já presentes, como salienta Harold Berman:

> 'Israel', 'Grécia' e 'Roma' tornaram-se antepassados espirituais do Ocidente; não por sucessão ou sobrevivência, mas sim por um processo de adoção: o Ocidente adotou-os como ancestrais. Mais ainda, ele os adotou seletivamente – partes diferentes em épocas diferentes. [...] O Ocidente, nessa perspectiva, não é a Grécia, Roma ou Israel, mas sim os povos ocidentais inspirados nos gregos, romanos e hebreus e transformando esses textos de uma forma que surpreenderia os seus autores.[1]

---

[1] BERMAN, Harold J. *Direito e revolução*: a formação da tradição jurídica ocidental. Trad. Eduardo Kataoka. São Leopoldo: Unisinos, 2006. p. 13.

Esta civilização, por sua vez, passado o período das invasões bárbaras e de cerca de mil anos de consolidação do cristianismo na Idade Média[2], foi a responsável pelas grandes expansões marítimas dos séculos XV e XVI, com acentuado protagonismo de Portugal e Espanha na descoberta e colonização das Américas.

Pela cepa portuguesa, os valores do cristianismo (e aquilo que este trazia ainda do judaísmo) auxiliaram a plasmar o direito português antigo e, a partir deste, o direito nacional. Por isso, devemos trilhar, neste capítulo, uma rota que apresente o pano de fundo histórico e conceitual condutor desta caminhada.

1.1 A FORMAÇÃO DO POVO HEBREU

Segundo a historiografia, os hebreus seriam, originalmente, um povo semita da região do Oriente Médio, ocupando o sul do Levante (a terra chamada de Canaã), especialmente devotado à atividade de pastoreio, cujos registros históricos podem remontar a cerca de dois mil anos antes de Cristo.[3] Este grupo teria migrado para o Egito, por

---

[2] "Em seu início, a civilização europeia era constituída de três elementos: 1. A cultura da Grécia e da Roma antigas. 2. O cristianismo, uma ramificação peculiar da religião dos judeus, o judaísmo. 3. A cultura dos guerreiros germânicos que invadiram o Império Romano." (HIRST, John. *A mais breve história da Europa*. Trad. Paulo Geiger. Rio de Janeiro: Sextante, 2018. p. 9).

[3] In Palestine, evidence points to a nearly complete collapse of urban civilization at the end of the Early Bronze III period (2300 BCE), a situation that lasted about three hundred years. Habitation of the fortified cities ceased, with many destroyed violently and others simply abandoned. [...]. At this time most of the population of Palestine, on both sides of the Jordan River, followed a pastoral existence, regularly migrating to various seasonal camps throughout the region. [...] Not until about 2000 did cities begin to revive in Palestine. Their reappearance marks the inauguration of the Middle Bronze Age (2000–1550 BCE), the period that saw the genesis of the Canaanite culture that would dominate Palestine throughout the second millennium. From this culture Israel would emerge around 1200 BCE." (PITARD, Wayne T. Before Israel: Syria-Palestine in the Bronze Age. In: COOGAN, Michael D. (Ed.). *The Oxford History of the Biblical World*. Oxford: Oxford University Press, 2001. p. 33)

volta de meados do segundo milênio antes da era cristã[4], em razão de escassez de recursos naturais e alimento, tendo depois dali saído e se estabelecido novamente em Canaã por volta dos anos 1200 a.c., onde se consolidou e assumiu uma feição mais sedentária, dando origem à antiga nação de Israel com território próprio.

Para a crítica atual, não haveria provas históricas suficientes que atestassem a veracidade de todos os fatos relatados na Bíblia envolvendo os primórdios do povo de Israel (apenas alguns deles apresentariam indícios históricos e arqueológicos consistentes). Na verdade, esses fatos seriam compilações por escrito de tradições orais anteriores, cujo objetivo seria formar o povo por meio dos valores transmitidos, bem como criar uma história de fundação para a nação de Israel. Portanto, seu objetivo seria primeiramente literário e teológico (a ideia de aliança de D'us com o povo), não sendo preocupação dos povos antigos uma acuidade histórica na narrativa dos fatos, tal como ocorre com a historiografia moderna.[5]

---

[4] James K. Hoffmeier, no capítulo 3 (*Semites in Egypt*) de sua obra "*Israel in Egypt*", indica uma série de evidências literárias e arqueológicas egípcias antigas acerca da presença de povos semitas durante todo o segundo milênio no Egito. Resume suas conclusões da seguinte forma: "It has been well known for decades, however, that there were Semites in the Delta [of the Nile] starting after the colapse of the Old Kingdom (ca. 2190) and reaching a zenith during the Hyksos or Second Intermediate Period (ca. 1700-1550 B.C.) and on into the New Kingdom (1550-1069 B.C.)." (HOFFMEIER, James K. *Israel in Egypt*: the evidence for the authenticity of the Exodus Tradition. Oxford: Oxford University Press, 1999. p. 53).

[5] "All these ancestral narratives act as a prologue to the epic story of Israel's emergence as a nation that begins in the book of Exodus. God's two promises, that he would make the descendants of Abraham a great nation and that he would give them the land of Canaan, move toward fulfillment in the books of Exodus through Joshua. There are many reasons to be skeptical of these narratives as historically accurate accounts of the lives of Israel's progenitors. Indications within the narratives suggest that they had a substantial prehistory as oral literature. Modern studies of oral transmission demonstrate that stories preserved in this manner do not primarily serve a historical or antiquarian purpose; rather, they are meant to present cultural values that must be passed on to younger generations. In modern parlance, their function is sociological rather than historical. Usually, historical facts

De qualquer forma, é importante apresentarmos aqui os dados da Escritura mais essenciais acerca da história específica desse povo que se inicia com a figura emblemática do Patriarca semita Abraão, que habitava a cidade de Ur dos Caldeus, na região da Mesopotâmia. Abraão teria recebido de D'us uma ordem para sair da terra em que habitava e da casa de seu pai, para se dirigir na direção sudeste, à terra de Canaã. D'us fez um pacto com Abraão, prometendo que a terra de Canaã seria dada à sua descendência, e que esta constituiria uma grande nação (Gênesis 12,1-7).[6]

Dedicava-se sobretudo ao pastoreio de gado e casou-se com Sara, com quem teve um único filho, Isaque (Gênesis 17,19), considerado o segundo patriarca principal do judaísmo. Contudo, anos antes da concepção de Isaque, Sara pediu a Abraão que gerasse um filho de sua serva egípcia Agar[7], uma vez que era estéril até aquele momento e reputava que não poderia mais ter filhos por conta de sua idade. Da união de Abraão com Agar nasceu um filho chamado Ismael (Gê-

---

quickly become garbled in an oral tradition, which adapts such information to make whatever point the story is intended to convey. Events and characters are often manufactured for the narrative purposes, and variant versions of a single story develop alongside one another." (PITARD, Wayne T. op. cit. p. 27).

[6] "É verdade que o pacto de Abraão com Deus, sendo pessoal, não alcançou a sofisticação do pacto de Moisés em nome de um povo inteiro. Porém os elementos essenciais já estão lá: um contrato de obediência em troca de um favor especial, implicando pela primeira vez na história a existência de um Deus ético que atua como uma espécie de monarca constitucional benigno vinculado por seus próprios acordos honrados". (JOHNSON, Paul. *História dos judeus*. Trad. Carlos Pavanelli. Rio de Janeiro: Imago, 1989. p. 28).

[7] Para o afamado rabino medieval Shlomo Itzhaki (conhecido pelo acrônimo **Rashi** – **Ra**bi **Sh**lomo **I**tzhaki), na verdade, Agar seria uma filha do faraó egípcio. Segundo Rashi, o faraó teria presenciado uma série de acontecimentos miraculosos ocorrerem com Sara, no tempo em que esta conviveu na corte faraônica (Gênesis 12,15). A partir disso, o faraó teria entendido que seria melhor que sua filha Agar fosse uma criada na casa de Sara do que uma senhora em seu próprio lar, pelas bênçãos e milagres que poderiam advir da companhia da mulher de Abraão (MILLER, Chaim. *Sefer Bereshit*: O Livro de Gênese. Trad. Miriam Pomeroy. São Paulo: Maayanot, 2008. p. 89).

nesis 16), a quem se atribui ser o pai dos povos que, muitos séculos depois, aderiram à fé islâmica (razão pela qual Abraão é considerado patriarca tanto do judaísmo como do Islã).

Isaque, por sua vez, casou-se com Rebeca, com quem teve dois filhos gêmeos, Esaú e Jacó (Gênesis 20,26), sendo este último o terceiro patriarca do judaísmo. Após um evento em que Jacó teria lutado a noite inteira com um anjo (mensageiro de D'us), é renomeado para "Israel", que significa "aquele que lutou com [o anjo de] D'us e com homens e venceu" (Gênesis 32, 28). Seus doze filhos homens[8] dão origem às doze tribos do povo de Israel, ou seja, o povo que descende do patriarca Jacó (que também atende pelo nome de Israel).

Ainda no relato bíblico, Jacó (doravante, Israel), que havia casado com duas irmãs, Lia e Raquel, teria preferência por Raquel e pelos dois filhos que com ela teve, sobretudo por José, descrito na Escritura como o filho a quem Israel mais amava (Gênesis 37,3). Por ciúmes, os irmãos lançaram José numa cova e o venderam como escravo (Gênesis 37,28), informando falsamente a Israel que José teria morrido (Gênesis 37,33-34). José foi levado por mercadores de escravos e vendido no Egito, onde foi adquirido por Potifar, oficial do exército egípcio (Gênesis 37,36).

Na casa de Potifar, José torna-se o mordomo (gestor) dos negócios de seu proprietário, tendo bastante êxito no exercício da função. Contudo, a esposa de Potifar se insinua para José, que a rechaça, por ser esposa de seu senhor. Esta, indignada com a recusa a sua investida, denuncia falsamente José a Potifar, alegando que José é que havia se insinuado para ela. José é então encarcerado (Gênesis 39).

Durante sua estadia no cárcere, José, por meio de auxílio divino, faz a interpretação dos sonhos do chefe dos copeiros e do chefe dos

---

[8] Segundo o relato bíblico, Jacó (Israel) teve treze filhos (doze homens e uma mulher) com quatro mulheres diferentes. Com sua esposa Lia, teve seis filhos homens e uma mulher: Rúben, Simeão, Levi, Judá, Issacar e Zebulom e a filha Diná. Com a concubina Zilpa, escrava de Lia, dois filhos: Gade e Aser. Com sua esposa Raquel, irmã de Lia, teve dois filhos: José e Benjamim. Com sua concubina Bila, escrava de Raquel, teve dois filhos: Dã e Naftali. Cada um dos filhos homens dá nome a uma das tribos de Israel, com exceção de José, cujos filhos, Efraim e Manassés, é que dão nome a duas tribos.

padeiros do faraó, que também estavam presos no mesmo cárcere por descontentamento do faraó com seus serviços. José prevê que, em três dias, o chefe dos copeiros será reinstalado em sua função e, em três dias, o chefe dos padeiros será morto, ocorrendo tal como José havia predito (Gênesis 40).

Dois anos depois, o faraó tem um sonho envolvendo sete vacas gordas que eram depois devoradas por sete vacas magras, e sete espigas cheias, que eram depois devoradas por sete espigas mirradas e queimadas. O chefe dos copeiros recorda-se de seu companheiro de cela e avisa ao faraó da habilidade de José na interpretação dos sonhos. José apresenta-se ao faraó e interpreta seus sonhos como indicando que haveria um período de sete anos de grande fartura, seguido por um período de grande carestia e fome. Sugere que seja reservado um quinto de toda a produção no período de bonança para fazer frente ao tempo de escassez (Gênesis 41,1-36).

O faraó fica tão impressionado com a interpretação que alça José ao posto de governador do Egito, abaixo apenas do próprio monarca. Será José o responsável pela administração das colheitas, obtendo tanto sucesso na empreitada (na linguagem bíblica, sinal da bênção de D'us) que, quando sobrevêm os sete anos de fome, o Egito possui o suficiente para distribuir ao povo egípcio e para vender aos povos vizinhos (Gênesis 41,37-57).

A região do sul do Levante (Canaã), onde viviam Israel e seus demais filhos, também enfrenta este período de escassez. Para obter alimentos, Israel envia seus filhos para negociar com os egípcios e adquirir víveres. José, ao ver seus irmãos, os reconhece (Gênesis 42, 1-8). Depois de perdoá-los pela venda como escravo anos antes, pede que eles e seu pai Israel venham para o Egito, de modo a não mais passarem fome, uma vez que José era o governador daquelas terras (Gênesis 45).

É assim que a Bíblia hebraica relata a jornada do povo de Israel para o Egito. Uma vez lá chegando, os descendentes de Israel se multiplicam e se tornam uma nação numerosa. Contudo, com a passagem do tempo, e já apagada a memória do hebreu José, esses estrangeiros hebreus vindos de Canaã acabam sendo escravizados pelos faraós subsequentes, como narrado no livro de Êxodo 1, 1-14.

Ainda no relato bíblico, o povo de Israel teria passado cerca de 400 anos em terras egípcias (Gênesis 15,13), sendo a maior parte já na condição servil. Terminado esse período, D'us suscita a Moisés, um membro do povo de Israel que teria sido criado na corte faraônica – havia sido colocado em um cesto quando bebê e lançado no rio Nilo, sendo encontrado e criado por uma filha do faraó –, para que libertasse o povo e assumisse sua liderança, de modo a conduzi-lo novamente à terra prometida de Canaã.

O livro de Êxodo narra a saga de Moisés à frente do povo, sua interlocução com o faraó, primeiramente pedindo a este que liberasse os israelitas voluntariamente, depois com o envio de dez pragas ao Egito para convencer o faraó. Moisés conduz o povo em sua saída do Egito, fazendo a travessia do Mar Vermelho e depois em jornada de quarenta anos pelo deserto, até a chegada à Terra Prometida. No Monte Sinai, em meio ao deserto, Moisés teria recebido a Torá ou lei mosaica, como veremos na próxima seção.

Antes da entrada na Terra Prometida, Moisés falece, sendo sucedido por Josué na liderança do povo. Será Josué que, ingressando em Canaã, capitaneará a conquista da terra, lançando a base territorial para a fundação da nação de Israel (como relatado no livro bíblico de Josué/*Nevi'im Yehoshua*).

Recapitulada brevemente a história da fundação do povo de Israel, passemos à apresentação e explanação do conceito de Torá e de como está constituído esse verdadeiro monumento da cultura judaica que atravessou os séculos e chegou até os nossos dias.

1.2 A TORÁ ESCRITA E A TORÁ ORAL

A palavra *Torá* significa, em hebraico, *ensinamento, instrução, doutrina, guia* ou *lei*. É também conhecida como "*lei mosaica*" ou "*lei de Moisés*", pois, segundo as tradições clássicas judaica e cristã[9], a

---

[9] Veja-se um exemplo da postura clássica de autoria da Torá por Moisés no rabino contemporâneo Yaacov Israel Blumenfeld: "O Pentateuco (os cinco livros da Torah) foi todo escrito por Moisés; até mesmo as passagens em que se refere a si mesmo, ele escreveu na terceira pessoa, pois cada palavra lhe foi ditada pelo Senhor" (BLUMENFELD, Yaacov Israel. *Judaísmo*: visão do universo – a vida, o mundo e o homem segundo a Torah. Rio de Janeiro: Imago, 1989. p. 69). O rabino medieval Moisés Maimônides (1135-1204),

Torá em sua integralidade teria sido recebida diretamente por Moisés a partir de revelação divina no alto do Monte Sinai.

Assim, parte da Torá teria sido ditada por D'us e codificada por escrito por Moisés (Torá Escrita), mas a outra parte teria sido recebida por Moisés de D'us de forma oral, sem que fosse consignada por escrito (Torá Oral), sendo também transmitida oralmente por Moisés ao Povo de Israel. Seu objetivo era guiar e ensinar o povo acerca dos desígnios e desejos de D'us, sobretudo por meio das normas ou leis que foram dadas a Moisés.[10]

---

uma das principais figuras do judaísmo de todos os tempos, coloca como o 8º dos 13 princípios de fé judaica a crença no fato de que Moisés recebeu a Torá de D'us. No cristianismo, essa também foi a postura predominante por muitos séculos – sendo contestada com força apenas a partir do século XIX –, como se pode ver, por exemplo, das próprias palavras atribuídas a Jesus: "Porque, se vós crêsseis em Moisés, creríeis em mim; porque de mim escreveu ele. Mas, se não credes nos seus escritos, como crereis nas minhas palavras?" (Evangelho de João 5, 46,47).

[10] A crítica bíblica contemporânea, conhecida como "hipótese documental", não atribui a Moisés a redação da Torá escrita, mas sim a vários autores de períodos históricos distintos, cujos nomes são desconhecidos, dentro de quatro fontes documentais diferentes, a saber, a Javista, a Eloísta, a Sacerdotal e a Deuteronomista. Acerca do tema: "Slowly, with the rise of rationalism, particularly as associated with figures such as Thomas Hobbes (1588-1679) and Benedict (Baruch) Spinoza (1632-1677), the view that the Torah was a unified whole, written by Moses, began to be questioned. [...] This culminated in the development of the model of the Documentary Hypothesis in the 19th century, according to which the Torah [...] is comprised of four main sources or documents which were edited or redacted together: J, E, P, and D. Each of these sources or documents is embedded in a (relatively) complete form in the current Torah, and is typified by vocabulary, literary style, and theological perspective. J and E are so called after the names for God that each of them uses in Genesis: J uses the name 'Yahveh' (German 'Jahwe,' hence 'J') [...] though it is really a personal name whose exact meaning is unknown; E prefers to call the deity 'Elohim' (translated 'God'), an epithet which also serves as the generic term for God or gods in the Bible. P, which also uses 'Elohim,' is an abbreviation for the Priestly material, and D refers to the Deuteronomist, primarily in Deuteronomy. [...] It is possible to trace distinctive styles and theological notions that typify individual Torah sources. For example, the J source is well known for its highly anthropomorphic God, who has a close relationship with humans, as seen in Gen.

A parte da Torá que foi consignada por escrito (chamada em hebraico *Torá shebichtav*, isto é, a Torá *escrita*) compõe os cinco primeiros livros daquela obra que ficaria conhecida no Ocidente pelo nome de *Bíblia*, termo que provém do grego *"biblion"*, isto é, "rolo" ou "livro" (no plural grego, *"biblia"*, ou seja, "rolos" ou "livros"). O agrupamento desses cinco primeiros livros da Bíblia também recebeu a nomenclatura grega de *Pentateuco* (do grego *penta* – "cinco", e *teuco* – "rolo"), em razão de serem tradicionalmente redigidos em rolos de pergaminho.

Os cinco primeiros livros da Torá escrita são: Gênesis (*Bereshit*), Êxodo (*Shemot*), Levítico (*Vayikra*), Números (*Bamidbar*) e Deuteronômio (*Devarim*). Em hebraico, o título de cada um dos livros é extraído das primeiras palavras que os iniciam.

Assim, *"Bereshit"* é traduzido por *"No princípio"*, as primeiras palavras de abertura da Bíblia hebraica que iniciam a narrativa da criação do mundo. *Shemot* significa "nomes", já que o livro começa apresentando os nomes dos doze filhos do patriarca bíblico Jacó (Is-

---

2.4-3.24, which includes, for example, a description of God 'moving about [or walking] in the garden' (3.8) and says that God 'made garments of skins for Adam and his wife, and clothed them' (3.21). On the other hand, in **E**, the Elohist source, God is more distant from people, typically communicating with them by dreams or via intermediaries, such as heavenly messengers (NJPS 'angels') and prophets. The **P** or Priestly source is characterized by a strong interest in order and boundaries (see Gen. ch 1), as well as an overriding concern with the priestly family of Aaron and the Temple-based religious system. **D**, or Deuteronomy, is characterized by a unique hortatory or preaching style, and insists strongly that God cannot be seen, as in this source's description of revelation: 'The LORD spoke to you out of the fire; you heard the sound of words but perceived no shape-nothing but a voice' (Deut. 4.12). [...] Critical biblical scholarship, through the latter part of the 20th century, was quite confident in dating each of these Torah sources along with the legal collections that they incorporated. Thus, **J** was seen as the earliest collection, often dated to the period of David and Solomon in the 10th century BCE, followed by **E**, which was often associated with the Northern Kingdom. **D** was connected to the reform of King Josiah in the late 7th century, and **P** was seen as deriving from the 6th century." (BERLIN, Adele; BRETTLER, Marc Zvi (Ed.). *The Jewish Study Bible*. New York: Oxford University Press, 2004. p. 3, 5).

rael). *Vayikra* é "Ele [D'us] chamou", pois o livro começa narrando que D'us chamou a Moisés para lhe transmitir normas sobre os sacrifícios rituais. *Bamidbar* significa "no deserto", uma vez que o livro se inicia afirmando que D'us falou a Moisés no deserto do Sinai. Por fim, *Devarim* é traduzido por "palavras", pois o livro tem seu início apresentando *as palavras* que Moisés falou a todo o Israel depois de passarem pelo rio Jordão.

Já os nomes pelos quais esses livros são conhecidos em português têm origem grega (com exceção de *Números*, do latim *numerus*), em virtude de que as primeiras comunidades cristãs utilizavam a tradução grega da Bíblia hebraica, conhecida como *Septuaginta*.[11]

O primeiro livro é chamado *Gênesis* (do grego *genesis*, ou seja, origem, princípio, começo) por tratar da narrativa bíblica da *gênese* ou *origem* do Universo e do mundo. O título do segundo livro é *Êxodo* (do grego *exodos*, saída, partida), pois narra a *saída* do povo hebreu da escravidão no Egito. O terceiro livro é *Levítico* (do grego *levitikon*, em referência à tribo israelita sacerdotal de Levi, responsável pelo serviço do Templo), que traz uma série de normas a serem aplicadas pelos *levitas* (sacerdotes) na realização das atividades do Templo de Jerusalém, sobretudo os sacrifícios a D'us.

Por sua vez, o quarto livro é *Números* (do latim *numerus*), por trazer um censo do povo de Israel contendo os números de membros

---

[11] *Septuaginta* é a tradução da Bíblia hebraica feita a partir dos originais em hebraico e aramaico para o grego *koiné* (forma popular e menos sofisticada do grego utilizada a partir do século IV a.c. como principal língua de comunicação na região do Mediterrâneo, com função semelhante ao que seria o inglês nos dias atuais). A palavra *septuaginta* significa, em latim, "setenta", daí ser também chamada *versão dos Setenta* da Bíblia hebraica. Segundo a tradição constante do Talmude babilônico (Tratado *Megillah*, 9a), 72 sábios judeus (seis de cada uma das doze tribos de Israel) teriam sido reunidos pelo faraó egípcio Ptolomeu II Filadelfo (308 a.C.-246 a.C) e colocados em 72 salas separadas, com a missão de traduzirem ao grego a Torá, mas sem que um soubesse do trabalho do outro. Miraculosamente, todos os 72 sábios teriam traduzido de forma igual o texto. Abstraindo do caráter fantástico e implausível desta lenda, fato é que, segundo a historiografia, entre os séculos III e II a.C, foi elaborada a tradução da Bíblia hebraica para o grego, sobretudo em razão de que boa parte da comunidade judaica da diáspora já tinha certa dificuldade de ler no original hebraico.

de cada tribo (excluída a tribo sacerdotal de Levi) aptos para a guerra (cerca de 600 mil homens acima de vinte anos que podiam pegar em armas). O último livro é o *Deuteronômio* (do grego *deuteros*, isto é, *segunda*, e *nomos*, isto é, *lei*), a indicar que Moisés relembra o povo, antes de que entre na Terra Prometida[12], o conteúdo da lei mosaica recebida, segundo o relato bíblico, no Monte Sinai.

Todavia, outra parte da Torá teria sido transmitida oralmente por D'us a Moisés, e deste também oralmente ao Povo de Israel (tradição oral[13]), originando a chamada Torá oral (*Torá shebealpe*, em hebraico). A prática de ensinamento oral da Torá, passada de geração em geração, recebeu o nome de *Mishná* (em hebraico, "*estudo por repetição*"). Na verdade, é bastante comum entre as civilizações do Mundo Antigo a preeminência da transmissão oral da maior parcela da cultura e da religião.

Originalmente, havia uma proibição de que a tradição da Torá oral fosse colocada por escrito[14], devendo então ser repetida como forma de memorização pelos estudiosos da lei mosaica ao longo dos séculos, de forma a que o ensinamento oral não se perdesse e pudesse ser sempre transmitido às futuras gerações.

---

[12] Por Terra Prometida, no contexto bíblico, entende-se a porção de terra do Oriente Médio que teria sido prometida por D'us a Abraão e seus descendentes no livro de Gênesis 15, 18. A área se estenderia, originalmente, de parte do nordeste do atual Egito (rio egípcio Wadi El-Arish) até o rio Eufrates, na Mesopotâmia. Contudo, a área efetivamente ocupada historicamente pelos israelitas foi menor.

[13] A palavra *tradição* provém do latim *traditio*, que significa *entregar* ou *transmitir*.

[14] Talmude babilônico, Tratado *Guitín*, 60b: "Estes assuntos, isto é, aqueles registrados na Lei Escrita, podem ser escritos, mas não pode ser escrita a Lei Oral". Segundo Irving Bunim, as razões para a proibição seriam duas: 1. para que mestres e alunos se empenhassem, exigindo longas horas de estudo para memorizar e compreender a tradição oral, uma vez que não possuíam uma versão escrita à mão desses ensinamentos; 2. para que os ensinamentos da tradição oral não fossem confundidos com a Torá escrita. Assim, a Torá escrita seria a primeira e principal herança divina, e a tradição oral a segunda herança, que acompanharia a primeira para servi-la por meio de comentários e explicações nela contidas (BUNIM, Irving M. *A Ética do Sinai*. Trad. Dagoberto Mensch. 5. ed. São Paulo: Sêfer, 2012. p. II).

Contudo, num contexto histórico dramático de perseguição contra o povo judeu – em que Jerusalém já havia sido destruída pelos romanos em 70 d.C.[15], e uma revolta judaica contra o dominador romano fora duramente esmagada em 135 d.C.[16] –, o Rabi Iehúda Ha-Nasi (135 d.C. – 217 d.C.) ou Rabenu HaKadosh (em hebraico, *nosso Mestre Sagrado*), principal líder do povo judeu da época, temendo que os ensinamentos da Torá oral se perdessem e animado pelo firme propósito de preservá-los, violou tal proibição.[17]

---

[15] O historiador judeu Yosef ben Mattityahu, mais conhecido pelo nome latino de Flávio Josefo (37 d.C.-100 d.C.), narra de forma dramática a destruição de Jerusalém: "Depois que o exército romano, que jamais se cansaria de matar e de saquear, nada mais achou em que saciar o seu furor, Tito ordenou que a destruíssem, até os alicerces, com exceção de um pedaço do muro, que está do lado do Ocidente, onde ele tinha determinado construir uma fortaleza e as torres de Hípicos, de Fazael e de Mariana, porque, sobrepujando a todas as outras em altura e em magnificência, ele as queria conservar para mostrar à posteridade, quão grandes foram o valor e a ciência dos romanos na guerra, para se apoderarem daquela poderosa cidade, que se tinha elevado a tal grau de glória. Essa ordem foi tão exatamente cumprida que não ficou sinal algum, que mostrasse haver ali existido um centro tão populoso. Tal foi o fim de Jerusalém [...]." (JOSEFO, Flávio. *História dos hebreus*. Livro Sétimo. Capítulo 1, 501. Trad. Vicente Pedroso. Rio de Janeiro: CPAD, 2018. p. 1385).

[16] Trata-se da revolta liderada por Simão Bar Kokhba na Judeia. Segundo o relato de Cassius Dio, cerca de 580 mil judeus haveriam morrido como consequência deste conflito com os romanos (DIO, Cassius. *Roman History*. Book 69, 12.1-14.3. Transl. Earnest Cary. London: William Heinemann, 1925. p. 447-451).

[17] Maimônides explica a razão da violação da proibição: "But why did Rabenu HaKadosh thus, and did not leave the matter as it was heretofore? Because he observed that the number of students continued to decrease, whereas the volume of oppression continued to increase with renewed strength; that the Roman Empire continued to spread out its boundaries in the world and conquer, whereas Israel continued to drift aimlessly and follow extremes, he, therefore, compiled one book, a handy volume for all, so that they may study it even in haste and not forget it. And his whole lifetime, he sat together with the members of his tribunal and gave public instruction in the Mishna." (MAIMONIDES. *Mishneh Torah*. Transmission of the Oral Law, 15. Disponível em hebraico e inglês em: <https://www.sefaria.org/Mishneh_Torah%2C_Transmission_of_the_Oral_Law.5?lang=bi>. Acesso em 25 jun. 2019).

No ano 189 d.C., o Rabi Iehúda Ha-Nasi – com base em trabalhos preparatórios do importante Rabi Akiva[18] – compilou por escrito a tradição da Torá oral, numa obra em vários volumes que recebeu o nome de *Mishná*, justamente por ser a consagração em texto do *estudo oral por repetição* dos séculos anteriores. Os rabinos do período do século I d.C. até III d.C. cujas opiniões foram recolhidas na *Mishná* ficaram conhecidos como *tanaim* (em hebraico, *repetidores*).

Gerações posteriores de rabinos, ao lerem e estudarem a *Mishná*, seguiram com a tarefa de comentá-la e interpretá-la, desde aproximadamente o terceiro século da era cristã até 500 d.C., tanto nas academias de estudo da Torá da região de Israel como da Babilônia. Estes rabinos ficaram conhecidos como *amoraim* (em hebraico, *intérpretes*), por se dedicarem a interpretar o texto da *Mishná*. Estas interpretações sobre a *Mishná*, por sua vez, geraram uma nova obra escrita conhecida como *Guemará* (em hebraico, "estudar").

O conjunto formado pela *Mishná* e pela *Guemará* é chamado de *Talmude* (em hebraico, "instrução" ou "aprendizado"), configurando a tradição da Torá oral colocada por escrito e seus mais insignes comentadores. Nele se encontram tanto as prescrições legais sobre os mais diversos âmbitos da vida (denominadas coletivamente em hebraico de *halachá*, que significa em tradução literal *caminho* ou *modo de conduzir-se*), como os contos e parábolas que buscam transmitir os principais valores e crenças judaicas por meio de histórias (chamados em hebraico de *agadá*, que significa *contos*).

Existem duas versões distintas do Talmude: uma compilada nas academias do antigo território de Israel (Talmude de Jerusalém,

---

[18] Akiva ben Yosef foi um sábio rabínico judeu que nasceu por volta do ano 40 d.C. e faleceu por volta do ano 135 d.C. É considerado um dos principais comentaristas da Torá de todos os tempos (chamado no Talmude de *Rosh la-Hakhamim*, "Chefe dos Sábios"), por ter sido um renovador do método de interpretação da Torá e o iniciador da classificação por matérias de cada uma das leis da Torá oral, lançando as bases para que, após ele, o Rabi Iehúda Ha-Nasi compilasse a *Mishná*. Foi morto pelos romanos pelo método de esfolamento (retirada da pele com a pessoa ainda viva) após a revolta judaica de Bar Kokhba, ocorrida por volta do ano 135 d.C., tendo sido sepultado em Tiberíades.

compilado nos séculos III e IV d.C., completado por volta do ano 400 d.C.) e outra nas academias da Babilônia (Talmude babilônico, compilado por volta de 500 d.C.). A versão publicada por último é a mais utilizada e mais completa, de modo que, quando se faz menção ao Talmude sem especificar qual das duas versões, deve-se entender que se está a citar o Talmude da Babilônia.[19] O Talmude constitui, até hoje, a principal fonte da Teologia e da interpretação da lei mosaica no judaísmo.

Para os judeus, a Torá constitui o coração de seus escritos religiosos. Contudo, para além dos cinco livros da Torá escrita (e os livros da Torá oral), existem outros dezenove livros que compõem as Sagradas Escrituras hebraicas. São os livros dos *Nevi'im* (*Profetas*, em hebraico) e os livros dos *Ketuvim* (*Escritos*, em hebraico).

Os oito livros dos *Nevi'im*[20] cobrem um período histórico que se inicia com a saída do Egito, passando pela entrada na Terra Prometida e terminando com o cativeiro ou exílio do povo hebreu na Babilônia. Nestes livros, há um destaque da figura dos profetas, homens escolhidos e enviados por D'us para falar ao povo de Israel, recordando-lhes as leis dadas por D'us e exortando à observância das mesmas.

Já os onze livros dos *Ketuvim* apresentam gêneros literários distintos entre si, razão pela qual foram agrupados sob o nome genérico de *Escritos* (*Ketuvim*). Estão presentes livros com narrativas históricas (como os livros de Crônicas, Esdras, Rute e Ester), com conselhos sapienciais (como os livros de Jó, Provérbios e Eclesiastes), com poemas e orações (como os Salmos, Cântico dos Cânticos e

---

[19] BERLIN, Adele; BRETTLER, Marc Zvi (Ed.). Verbete *Talmud*. In: *The Jewish Study Bible*. New York: Oxford University Press, 2004. p. 2.141.

[20] São eles: 1. *Yehoshua* – Josué; 2. *Shofetim* – Juízes; 3. *Shmuel* – Samuel; 4. *Melakhim* – Reis; 5. *Yeshayahu* – Isaías; 6. *Yirmeyahu* – Jeremias; 7. *Yekhezqiel* – Ezequiel; 8. *Trei Asar* – Os Doze (Doze Profetas menores: Oseias, Joel, Amós, Obadias, Jonas, Miqueias, Naum, Habacuque, Sofonias, Ageu, Zacarias, Malaquias). A autoria de tais livros é tradicionalmente atribuída, tanto no judaísmo como no cristianismo, a cada um dos profetas que dão nome aos livros (ou ao menos a alguém que registrou as palavras e atos dos profetas).

Lamentações) e com literatura apocalíptica sobre os fins dos tempos (como o livro de Daniel).[21]

Todos estes 24 livros (cinco livros da Torá escrita, oito livros dos Profetas e onze livros dos Escritos) compõem a chamada *Bíblia hebraica*. No judaísmo, o conjunto composto por Torá escrita, livros dos *Nevi'im* e livros dos *Ketuvim* recebe o nome de *TaNaKh* ou TNK, uma abreviatura que remete às três primeiras letras dos três grupos de livros que compõem a Bíblia hebraica: **T** (*Torah*), **N** (*Nevi'im*) e **K** (*Ketuvim*).

Este trabalho, porém, se concentrará sobretudo nas normas e princípios presentes na Torá Escrita ou *Pentateuco* e seus comentários, e não nos textos de *Nevi'im* e *Ketuvim*.

Apresentados os principais conceitos para a adequada compreensão do que seja a Torá (tanto em sua parte escrita como na oral), vejamos agora o tema da constituição da Bíblia cristã, com sua inserção de novos livros nas Sagradas Escrituras.

1.3 AS ESCRITURAS CRISTÃS

No cristianismo, os 24 livros da Bíblia hebraica anteriormente mencionados são plenamente aceitos como parte da tradição cristã. Alguns deles sofrem subdivisões, como, por exemplo, o livro judaico de Samuel (subdividido na classificação cristã em 1 e 2 Samuel) ou o livro de Reis (subdividido entre os cristãos em 1 e 2 Reis), originando 39 livros na contagem cristã, mas com o mesmo teor dos 24 livros judaicos (a diferença é apenas de classificação, não de texto). Entre os cristãos, o nome tradicional dado aos 24 livros da Bíblia hebraica é *Antigo [Velho] Testamento*.

A palavra "testamento", no sentido aqui invocado, provém de "*testamentum*", que, no latim eclesiástico cristão, pode significar "pacto" ou "aliança". Alguns estudiosos afirmam que o uso de "*testamentum*" no lugar da palavra latina "*foedus*" (literalmente, *aliança* ou *pacto*) quer ressaltar o caráter de disposição unilateral, tal qual aquela feita pelo testador em favor de seus herdeiros. Assim, a ini-

---

[21] BERLIN, Adele; BRETTLER, Marc Zvi (Ed.). op. cit. p. 1.275.

ciativa da aliança partiria em primeiro lugar de D'us, que estabelece unilateralmente as cláusulas do pacto com o homem.[22]

Para a religião cristã, Jesus de Nazaré, seu fundador, teria iniciado uma nova aliança com os seres humanos. Assim, nessa perspectiva, a aliança original feita com o povo de Israel seria a "antiga aliança", da qual veio o nome de Antigo ou Velho Testamento, sendo a narrativa da vida e ensinamentos de Jesus e de seus primeiros discípulos chamada de Novo Testamento ("nova aliança"). Em meios acadêmicos, prefere-se usar a expressão "Bíblia hebraica", para evitar a vinculação apenas com a visão cristã (pois não se admite no judaísmo que tenha sido celebrada uma nova aliança por Jesus diferente da aliança original com o povo de Israel).

A Bíblia cristã, além de conter todos os 24 livros judaicos, acrescenta a eles, no Novo Testamento, mais 27 livros propriamente cristãos, e que marcam a diferença nas Escrituras de ambas as religiões. São os quatro Evangelhos (do grego *"ev"*, "bom, boa", e *"angelion"*, "notícia") de Mateus, Marcos, Lucas e João, que apresentam os feitos e ensinamentos de Jesus, bem como a narrativa cristã da crucificação, morte e ressurreição de Jesus ao terceiro dia.

Após os Evangelhos, está o livro de Atos dos Apóstolos, que narra os atos da primeira comunidade cristã, conduzida por doze homens judeus escolhidos por Jesus, chamados de *apóstolos*, para serem líderes desta comunidade.[23] A eles se agrega posteriormente Saulo (5 d.C.- 67 d.C.), da cidade de Tarso na Cilícia, judeu que fora discípulo em Jerusalém do Rabi Gamaliel, o Ancião[24] (Atos dos Apóstolos 22,3).

---

[22] BERKHOF, Louis. *Systematic Theology*. 4th. ed. Grand Rapids: Eerdmans, 1949. p. 262-263; KINZIG, Wolfram. Kaine diatheke: the title of the New Testament in the second and third centuries. *Journal of Theological Studies*, Vol. 45, Pt. 2, October 1994. p. 519-520.

[23] A palavra "apóstolo" provém do grego *"apóstolos"* e significa "enviado", por ser o grupo de seguidores mais próximo de Jesus enviado para propagar o cristianismo. Na verdade, do grupo dos doze apóstolos presentes no livro dos Atos dos Apóstolos, apenas onze foram originalmente escolhidos por Jesus. Um deles, Judas Iscariotes, após trair Jesus, entregando-o à morte, suicidou-se (Atos dos Apóstolos 1,16-19). Para ocupar seu lugar, os outros apóstolos escolheram Matias (1,23-26).

[24] Rabi Gamaliel, o Ancião (ou Gamaliel I), nascido por volta da segunda metade do século I a.C. e falecido cerca do ano 50 d.C., era neto do rabino Hilel

Segundo a narrativa bíblica, Jesus teria aparecido em visão a Saulo no caminho para a cidade de Damasco (atual Síria), provocando neste uma conversão religiosa, acompanhada da recepção ritual do batismo cristão (Atos dos Apóstolos 9, 1-18). A partir daí, Saulo se torna o principal propagador do cristianismo entre os não judeus, uma espécie de "décimo terceiro apóstolo" (embora não tenha jamais convivido com Jesus), usando sobretudo seu nome latino, Paulo, pois era também cidadão romano.

A Paulo se atribui, classicamente, a autoria de mais da metade dos livros do Novo Testamento (14 dos 27 livros), sob o formato de cartas ou epístolas. Nelas, lança as bases sistemáticas da teologia cristã. É da união entre os atos e palavras de Jesus e os escritos de Paulo que a Teologia cristã irá haurir os fundamentos para seus desenvolvimentos posteriores. Nenhum outro seguidor de Jesus teve tanta importância e influência seja na construção teórica inicial da fé cristã, seja na sua propagação.

Essa constatação é importante: para além do fato de Jesus e os doze apóstolos serem todos judeus, Paulo também era judeu e fora formado dentro da tradição rabínica de estudo da Torá (tanto escrita como oral). De fato, percebe-se nas obras de Paulo e em seu estilo de escrita um maior refinamento teológico, quiçá herança de seus anos de formação judaica sob a tutela do Rabi Gamaliel, um proeminente sábio até hoje venerado na memória do povo judeu.[25]

(fundador da "casa ou academia de Hilel", a principal escola de interpretação da Torá que lançou as bases para que fosse codificada a tradição oral da Torá na *Mishná*, por parte do Rabi Iehúda ha-Nasi, em 189 d.C.). Foi o primeiro sábio judeu a receber o título honorário de *Raban* (isto é, "Nosso Mestre"). Teria atuado como Presidente (chamado de *Nasi* ou Príncipe) do tribunal rabínico do Grande Sinédrio, em Jerusalém, principal instituição de governo e julgamento do povo judeu da época (cf. BUNIM, Irving M. op. cit. p. 510).

[25] Por exemplo, diz-se na *Mishná* (Tratado *Sotah*, 9, 15) que, quando o Rabi Gamaliel, o Ancião, faleceu, "a glória da Torá cessou, e a pureza [ritual] e a piedade pereceram", uma figura de estilo hiperbólica para ressaltar a importância deste Rabi. Ele aparece no livro cristão dos Atos dos Apóstolos (Capítulo 5, 25-40) tendo uma atitude de tolerância para com os apóstolos, pedindo ao Sinédrio que não os condenasse à morte em virtude de pregarem sobre Jesus (pregação tida por herética e blasfema dentro do judaísmo. Sendo os apóstolos todos judeus, estavam em tese submetidos à pena de morte prevista na Torá para casos graves de heresia e blasfêmia). Em razão dessa benevolência, parece ter sido

Não à toa, o Apóstolo Pedro, em sua Segunda Epístola, capítulo 3, versículos 15 e 16, afirma que, nas epístolas de Paulo, existem pontos difíceis de entender, a indicar que a forma paulina de escrever era distinta do estilo mais simples dos demais apóstolos.

Completam os livros do Novo Testamento a Epístola do Apóstolo Tiago, duas Epístolas do Apóstolo Pedro, três Epístolas do Apóstolo João, a Epístola do Apóstolo Judas Tadeu e o livro final de Apocalipse (tradicionalmente atribuído ao Apóstolo João, tratando do final do mundo e da segunda vinda de Jesus, esperada pelos cristãos).

Na próxima seção, desenvolveremos, assim como fizemos para a formação do povo hebreu, um sucinto relato da religião cristã em seus primórdios (cinco primeiros séculos), para tornar mais clara a relação do itinerário histórico dos cristãos com o fenômeno jurídico já por eles influenciado.

1.4 AS PRIMEIRAS COMUNIDADES CRISTÃS E O CRISTIANISMO COMO RELIGIÃO DO IMPÉRIO ROMANO

Segundo a fé cristã, três dias após a morte na cruz, Jesus de Nazaré teria ressuscitado dentre os mortos e, quarenta dias após sua

---

criada uma lenda cristã de que Gamaliel teria se convertido posteriormente ao cristianismo. Por esse fato, ele é também venerado como santo cristão até hoje na Igreja Católica Ortodoxa, com festa no dia 2 de agosto. Na Igreja Católica Romana, foi listado como santo comemorado no dia 3 de agosto até meados do século XX: "3 de agosto: Em Jerusalém, descoberta dos restos mortais de santo Estevão, primeiro mártir, e dos santos Gamaliel, Nicodemos e Abibone..." (cf. BENEDETTO XIV, Papa. *Martirologio Romano*. 4. ed. italiana. Roma: Libreria Editrice Vaticana, 1955. p. 194). Posteriormente, seu nome foi retirado da lista de santos católicos romanos, justamente por não haver um mínimo de base histórica para a alegação de que teria se tornado cristão. A atual lista da Igreja Católica Romana não conta mais com o nome de Gamaliel como santo no dia 3 de agosto (cf. GIOVANNI PAOLO II, Papa. *Martirologio Romano*. Roma: Libreria Editrice Vaticana, 2004. p. 605-606). Na tradição judaica, não existe qualquer registro de conversão do Rabi Gamaliel ao cristianismo, tanto assim que seu nome e seus ensinamentos figuram até hoje no Talmude (caso tivesse deixado de ser judeu, seu nome teria sido esquecido e apagado do Talmude como mestre da fé judaica).

ressurreição, teria sido levado aos céus[26], deixando então uma comunidade inicial de seus seguidores. O núcleo inicial da comunidade cristã era formado basicamente por judeus de nascimento e prática. Mantinham a observância do *Shabbat* (descanso semanal do sétimo dia), a frequência ao Templo de Jerusalém para orar e praticamente todos os costumes e normas da lei mosaica.[27]

Contudo, reuniam-se também no primeiro dia da semana (*Yom Rishon*, em hebraico) para fazer memória da vida, ensinamentos, morte e ressurreição de Jesus de Nazaré (pois o fundador do cristianismo teria ressuscitado no primeiro dia da semana). Com o tempo e a expansão do cristianismo entre povos não judeus, a observância do *Shabbat* foi caindo em desuso, sendo mantida apenas a do primeiro dia da semana, agora já renomeado para *domingo*, em latim, *dominica* ou *dies Domini* (de *Dominus*, "Senhor", em latim), o dia do Senhor.[28]

---

[26] A narrativa de alguém ser levado aos céus estando vivo (tal como aplicado pela tradição cristã a Jesus de Nazaré) não é estranha à crença religiosa judaica. No livro de Gênesis, diz-se que Enoque, bisavô de Noé, andava com D'us, tendo simplesmente desaparecido, pois D'us o teria tomado para si (Gênesis/*Bereshit*, 5,24). Também no livro de II Reis, 2, 11, o profeta Elias teria sido levado aos céus ainda vivo.

[27] "Hay vestigios en el Nuevo Testamento que atestiguan que los primeros cristianos conservaban muchos puntos de contacto con el judaismo tradicional: tenían reuniones comunitarias en el templo (Hch 2,46; 3,1; 6,21), y aparecían a los ojos del pueblo como judíos fervorosos (Hch 5,13)". (GÓMEZ, Jesús Álvarez. *Historia de la Iglesia* – Edad Antigua. Tomo I. Madrid: Biblioteca de Autores Cristianos, 2001. p. 35)

[28] Ibidem. p. 39: "Por el estrecho lazo que al principio mantuvieron los cristianos con el judaismo, parecería de todo punto imposible que pudieran cambiar el día del culto; pero, en realidad, no tardaron en hacerlo, sustituyendo el sábado por el domingo, es decir por *el día del Señor*, aunque este cambio no se hizo al mismo tiempo en todas las comunidades. Cuando San Mateo, después del año 70 sin duda, escribió su evangelio, dirigido a las comunidades cristianas de Palestina, todavia se atenía a la praxis cultual sabática, pues recomienda orar para que los acontecimientos finales no tengan lugar ni en *invierno* ni *sábado* (Mt 24,20) porque los judíos no podían hacer largas caminatas en sábado; en cambio, San Marcos, que escribe para la comunidad cristiana de Roma, más o menos por el mismo tiempo, no menciona el *sábado* sino solamente el *invierno* (Mc 13,18)".

Sobressaíam entre eles os doze apóstolos, líderes desta comunidade e responsáveis por sua propagação e difusão, aos quais posteriormente se uniu Paulo de Tarso, que realizou diversas viagens para divulgação do cristianismo e fundou inúmeras comunidades cristãs no Oriente Médio e ao longo do Mediterrâneo. Os sucessores destes primeiros apóstolos na liderança cristã receberam o nome de *bispos* (do grego "*episkopos*", que significa supervisor, guardião ou vigia), sendo responsáveis por guiar os fiéis cristãos de cada cidade ou região.

De acordo com a tradição cristã, corroborada por recentes descobertas arqueológicas[29], Pedro e Paulo teriam se dirigido até a capital do Império Romano, a cidade de Roma, tendo ali consolidado as bases da comunidade cristã nesta cidade. Lá, ambos teriam sido martirizados pelo fato de a fé cristã se chocar com a cosmovisão teológica pagã de Roma, provavelmente sob o governo do imperador romano Nero, entre os anos de 64 e 68 d.C. Pedro teria sido crucificado de cabeça para baixo, no local onde hoje fica situada a Praça de São Pedro, no Vaticano.[30] Já Paulo teria sido decapitado e o local onde supostamente teria ocorrido sua execução, fora das muralhas de Roma, é hoje marcado por um templo cristão católico erigido em sua memória, a Basílica de São Paulo Fora dos Muros.[31]

Valendo-se da chamada *Pax Romana*, isto é, um período de relativa estabilidade e de facilitação das viagens entre as diversas regiões do Império Romano já consolidado, a fé cristã iniciou sua

---

[29] JEDIN, Hubert. *Manual de Historia de la Iglesia*. Tomo Primero. Trad. Daniel Ruiz Bueno. Barcelona: Herder, 1966. p. 189-193.

[30] "Orígenes reporta que Pedro 'foi crucificado de cabeça para baixo a pedido seu', talvez na esperança de que assim a morte fosse mais rápida ou (como querem os fiéis) por se julgar indigno de morrer do mesmo modo que Cristo. [...] mais tarde correu a história que punha o lugar de sua morte no circo de Nero, na esplanada do Vaticano. Lá se ergueu mais tarde a catedral de São Pedro, que alega abrigar os ossos do apóstolo" (DURANT, Will. *História da civilização*. 3ª. Parte. César e Cristo. Tomo 2º. Trad. Monteiro Lobato. 2. ed. São Paulo: Cia. Editora Nacional, 1957. p. 263).

[31] Ibidem. p. 279.

expansão por todo o Mundo então conhecido.³² Contudo, desde os primórdios, os cristãos, embora fossem súditos obedientes do Imperador, recusavam-se terminantemente a prestar culto aos deuses da religião oficial do Império e a reconhecer o Imperador como um semideus, gerando tensões que culminaram em diversas perseguições aos cristãos do século I até o início do século IV da era cristã.³³

Uma possível razão para isso está no fato de que o cristianismo configura uma proposta religiosa direcionada a todos os povos. Assim, o potencial conflitivo entre cristianismo e a religião oficial do Império Romano era ainda mais acentuado, pois os cristãos pretendiam a conversão dos romanos de suas religiões pagãs para o cristianismo, pretensão esta que não esteve presente no judaísmo (identificado com a preservação de sua própria religião no âmbito interno do povo judeu).³⁴

A nova mensagem religiosa cristã paulatinamente foi penetrando as estruturas da sociedade romana, angariando seguidores em todas as camadas sociais e, apesar das perseguições, começando a apresentar um número considerável de adeptos em meio à população do Império.

Assim, em 313 d.C., o Imperador romano do Ocidente, Constantino, filho de Helena, uma mulher cristã (tendo ele mesmo se batizado no leito de morte em 337 d.C.), juntamente com seu cunhado Licínio, Imperador romano do Oriente, avençaram entre si uma série de cláusulas que, conjuntamente, ficaram conhecidas como Edito

---

[32] Sobre as razões que, valendo-se da unidade do império Romano, favoreceram a expansão do cristianismo, cf. LLORCA, Bernardino. *Historia de la Iglesia Católica*. Edad Antigua. Tomo I. 2. ed. Madrid: Biblioteca de Autores Cristianos, 1955. p. 4-6.

[33] Para um relato detalhado da era das perseguições aos cristãos, veja-se a Parte III (*Las grandes persecuciones contra el cristianismo*) da obra de Bernardino Llorca citada na nota de rodapé anterior, p. 294-375.

[34] O judaísmo também sempre se recusou a cultuar outros deuses que não o D'us de Israel, o que provocou uma série de tensões com os sucessivos povos pagãos que dominaram o povo israelita, inclusive com ocorrência de rebeliões judaicas contra o dominador estrangeiro. Contudo, diferentemente do cristianismo, a religião judaica identifica-se com a pertença ao povo judeu (com exceções raras de conversão ao judaísmo).

de Milão, as quais conferiam, pela primeira vez, liberdade ao culto cristão, inclusive com a possibilidade de construção de templos.[35] Em 325 d.C., o próprio Imperador Constantino reuniu os bispos cristãos para, em sua presença, decidir sobre questões de alta relevância teológica para o cristianismo (sendo a principal o tema central para a fé cristã acerca da divindade de Jesus de Nazaré), naquele que ficou conhecido como o primeiro *Concílio Ecumênico*[36] da Igreja cristã.

Em menos de um século, no ano de 380 d. C., o Edito de Tessalônica (chamado *Cunctos Populos*), dado conjuntamente pelos Imperadores Romanos do Ocidente Graciano e Valentiniano II (irmãos), e pelo Imperador Romano do Oriente Teodósio I, tornou o cristianismo a religião oficial de todo o Império Romano, com abandono das religiões pagãs romanas.[37] A partir da transformação do cristianismo

---

[35] "[...] Constantine and Licinius in 313 jointly issued the famous Edict of Milan, which was a watershed in religious freedom especially for Christians. The emperors resolved 'to grant both to the Christians and to all others full authority to follow whatever worship each man has desired; whereby whatsoever Divinity dwells in heaven may be benevolent and propitious to us' (so Lactantius, *On the Deaths of the Persecutors* 48.2; see also Eusebius, *HE* 10.5.2-17). The edict also stipulated that church buildings that had been destroyed during the suppression under Diocletian should be restored along with other property" (SIKER, Jeffrey S. Christianity in the second and third centuries. In: ESLER, Philip F. (Ed.). *The Early Christian World*. Vol. I. London: Routledge, 2000. p. 248).

[36] Do latim "*concilium*", que significa reunião ou assembleia. Por sua vez, a palavra "ecumênico" provém do grego "*ecumene*", significando "todo o mundo habitado", a significar a convocação feita a todos os bispos das mais diversas partes do Império romano.

[37] "[...] la loi célèbre *Cunctos populos*, connue par ces deux mots latins par lesquels elle commence. La voici tout entière: 'Les empereurs Gratien, Valentinien et Théodose, augustes, au peuple de la ville de Constantinople. Nous voulons que tous les peuples de notre obéissance suivent la religion que l'apôtre saint Pierre a enseignée aux Romains, comme il paraît, parce qu'elle s'y conserve encore à présent; celle que l'on voit suivre au pontife Damase, et à Pierre, évêque d'Alexandrie, homme d'une sainteté apostolique; en sorte que, selon l'instruction des apôtres et la doctrine de l'Évangile, nous croyons une seule divinité du Père, et du Fils, et du Saint-Esprit, sous une majesté égale et une sainte Trinité. Nous voulons que ceux qui suivront cette loi prennent le nom de chrétiens catholiques, et que les autres, que nous jugeons

em religião oficial do Império, o caminho estava aberto para que essa visão de mundo influenciasse de modo definitivo as instituições do Ocidente, com suas concepções religiosas e morais.

Em 438 d.C., o Imperador romano do Oriente Teodósio II, já no contexto do Império cristianizado, publica o *Codex Theodosianus*[38], compilação legal contendo as constituições (leis) dos imperadores romanos desde o tempo de Constantino I (primeiro imperador cristão, que dera liberdade ao culto cristão em 313 d.C.) até Teodósio II. Entrou em vigor em 439 d.C., não só na banda oriental do Império, mas também no Ocidente, por determinação do Imperador Romano do Ocidente Valentiniano III. Este Código de leis (influenciado já por princípios cristãos) será também a base para o direito posterior dos visigodos, povo bárbaro que dominou a península ibérica.

Para provar o influxo cristão sobre tal Código, podemos citar algumas de suas normas que denotam uma marcada influência ética cristã, bem como suas raízes judaicas. Havia o direito de os penalmente acusados se refugiarem nas igrejas (direito de santuário), não podendo delas ser retirados à força, dada a santidade do lugar, evocando as cidades de refúgio da Bíblia hebraica.[39] Também em direito penal, havia a concessão de indulto a certos criminosos na ocasião da Páscoa, principal festividade cristã (o cristianismo a celebra pelo fato de que Jesus de Nazaré teria, na véspera de sua morte, celebrado a ceia

---

insensés, portent le nom infâme d'hérétiques, et que leurs assemblées ne prennent point le nom d'églises, réservant leur punition premièrement à la vengeance divine, et ensuite au mouvement qui nous sera inspiré du ciel.' Cette loi est datée de Thessalonique, le 28 de février 380." (ROHRBACHER, René François. *Histoire Universelle de l'Église Catholique*. Tome 7. Paris: Gaume Frères, 1850. p. 140-141).

[38] A edição consultada foi a de PHARR, C., DAVIDSON, T. S., PHARR, M. B. *The Theodosian code and novels and the Sirmondian constitutions*. Princeton: Princeton University, 1952.

[39] *Codex Theodosianus* 9.45.4. A Torá escrita previa seis cidades dos levitas (tribo sacerdotal de Levi) em que os homicidas não intencionais podiam se refugiar, para evitar de serem mortos por parente do assassinado. Eram as cidades de refúgio de Bezer, Ramote e Golã, estabelecidas por Moisés (Deuteronômio 4,43), e as cidades de Quedes, Siquém e Hebrom, estabelecidas por Josué, sucessor de Moisés (Josué 20,7-8).

de *Pessach* com seus apóstolos, isto é, a Páscoa judaica que recorda a saída do povo hebreu da escravidão no Egito).[40]

Quanto ao tema da escravidão, em matéria de direito de família, se prevê que os pais poderão resgatar da escravidão, por meio de pagamento, um filho que havia sido previamente vendido como escravo quando recém-nascido.[41] Também havia norma impedindo de separar famílias de escravos quando da divisão de terras entre diferentes proprietários[42], a facilitação do processo de libertação dos escravos quando feita perante os sacerdotes da Igreja cristã[43] e a aquisição de liberdade pelo escravo por força da prescrição, se no período de 16 anos não fosse reivindicado por seu proprietário, recordando as leis judaicas de libertação do escravo por decurso de prazo.[44]

Por fim, o Código Teodosiano dedica um livro inteiro (Livro XVI)[45] ao direito religioso próprio da Igreja cristã (chamado *direito canônico*), com destaque para as disposições sobre os delitos contra a fé, como o delito de apostasia (abandono da fé cristã) e heresia (crença desviante da doutrina religiosa oficial), remontando à prática também presente na Torá escrita de punir os atos contrários à fé.[46]

---

[40] *Codex Theodosianus* 9.38.3,4,6,8.
[41] *Codex Theodosianus* 5.10.1; 3.3.1.
[42] *Codex Theodosianus* 2.25.1.
[43] *Codex Theodosianus* 4.7.1.
[44] *Codex Theodosianus* 4.8.7. Em Deuteronômio 15,12, estava previsto que o escravo hebreu deveria ser libertado no sétimo ano de serviço.
[45] Contendo 11 títulos, a saber: 1. Sobre a fé católica; 2. Sobre os bispos, igrejas e clérigos; 3. Sobre os monges; 4. Sobre as pessoas que contestam a religião; 5. Sobre os hereges; 6. O batismo não deve ser repetido; 7. Sobre os apóstatas; 8. Sobre os judeus, caelicolistas e samaritanos; 9. Nenhum judeu deve ter um escravo cristão; 10. Sobre os pagãos, os sacrifícios e templos; 11. Sobre a religião.
[46] "E aquele que blasfemar o nome do Senhor, certamente morrerá; toda a congregação certamente o apedrejará; assim o estrangeiro como o natural, blasfemando o nome do Senhor, será morto." (Levítico 24,16). Contudo, o judaísmo rabínico sempre conferiu interpretação estrita a esse mandamento, tornando na prática sem aplicação a pena de morte, que acabava substituída pela excomunhão ou banimento da comunidade (AMRAM, David Werner;

Vista a gênese do cristianismo e sua ascensão até o final do Império Romano do Ocidente, em que a antiga ordem política ruiu, mas o cristianismo manteve-se de pé, enunciaremos na próxima seção os desenvolvimentos dessa caminhada histórica pelo período conhecido como Idade Média.

1.5 A INVASÃO DOS POVOS BÁRBAROS E A IDADE MÉDIA

Mesmo com a queda do Império Romano do Ocidente, situada em 476 d.C., com a assunção do poder em Roma pelo rei bárbaro Odoacro, a Igreja cristã continuará como principal instituição a forjar os valores ocidentais no período medieval, sendo responsável por transmiti-los aos povos bárbaros que invadiram a Europa ocidental.[47] Com o desmonte do sistema administrativo romano, os bispos cristãos cada vez mais assumiram um protagonismo não apenas nas questões espirituais, mas também nos temas do governo civil.[48]

KOHLER, Kaufmann. Blasphemy. In: SINGER, Isidore (Ed.). *The Jewish Encyclopedia*. New York: Funk & Wagnalls, 1903. p. 238).

[47] "A mãe de criação da nova civilização era a Igreja. À medida que a antiga ordem ia desaparecendo na corrupção, covardia e indiferença, foi surgindo um exército de eclesiásticos que iria defender com energia e eficiência uma estabilidade regenerada e os bons costumes. A função histórica do Cristianismo foi restabelecer a base moral do caráter e da sociedade por meio de sanções sobrenaturais e apoio aos preceitos de ordem social e infundir nos rudes bárbaros, por meio de um credo imbuído de milagres, mitos, mêdo, esperança e amor, uma idéia de conduta mais elevada. [...] A causa básica do retrocesso cultural não foi o Cristianismo, mas sim o barbarismo; não foi a religião, porém a guerra. As torrentes humanas haviam arruinado ou empobrecido as cidades, mosteiros, bibliotecas e escolas e dificultado completamente a vida dos eruditos ou cientistas. Talvez a destruição tivesse sido pior não tivesse a Igreja mantido certas medidas de ordem numa civilização em decadência." (DURANT, Will. *História da civilização*. 4ª. Parte. A Idade da fé. Tomo 1º. 2. ed. São Paulo: Cia. Editora Nacional, 1957. p. 63 e 112).

[48] "The connection created between the Church and the Empire in the fourth century explains how particular and intricate connections were established in the administration of justice. Constantine allowed the litigants to choose (in a joint agreement) to be judged by the bishop rather than the lay judge and governor of the province; episcopal sentences could not be appealed

No território do atual Portugal, os bárbaros germânicos suevos e alanos já haviam invadido o território das províncias romanas, respectivamente, da Galécia (409 d.C.) e da Lusitânia (411 d.C.). Mas, poucos anos depois, os bárbaros visigodos, aliados do Império Romano, tomam parte do território, com a expulsão dos alanos, permanecendo visigodos e suevos na região e fundando reinos bárbaros.

No reino visigótico da Península Ibérica surgiu a famosa compilação legal bárbara *Lex romana visigothorum* (*Lei romana dos visigodos*), de 506 d.C, sob o reinado de Alarico II, também conhecida como *Breviário do Rei Alarico*, que reunia uma série de normas do direito romano a serem aplicadas no reino. Com a queda do Império Romano do Ocidente em 476 d.C., o *Codex Theodosianus* foi mantido em vigor entre os visigodos precisamente por sua reprodução no Breviário de Alarico, o qual ainda contava com a adição de novas constituições imperiais de Teodósio II, Valentiniano III, Marciano, Majoriano e Líbio Severo.

Já em 654 d.C., é publicado o Código visigótico[49] (também conhecido em espanhol como *Fuero Juzgo*) no reinado de Recesvindo, monumento jurídico que ficará em vigor na península até os primeiros séculos do segundo milênio.[50] É interessante perceber

---

and were endowed with executive power [Vismara 1995]; with regard to ecclesiastical matters the bishop was granted exclusive jurisdiction. Furthermore, Justinian authorised appeals from provincial governors to the bishop, whose pronouncement could at that point only be re-examined by the Emperor. Bishops were thus given an important civil function." (PADOA-SCHIOPPA, Antonio. *A History of Law in Europe*: from the Early Middle Ages to the Twentieth Century. Cambridge: Cambridge University Press, 2017. p. 17).

[49] A edição consultada foi RECESVINTO. *Fuero Juzgo en latín y castellano*. Madrid: Real Academia Española, 1971.

[50] A seu respeito, afirma Marcello Caetano: "O Código visigótico é um dos mais notáveis monumentos jurídicos da Idade Média. Nele se reflete a fermentação social resultante do encontro e da fusão de influências díspares: a influência eclesiástica, a influência romana, a influência germânica. A *influência eclesiástica* é dominante. Vimos a parte que os concílios tomaram na elaboração do Código. Daí resulta, em primeiro lugar, o estilo em latim

que sua confirmação se deu no VIII Concílio Eclesiástico de Toledo, mostrando a íntima união entre poder civil e religioso, em que o Concílio de bispos cristãos do mundo hispânico empresta também sua autoridade moral e religiosa às leis do reino.

No Livro III, Título V, o Código visigótico traz a lista dos impedimentos matrimoniais de parentesco, aproveitados da legislação eclesiástica. Esta, por sua vez, está relacionada diretamente com o livro de Levítico/*Vayikra* 18,6-17 e 20, sendo vedadas as relações sexuais e casamentos com ascendentes, descendentes, colaterais (irmãos e tios), bem como com madrastas e padrastos, cunhados e sogros, genros e noras, bem como proibida a relação sexual com pessoas já casadas (adultério).

Já no Título III do Livro IV, existem normas de tutela aos órfãos, sendo considerado uma missão de "grande piedade" (ou seja, moralmente louvável) protegê-los. Tais normas evocam o cuidado com os órfãos presente na Bíblia hebraica, em razão de sua vulnerabilidade antes do moderno advento da seguridade social.[51] Também nessa codificação está presente o direito de se refugiar nas igrejas (Livro IX,

---

muito semelhante ao então usado na Igreja, escrito em frases pomposas, com longas tiradas declamatórias sobre política e moral, que inculcam a preocupação pedagógica do legislador. Depois, o clero procura moderar costumes bárbaros, introduzir regras mais racionais e mais justas, abolir leis em que se consagrasse a violência, a vingança privada, a pena de talião. Nem sempre conseguiu os seus objectivos, mas nesses casos não desanimava e procurava obter pela formação das consciências o que não conseguira através das leis". (CAETANO, Marcello. *História do direito português*. Vol. I. Lisboa: Verbo, 1981).

[51] "Prior to the sixteenth century, the Roman Catholic Church not only regulated, through the canon law, the liturgical, marital, educational, and moral life of all the peoples of western Europe but also played the major role in the care of persons in poverty or other material or physical need. Christianity, in all its forms, like Judaism from which it was derived, has from the earliest times emphasized the obligation of all believers to care for the poor, the sick, the homeless, widows and orphans, and other needy persons." (BERMAN, Harold J. *Law and Revolution II*: The Impact of the Protestant Reformations on the Western Legal Tradition. Cambridge, MT: Harvard University Press, 2003. p. 189).

Título III), já anteriormente mencionado, bem como a tutela penal dos delitos contra a fé (Livro XII, Título II).

Por fim, está também presente a possibilidade de recorrer à autoridade religiosa (o bispo) contra sentenças manifestamente injustas da autoridade civil local (Livro XII, Título I, n. III). Caso o bispo advertisse a autoridade local e esta não se retratasse de seu juízo injusto, o bispo avocava a causa para si e a julgava, remetendo depois os dois julgamentos ao rei, para que este decidisse qual deveria prevalecer, com pena de multa contra a autoridade civil que comprovadamente agisse indevidamente (uma libra de ouro a ser paga ao rei).

Por sua vez, os *vikings*, povos germânicos habitantes das partes setentrionais da Europa (sobretudo a região da Escandinávia, em que se falava o dialeto germânico *nórdico antigo*), iniciaram um movimento de expansão entre os séculos VIII e XI da era cristã, chegando a partes do Leste europeu, as ilhas britânicas e regiões do norte da França.[52]

A conversão dos povos vikings ao cristianismo foi tardia, iniciando-se por algumas expedições missionárias cristãs por volta do século VIII, mas se consolidando apenas a partir do século XII, com o estabelecimento das primeiras arquidioceses (divisões administrativas da Igreja Católica) nos países nórdicos.

A historiadora sueca Elsa Sjöholm sustenta que as antigas leis escritas da Suécia foram o resultado de um projeto legislativo consciente e deliberado por parte da Igreja Católica, buscando um compromisso entre os grupos de poder e revelando forte influência da Bíblia, em especial da lei mosaica. Por sua vez, na Dinamarca, muito mais que o direito romano, teria sido o direito canônico a influenciar a legislação civil, sobretudo em matéria matrimonial.[53]

---

[52] A Normandia, no norte da França, foi colonizada pelos normandos, descendentes dos vikings. Alguns reis medievais ingleses eram também *vikings* ou diretamente descendentes de nobres vikings, como o rei Canuto, o Grande, da Dinamarca, Inglaterra e Noruega (995-1035) e o rei Haroldo II (último rei anglo-saxão antes da conquista normanda por Guilherme, o Conquistador, em 1066).

[53] TAMM, Ditlev. How Nordic are the Old Nordic laws? *Anuario de historia del derecho español*, n. 74, 2004. p. 20-21.

Também se deve mencionar aqui às invasões islâmicas na península ibérica, iniciadas no século VIII, tendo sido o último governo muçulmano na região debelado apenas no final do século XV (1492), com a retomada de Granada pelos reis católicos de Aragão e Castela, Fernando e Isabel.

A razão da menção está no fato de que, sendo o Islã uma religião surgida apenas no século VII da era cristã, seu livro sagrado, o Alcorão, toma de empréstimo uma série de narrativas tanto da Bíblia hebraica como da Bíblia cristã, já razoavelmente bem difundidas no Oriente Médio no momento do nascimento da nova religião.

A prova disso se encontra no próprio texto de várias *Suras* (*Capítulos*) do Alcorão, em que personagens bíblicas são igualmente representadas e reverenciadas. Inicia-se pela figura de Adão[54], o primeiro homem, e sua queda, com expulsão do Paraíso:

> Determinamos: Ó Adão, habita o Paraíso com a tua esposa e desfrutai dele com a prodigalidade que vos aprouver; porém, não vos aproximeis desta árvore, porque vos contareis entre os iníquos. Todavia, Satã os seduziu, fazendo com que saíssem do estado (de felicidade) em que se encontravam. Então dissemos: Descei! Sereis inimigos uns dos outros, e, na terra, tereis residência e gozo transitórios. Adão obteve do seu Senhor algumas palavras de inspiração, e Ele o perdoou, porque é o Remissório, o Misericordioso.

Posteriormente, o Alcorão também relata brevemente a história de Noé[55], visto como um profeta que advertia o povo para se converter de suas iniquidades, sob pena de ser afogado por um dilúvio:

> O povo de Noé rejeitou os mensageiros. Quando o irmão deles, Noé, lhes disse: Não temeis (a Deus)? Em verdade sou para vós um fidedigno mensageiro. Temei, pois, a Deus, e obedecei-me!

---

[54] Sura *"A Vaca"*, 35-37. Para relatos similares, cf. Sura *"Os Cimos"*, 7:19-26; Sura *"Ta Ha"* 20:120-123. Nestes outros relatos, fala-se expressamente de que Adão e Eva se vestiram com folhas das plantas, bem como da Árvore da Imortalidade.

[55] Sura *"Os poetas"*, 105-122.

> Não vos exijo, por isso, recompensa alguma, porque a minha recompensa virá do Senhor do Universo. Temei, pois, a Deus, e obedecei-me! Perguntaram-lhe: Como havemos de crer em ti, uma vez que só te segue a plebe? Respondeu-lhes: E que sei eu daquilo que fizeram no passado? Em verdade, seu cômputo só incumbe ao meu Senhor, se o compreendeis. Jamais rechaçarei os fiéis, Porque não sou mais do que um elucidativo admoestador. Disseram-lhe: Se não desistires, ó Noé, contar-te-ás entre os apedrejados. Exclamou: Ó Senhor meu, certamente meu povo me desmente. Julga-no equitativamente e salva-me, juntamente com os fiéis que estão comigo! E o salvamos, juntamente com os que, com ele, apinhavam a arca. Depois, afogamos os demais. Sabei que nisto há um sinal; porém, a maioria deles não crê. E em verdade, teu Senhor é o Poderoso, o Misericordiosíssimo.

Abraão[56] é apresentado como um modelo para todos os fiéis, por ter confiado em D'us mesmo quando esse lhe pedia o sacrifício de seu único filho (na tradição islâmica, esse filho teria sido Ismael, filho da egípcia Agar, e não Isaque, filho de Sara):

> Ó Senhor meu, agracia-me com um filho que figure entre os virtuosos! E lhe anunciamos o nascimento de uma criança (que seria) dócil. E quando chegou à adolescência, seu pai lhe disse: Ó filho meu, sonhei que te oferecia em sacrifício; que opinas? Respondeu-lhe: Ó meu pai, faze o que te foi ordenado! Encontrar-me-ás, se Deus quiser, entre os perseverantes! E quando ambos aceitaram o desígnio (de Deus) e (Abraão) preparava (seu filho) para o sacrifício. Então o chamamos: Ó Abraão! Já realizaste a visão! Em verdade, assim recompensamos os benfeitores. Certamente que esta foi a verdadeira prova. E o resgatamos com outro sacrifício importante. E o fizemos (Abraão) passar para a posteridade. Que a paz esteja com Abraão – Assim, recompensamos os benfeitores -, Porque foi um dos Nossos servos fiéis. E lhe anunciamos, ainda, (a vinda de) Isaac, o qual seria um profeta, entre os virtuosos.

José[57], filho de Israel, também está presente no Alcorão (tendo um capítulo inteiro com seu nome dedicado a um resumo de sua

---

[56] Sura "*Os Enfileirados*", 100-113.
[57] Sura "*José*".

história), bem como Moisés[58], com um relato conciso de seus feitos até a recepção da lei no Sinai. Percebe-se uma nítida influência judaica sobre o Islã, especialmente quanto às narrativas da Torá (os cinco primeiros livros da Bíblia hebraica).

Também aparecem nas escrituras sagradas muçulmanas personagens cristãs, como o primo de Jesus João Batista (e seu pai, Zacarias) e a mãe de Jesus, Maria de Nazaré[59]:

> Eis o relato da misericórdia de teu Senhor para com o Seu servo, Zacarias. Ao invocar, intimamente, seu Senhor, dizendo: Ó Senhor meu, os meus ossos estão debilitados, o meu cabelo embranqueceu; mas nunca fui desventurado em minhas súplicas a Ti, ó Senhor meu! Em verdade, temo pelo que farão os meus parentes, depois da minha morte, visto que minha mulher é estéril. Agracia-me, de tua parte, com um sucessor! Que represente a mim e à família de Jacó; e faze, ó meu Senhor, com que esse seja complacente! Ó Zacarias, alvissaramos-te o nascimento de uma criança, cujo nome será Yahia (João). Nunca denominamos, assim, ninguém antes dele. Disse (Zacarias): Ó Senhor meu, como poderei ter um filho, uma vez que minha mulher é estéril e eu cheguei à senilidade? Respondeu-lhe: Assim será! Disse teu Senhor: Isso Me é fácil, visto que te criei antes mesmo de nada seres. Suplicou: Ó Senhor meu, faze-me um sinal! Disse-lhe: Teu sinal consistirá em que não poderás falar com ninguém durante três noites. Saiu do templo e, dirigindo-se ao seu povo, indicou-lhes, por sinais, que glorificassem Deus, de manhã e à tarde. (Foi dito): Ó Yahia, observa fervorosamente o Livro! E o agraciamos, na infância, com a sabedoria, assim como com as Nossas clemência e pureza, e foi devoto, e piedoso para com seus pais, e jamais foi arrogante ou rebelde. A paz esteve com ele desde o dia em que nasceu, no dia em que morreu e estará no dia em que foi ressuscitado. E menciona Maria, no Livro, a qual se separou de sua família, indo para um local que dava para o leste. E colocou uma cortina para ocultar-se dela (da família), e lhe enviamos o Nosso Espírito, que lhe apareceu personificado, como um homem

---

[58] Sura *"Ta Ha"*, 9-99.
[59] Sura *"Maria"*, 2-27.

perfeito. Disse-lhe ela: Guardo-me de ti no Clemente, se é que temes a Deus. Explicou-lhe: Sou tão-somente o mensageiro do teu Senhor, para agraciar-te com um filho imaculado. Disse-lhe: Como poderei ter um filho, se nenhum homem me tocou e jamais deixei de ser casta? Disse-lhe: Assim será, porque teu Senhor disse: Isso Me é fácil! E faremos disso um sinal para os homens, e será uma prova de Nossa misericórdia. E foi uma ordem inexorável. E quando concebeu, retirou-se, com um rebento a um lugar afastado. As dores do parto a constrangeram a refugiar-se junto a uma tamareira. Disse: Oxalá eu tivesse morrido antes disto, ficando completamente esquecida. Porém, chamou-a uma voz, junto a ela: Não te atormentes, porque teu Senhor fez correr um riacho a teus pés! E sacode o tronco da tamareira, de onde cairão sobre ti tâmaras madura e frescas. Come, pois, bebe e consola-te; e se vires algum humano, faze-o saber que fizeste um voto de jejum ao Clemente, e que hoje não poderás falar com pessoa alguma. Regressou ao seu povo levando-o (o filho) nos braços. E lhes disseram: Ó Maria, eis que fizeste algo extraordinário!

O próprio fundador do cristianismo, Jesus de Nazaré, aparece em diversas passagens, sendo citado em quinze suras (capítulos). É chamado em árabe de *Issa* e tido como o penúltimo profeta no Islã (o último é Maomé, que teria trazido a Revelação final de D'us). Sua mensagem é vista no Alcorão expressamente como confirmando a Torá, e são narrados milagres similares aos presentes nos Evangelhos cristãos, bem como a chamada Última Ceia de Páscoa (*Pessach*) de Jesus, que seria a origem da celebração dominical cristã. Seguem alguns exemplos de referência a sua pessoa:

Então ela [Maria] lhes indicou que interrogassem o menino. Disseram: Como falaremos a uma criança que ainda está no berço? Ele [Jesus] lhes disse: Sou o servo de Deus, o Qual me concedeu o Livro e me designou como profeta. Fez-me abençoado, onde quer que eu esteja, e me encomendou a oração e (a paga do) zakat [dízimo da caridade] enquanto eu viver. E me fez piedoso para com a minha mãe, não permitindo que eu seja arrogante ou rebelde. A paz está comigo, desde o dia em que nasci; estará comigo no dia em que eu morrer, bem como no dia em que eu for ressuscitado. Este é Jesus, filho de Maria; é a pura verdade, da qual duvidam. (Sura *"Maria"*, 29-34)

E ele será um Mensageiro para os israelitas, (e lhes dirá): Apresento-vos um sinal de vosso Senhor: plasmarei de barro a figura de um pássaro, à qual darei vida, e a figura será um pássaro, com beneplácito de Deus, curarei o cego de nascença e o leproso; ressuscitarei os mortos, com a anuência de Deus, e vos revelarei o que consumis o que entesourais em vossas casas. Nisso há um sinal para vós, se sois fiéis. (Eu vim) para confirmar-vos a Torá, que vos chegou antes de mim, e para liberar-vos algo que vos está vedado. Eu vim com um sinal do vosso Senhor. Temei a Deus, pois, e obedecei-me. Sabei que Deus é meu Senhor e vosso. Adorai-O, pois. Essa é a senda reta. E quando Jesus lhes sentiu a incredulidade, disse: Quem serão os meus colaboradores na causa de Deus? Os discípulos disseram: Nós seremos os colaboradores, porque cremos em Deus; e testemunhamos que somos muçulmanos. Ó Senhor nosso, cremos no que tens revelado e seguimos o Mensageiro; inscreve-nos, pois, entre os testemunhadores. (Sura "*A Família de Imram*", 49-53)

Então, Deus dirá: Ó Jesus, filho de Maria, recordar-te de Minhas Mercês para contigo e para com tua mãe; de quando te fortaleci com o Espírito da Santidade; de quando falavas aos homens, tanto na infância, como na maturidade; de quando te ensinei o Livro, a sabedoria, a Torá e o Evangelho; de quando, com o Meu beneplácito, plasmaste de barro algo semelhante a um pássaro e, alentando-o, eis que se transformou, com o Meu beneplácito, em um pássaro vivente; de quando, com o Meu beneplácito, curaste o cego de nascença e o leproso; de quando, com o Meu beneplácito, ressuscitaste os mortos; de quando contive os israelitas, pois quando lhes apresentaste as evidências, os incrédulos, dentre eles, disseram: Isto não é mais do que pura magia! E de que, quando inspirei os discípulos, (dizendo-lhes): Crede em Mim e no Meu Mensageiro! Disseram: Cremos! Testemunha que somos muçulmanos. E de quando os discípulos disseram: Ó Jesus, filho de Maria, poderá o teu Senhor fazer-nos descer do céu uma mesa servida? Disseste: Temei a Deus, se sois fiéis! Tornaram a dizer: Desejamos desfrutar dela, para que os nossos corações sosseguem e para que saibamos que nos tens dito a verdade, e para que sejamos testemunhas disso. Jesus, filho de Maria, disse: Ó Deus, Senhor nosso, envia-nos do céu uma mesa servida! Que seja um banquete para o primeiro e último de nós, constituindo-se num sinal Teu; agracia-nos, porque Tu és o melhor dos agraciadores. (Sura "*A Mesa Servida*", 110-114)

Quanto aos impactos da lei mosaica especificamente sobre a lei islâmica (*sharia*, em árabe, "via ou caminho aplainado"), Judith Wegner traça uma comparação entre os dois sistemas legais de matriz religiosa, mostrando como a *sharia* poderia ter derivado sua metodologia de forma paralela com a estrutura do direito hebraico. Assim, as quatro fontes ou raízes da lei islâmica são: 1) o próprio Alcorão escrito, metodologicamente correspondente ao papel da Torá escrita; 2) a *Suna*, ou tradição oral recebida do Profeta Maomé, correspondente à Torá oral recebida por Moisés e somente colocada por escrito no século II d.C. (*Mishná*); 3) *ijma*, ou o consenso dos juristas islâmicos, que se assemelha à *Guemará* (segunda parte da lei judaica oral, contendo as interpretações dos rabinos sobre a *Mishná*); 4) *qiyas*, o raciocínio lógico e analógico islâmico, que se compara ao método de interpretação por analogia do Talmude conhecido como *heqqes*, em hebraico.[60]

Já nas regiões de influência política ou cultural do Império Romano do Oriente (Império Bizantino) – influência que se estendia,

---

[60] WEGNER, Judith Romney. Islamic and Talmudic Jurisprudence: The Four Roots of Islamic Law and Their Talmudic Counterparts. *The American Journal of Legal History*, vol. 26, n. 1, jan. 1982. p. 30-31. Nesse mesmo texto, existe uma extensa análise linguística e histórica indicando as inúmeras similitudes (inclusive de vocábulos) entre a lei mosaica e a lei islâmica. Por não se tratar aqui de uma obra sobre a influência da lei mosaica sobre a lei islâmica, as diversas conexões possíveis serão deixadas de lado, remetendo-se diretamente ao texto de Judith Wenger. Esta autora conclui seu artigo deixando uma série de interessantes questionamentos no ar: "What conclusions can be drawn, or hypotheses advanced, from the material presented here? Was the historical development of Islamic law a phenomenon totally independent of Jewish law? Are the parallels simply the result of cultural convergence? If the resemblance is no accident, did it stem merely from the cultural affinity of Arab and Jew as speakers of cognate languages and heirs to a shared theocratic tradition? Or was it primarily the result of a common environment, influenced by the customary law of the former Persian Empire (the birthplace both of the Babylonian Talmud and the Hanafi school of Islamic law)? And last but not least, was there any conscious borrowing from their Jewish counterparts by pre-classical Muslim jurists, or by Shafic- in particular? Is this, in a word, an instance of what Alan Watson has felicitously called 'legal transplants'?".

no continente europeu, às regiões dos Balcãs, chegando até a Grécia, e Leste Europeu –, o qual se manteve de pé até o ano de 1453 (quando sua capital, Constantinopla, foi tomada pelos turcos otomanos), estava presente a Igreja católica oriental, com uso da língua grega, ritos, costumes, espiritualidade e disciplina eclesiástica diferentes da Igreja católica ocidental (Igreja católica romana).[61]

No ano de 1054, ocorreu o chamado Grande Cisma do Oriente, ou seja, a separação formal entre os organismos eclesiásticos da Igreja Católica Romana (Ocidental) e da Igreja Católica Oriental (Igreja Católica Ortodoxa). Nesse ano, o delegado papal em missão oficial a Constantinopla, cardeal Humberto de Silva Candida, acabou por excomungar o então Patriarca de Constantinopla, Miguel Cerulário, chefe principal da Igreja Ortodoxa. O Patriarca, em retaliação, também lançou a sanção eclesiástica de excomunhão sobre o Papa.[62]

O fato que originou as excomunhões mútuas se deu sobretudo em razão de uma grave controvérsia teológica acerca da procedência do Espírito Santo, visto como terceira pessoa da Trindade cristã. Os ortodoxos sustentavam que o Espírito Santo procedia apenas do Pai, primeira pessoa da Trindade cristã. Já os católicos romanos alegavam que o Espírito Santo procedia tanto do Pai como do Filho de D'us, Jesus Cristo, segunda pessoa da Trindade cristã. A celeuma teológica ficou conhecida como controvérsia do "*Filioque*", palavra latina que significa "e do Filho", a indicar que o Espírito Santo procedia do Pai *e* do Filho.[63]

A partir desse ato, esses dois ramos do cristianismo, que haviam caminhado lado a lado por mil anos, agora se distanciavam, para

---

[61] Apenas para formular um exemplo de diferença que chama a atenção: na Igreja Ortodoxa, os padres podem ser homens casados, o que, em regra, é vedado na Igreja Católica Romana.

[62] FARRUGIA, E. G. Verbete *Filioque*. In: *Dizionario Enciclopedico del Oriente Cristiano*. Roma: Pontificio Istituto Orientale, 2000. p. 302-305.

[63] O termo *ortodoxa* provém do grego *ortos* (reto, adequado, correto) e *doxa* (doutrina, opinião). Foi a nomenclatura adotada pelos cristãos orientais para se diferenciarem dos católicos romanos após a divisão. Na visão oriental, os católicos romanos estariam se afastando da doutrina tradicional e correta acerca do tema da procedência do Espírito Santo. Por isso, seriam *heterodoxos*, do grego *hetero* (distinto ou diferente).

não mais voltar a uma comunhão formal entre eles (até os dias de hoje), apesar da visão muito similar acerca dos pontos essenciais da teologia cristã.

Os bizantinos preservaram o direito romano, precisamente por serem a banda oriental do antigo Império romano que fora esfacelado no século V em sua porção ocidental. Mas aí também se fez notar o influxo cristão sobre as leis, tanto pela edição de novas leis religiosas (o direito canônico bizantino), como pela cristianização de institutos jurídicos previamente existentes, principalmente na temática com conteúdo moral mais acentuado (por exemplo, matrimônio, sexualidade, direito de herança, tratamento de mulheres e crianças e pena capital). Por força das missões religiosas bizantinas que cristianizaram os povos eslavos, a legislação canônica bizantina também foi transplantada para a Europa oriental (mas não a civil bizantina, pois os eslavos tinham seus próprios governantes).[64]

Em relação à presença judaica na Europa, posto que minoritaríssima em números populacionais, cabe registrar o papel que desempenhou no plano das ideias, a partir, sobretudo, da figura de dois notáveis rabinos do período medieval, que marcariam de forma indelével a autocompreensão do judaísmo e da lei mosaica durante todo o segundo milênio (e até os dias atuais): Rashi e Maimônides.

O primeiro é o **Ra**bi **Sh**lomo Itzchaki (1040-1105), nascido na cidade de Troyes, na França (daí ser chamado também em francês *Salomon de Troyes*). As iniciais de seu nome formam o acrônimo "Rashi", pelo qual é mais conhecido. Notabilizou-se por ser um excelente comentarista de praticamente toda a Bíblia hebraica e do Talmude, ao mesmo tempo demonstrando extensão de conhecimentos e concisão nos comentários. Com isso, facilitou a compreensão e estudo das sagradas escrituras, sendo comum ainda hoje que edições de estudo da Torá tragam seus comentários.

Sua obra granjeou prestígio inclusive entre estudiosos cristãos da Bíblia hebraica, dentre os quais se destaca o francês Nicolau de

---

[64] VALLIERE, Paul. Introduction to the Modern Orthodox Tradition. In: WITTE JR., John; ALEXANDER, Frank S. (Ed.). *The Teachings of Modern Orthodox Christianity on Law, Politics, and Human Nature*. New York: Columbia University, 2007. p. 14-16.

Lira (1270-1349), frade franciscano doutor pela Universidade de Paris especialista em interpretação bíblica. Nicolau de Lira era profundo conhecedor do hebraico e, ao compor seus próprios comentários bíblicos, fez uso extenso dos comentários de Rashi, reputados pelo frade cristão como um repositório oficial da tradição rabínica. Posteriormente, quando da Reforma protestante, a obra de Nicolau de Lira baseada em Rashi, *Postillae perpetuae in universam Sacram Scripturam* (*Notas de comentários à integralidade da Sagrada Escritura*) foi uma das grandes influências de Lutero, pai da Reforma protestante.[65]

Cerca de trinta anos após a morte de Rashi, nasce o **Rabi Moisés ben Maimon** (1135-1204), em Córdoba, na Espanha (então reino muçulmano), reputado um dos maiores intérpretes da lei mosaica de todos os tempos e um "segundo Moisés".[66] *É conhecido também pelo acrônimo* "Rambam" (formado a partir das iniciais de seu nome) ou pelo nome ocidentalizado Maimônides, decorrente da adição do sufixo grego "ides", que significa "filho de" (correspondente ao hebraico "*ben*"). Foi, além de rabino, médico e filósofo, tanto no Marrocos como no Egito, onde veio a falecer, tendo seu corpo sido trasladado para Tiberíades, no território de Israel.

Sua obra magna, a *Misnhá Torá*, é a principal codificação e explanação do conjunto das normas legais judaicas (*halachá*) presentes na Torá escrita e no Talmude, valendo a seu autor o título de mais importante jurista do judaísmo. É nela que Rambam enunciará os treze princípios básicos da fé judaica, vistos até hoje como critérios doutrinários para as comunidades judaicas ortodoxas:

> 1. Creio com plena fé que D'us é o Criador de todas as criaturas e as dirige. Só Ele fez, faz e fará tudo.
> 2. Creio com plena fé que o Criador é Único. Não há unicidade igual à d'Ele. Só ele é nosso D'us; Ele sempre existiu, existe e existirá.

---

[65] JACOBS, Joseph; LIBER, Morris. Rashi (Solomon bar Isaac). In: SINGER, Isidore (Ed.). *The Jewish Encyclopedia*. New York: Funk & Wagnalls, 1905. p. 324-328.

[66] Daí estar inscrita na lápide de seu túmulo, em Israel, a frase popular entre os judeus: "*De Moisés [da Torá] a Moisés [ben Maimon], não houve outro igual a Moisés*".

3. Creio com plena fé que o Criador não possui um corpo. Conceitos físicos não se aplicam a Ele. Não há nada que se assemelhe a Ele.

4. Creio com plena fé que o Criador é o primeiro e o último.

5. Creio com plena fé ser adequado orar somente ao Criador. Não se deve rezar para ninguém ou nada mais.

6. Creio com plena fé que todas as palavras dos profetas são autênticas.

7. Creio com plena fé que a profecia de Nosso Mestre Moisés é verdadeira. Ele foi o mais importante de todos os profetas, antes e depois dele.

8. Creio com plena fé que toda a Torá que se encontra em nosso poder foi dada a Nosso Mestre Moisés.

9. Creio com plena fé que esta Torá não será alterada, e que nunca haverá outra dada pelo Criador.

10. Creio com plena fé que o Criador conhece todos os atos e pensamentos do ser humano. Como está escrito (Salmos, 33:15), "Ele analisa os corações de todos e perscruta todas as suas obras.

11. Creio com plena fé que o Criador recompensa aqueles que cumprem Seus preceitos e pune quem os transgride.

12. Creio com plena fé na vinda do Messias. Mesmo que demore, esperarei por sua vinda a cada dia.

13. Creio com plena fé na Ressurreição dos Mortos que ocorrerá quando for do agrado do Criador.

No campo da Filosofia, realizou a tarefa de adaptação da filosofia aristotélica ao judaísmo, sendo reputado um dos mais relevantes filósofos medievais das três religiões monoteístas. Foi precisamente sua utilização da base filosófica aristotélica, efetuando uma síntese com a fé judaica, que despertou o interesse do frade cristão Tomás de Aquino (nascido 21 anos após o falecimento de Rambam), o qual realizou uma síntese similar entre o aristotelismo e o cristianismo.

Tomás de Aquino (1225-1274) foi o mais relevante nome da corrente filosófica cristã medieval conhecida como *escolástica*, sendo até hoje considerado como um dos principais teólogos da cristandade. Tomás dialoga com o pensamento de Rambam em alguns pontos filosóficos e teológicos essenciais, como a questão sobre a eternidade do mundo ou sua criação a partir do nada (*ex nihilo*), a discussão sobre os atributos divinos e a possibilidade de o ser humano conhecer a D'us[67], o tema da lei moral natural em sua relação com os mandamentos bíblicos e a extensa discussão acerca da lei mosaica levada a cabo em oito questões da Suma Teológica, com marcada presença das interpretações do Rambam na obra *Guia dos Perplexos*.[68]

Na Suma Teológica (uma espécie de manual de filosofia e teologia, compendiando os principais assuntos dessas disciplinas à época), Tomás dedica-se também à temática jurídica, escrevendo todo um tratado sobre a matéria da *lei*. Toma como um de seus pontos de partida precisamente alguns textos da Bíblia hebraica (juntamente com reflexões filosóficas de Aristóteles e conceitos jurídicos romanos).

Ao cuidar do tema da lei injusta e se ela obriga, Tomás cita o livro do profeta Isaías, capítulo 10, 1-2: "Ai daqueles que estabelecem leis iníquas e dos escribas que escreveram injustiça para oprimir nos juízos os pobres, e fazer violência à causa dos humildes de meu povo". A partir dessa passagem da Bíblia hebraica, chega à conclusão de que o ser humano não está obrigado a obedecer à lei que impõe injusto gravame aos súditos.[69]

Ao versar o tema da possibilidade de que os governantes possam dispensar certas pessoas do cumprimento de algumas leis humanas (pensemos, por exemplo, nas isenções tributárias), uma das reflexões feitas inicia-se com uma meditação sobre o texto da Torá de Deuteronômio/*Devarim* 1,17: "Ouvireis tanto o pequeno como o grande, nem farás acepção de pessoa, pois o julgamento a D'us pertence".

Uma interpretação literal desse texto poderia conduzir a uma resposta negativa, de que "conceder a alguém o que comumente é negado a todos os homens, parece ser acepção de pessoas. Logo, tais

---

[67] BURRELL, David. Aquinas and Jewish and Islamic Authors. In: DAVIES, B.; STUMP, E. (Ed.). *The Oxford Handbook of Aquinas*. New York: Oxford University, 2012. p. 68-72.

[68] NOVAK, David. Maimonides and Aquinas on Natural Law. In: GOYETTE, J.; LATKOVIC, M.; MYERS, R. (Ed.). *St. Thomas Aquinas & the Natural Law Tradition:* contemporary perspectives. Washington, D.C.: Catholic University of America, 2004. p. 48-62.

[69] AQUINO, Tomás de. *Suma Teológica*. Ia IIae, Questão 96, Artigo 4. Vol. IV. 2. ed. São Paulo: Loyola, 2010. p. 589-591.

dispensas não podem fazer os chefes da multidão". Contudo, o próprio Tomás responde a essa objeção, afirmando que, na verdade, "não é acepção de pessoas se não se observam normas iguais para pessoas desiguais" e que, "quando a condição de alguma pessoa requer que racionalmente se observe nela algo especial, não é acepção de pessoas se a ela é feita uma graça especial".[70]

Mas é nas questões finais do tratado da lei que o Aquinate demonstra a forte influência das Escrituras judaicas: devota 8 questões (q. 98 a 105) integralmente à lei mosaica (chamada por ele de *lei antiga*, numa referência ao Antigo Testamento, nomenclatura tradicional cristã da Bíblia hebraica), conforme o seguinte esquema:

> Questão 98: A antiga lei.
> Questão 99: Os preceitos da lei antiga.
> Questão 100: Os preceitos morais da lei antiga.
> Questão 101: Os preceitos cerimoniais em si mesmos.
> Questão 102: Causas dos preceitos cerimoniais.
> Questão 103: Duração dos preceitos cerimoniais.
> Questão 104: Os preceitos judiciais.
> Questão 105: A razão dos preceitos judiciais.

A investigação detalhada da lei mosaica por um dos mais influentes teólogos e filósofos cristãos de todos os tempos demonstra a premissa com a qual trabalhamos: a lei mosaica teve grande influência sobre o pensamento cristão e, na sua esteira, sobre o direito produzido pela sociedade europeia ocidental.

Analisado o período medieval e as influências da lei mosaica, passamos na próxima seção à exposição do direito português das Ordenações.

1.6 O DIREITO DAS ORDENAÇÕES

A primeira grande compilação legal propriamente portuguesa são as Ordenações Afonsinas[71], de 1446, em vigor a partir do reinado

---

[70] Ibidem. Questão 97, Artigo 4. p. 602-603.
[71] A versão consultada foi a PORTUGAL. *Ordenações Afonsinas*. Coimbra: Real Imprensa da Universidade, 1792.

do monarca português D. Afonso V (de quem retiram seu nome), mas que não chegaram a ser publicadas pelo método tipográfico (as cópias que circulavam eram manuscritas). Traremos alguns exemplos de como a matéria religiosa (sobretudo aquela de influência judaica) está presente neste Código.[72]

No Livro II das Ordenações Afonsinas, os vinte e três primeiros títulos tratam das relações entre o poder civil e a Igreja cristã. No título nono, existem inclusive regras de conflitos de normas, determinando a prevalência do direito canônico (religioso) sobre o direito estatal em todas as questões espirituais, bem como nas questões civis em que as leis estatais possam "trazer pecado", indicando a grande relação presente nos direitos pré-modernos entre religião e poder civil.

No Livro III, Título XXXVI, são estabelecidos como dias de "férias" (feriados), em primeiro lugar, os dias dedicados ao culto religioso, em que se destacam o Natal (nascimento de Jesus de Nazaré), a Páscoa (festa cristã da morte e ressureição de Jesus, fatos ocorridos no contexto da Páscoa judaica por volta do ano 33 d. C.) e de Pentecostes (festa cristã ocorrida no contexto da festa judaica de *Shavuot*, cinquenta dias após a Páscoa, daí seu nome grego *pentecostes*, que significa quinquagésima).

No Livro IV, Título XVIII (XIX), está presente a proibição da prática da usura, objeto de severa censura da Igreja cristã à época, mas cuja origem se encontra na Bíblia hebraica, uma vez que a Torá escrita[73], em diversas passagens, proíbe que um judeu cobrasse juros de outro judeu, sendo o empréstimo sem juros considerado uma forma de *tzedaká*, isto é, de ato caridoso para com um irmão.

O Livro V, que trata de matéria penal, por sua vez, abre com o Título I dedicado ao delito de heresia, tema recorrente não só no judaísmo, como visto anteriormente, mas também em toda a legislação cristã europeia pré-moderna. A razão para que o livro dedicado

---

[72] "[...] no longo processo de formação do Direito Ibérico, apesar da indiscutível herança romano-germânica, repousam, aqui e ali, quase que imperceptivelmente nas entrelinhas, elementos tipicamente judaicos que foram recepcionados nos direitos privados de Portugal e Espanha." (PALMA, Rodrigo Freitas. *Manual elementar do direito hebraico*. 4. reimpr. Curitiba: Juruá, 2011. p. 21).
[73] Êxodo 22,24 (25); Levítico 25,36-37; Deuteronômio 23,20 (19).

ao direito criminal assim se inicie é dada pelas próprias Ordenações Afonsinas: o rei afirma que, como recebeu o poder do próprio D'us, é sua missão especial tutelar os direitos de D'us, ou seja, impedir que o nome de D'us e da Igreja sejam vilipendiados no reino. Se não o fizesse, seria um mau governante e reputado indigno, ingrato contra a Divina Majestade que o constituiu.

Dada a natureza religiosa da infração de heresia, as Ordenações reservam o julgamento aos juízes eclesiásticos (clérigos), tal como, em Israel, as violações religiosas eram julgadas pelos estudiosos do direito religioso judaico. As Ordenações também determinam que, se houvesse aplicação da pena capital em razão da gravidade do caso de heresia, a sentença, embora eclesiástica, deveria ser executada pelo poder civil.

No Título LXI do Livro V, as Ordenações Afonsinas retomam a antiga tradição hebraica de designação de cidades de refúgio, chamadas no direito português antigo de "cidades de couto". Eram elas as Vilas de Marvom, Noudal, Sabugal, Caminha, Miranda e Freixo d'Espada--cinta. Por sua vez, no Título LXX, caso fosse proclamada a sentença de morte de modo irrecorrível, sua execução somente poderia ocorrer após o prazo de até vinte dias, para dar oportunidade ao sentenciado de confessar seus pecados e ser absolvido pelos sacerdotes cristãos, demonstrando uma preocupação com a dimensão espiritual de preparação para a morte e de perdão dos pecados (assim como, em Israel, o sacerdote conduzia sacrifícios em expiação dos pecados da pessoa).

As Ordenações Afonsinas foram substituídas pelas Ordenações Manuelinas[74], de 1513, do rei Dom Manuel I, estas já devidamente editadas e publicadas seguindo a técnica tipográfica de Gutemberg. O Código Manuelino aproveita e compila boa parte das normas das anteriores Ordenações, que nunca chegaram a ter aplicação muito difundida.

As Ordenações Manuelinas, por sua vez, foram substituídas pelas Ordenações Filipinas[75], sancionadas por D. Filipe I (rei de Espanha

---

[74] PORTUGAL. *Ordenações Manuelinas*. Coimbra: Real Imprensa da Universidade, 1797.
[75] PORTUGAL. *Ordenações Filipinas*. Rio de Janeiro: Typografia do Instituto Philomathico, 1870.

e Portugal durante a União Ibérica) em 1595, mas cuja entrada em vigor só ocorreu em 1603, já sob o reinado de Filipe II. Este Código, embora com alterações e revogações ao longo dos séculos, ficará em vigor no Brasil até o advento do Código Civil brasileiro de 1916. Tanto nas Ordenações Manuelinas como nas Filipinas, estes temas anteriormente comentados nas Afonsinas sofreram pequena variação, razão pela qual não serão repetidos aqui.

Registre-se que as Ordenações não tratavam diretamente do matrimônio, pois o tema era deferido ao direito canônico como sendo matéria de competência eminentemente eclesiástica. Assim, logo após o Concílio Ecumênico de Trento reformar o direito matrimonial canônico, por meio do Decreto *Tametsi* (1563), já em 1564 o cardeal D. Henrique, regente do trono português (durante a menoridade de seu sobrinho-neto D. Sebastião), expediu o Alvará de 12 de setembro 1564, mandando aplicar a todo o território português os decretos do Concílio tridentino, inclusive em matéria matrimonial (este alvará foi ratificado depois por D. Sebastião, já rei de Portugal, por decreto de 8 de abril de 1569).[76]

Esta norma será posteriormente recolhida e mencionada nas Ordenações Filipinas (Livro IV, Título XLVI, 1) e, no Brasil, estará presente também na legislação eclesiástica, nas Constituições Primeiras do Arcebispado da Bahia, Livro I, Título 68, n. 293.[77] No Império, D. Pedro I exarou o Decreto de 3 de novembro de 1827 para reafirmar o cumprimento das disposições matrimoniais do Concílio de Trento, bem como a Constituição do Arcebispado da Bahia do período colonial.[78]

Nessa legislação matrimonial canônica, sobressai a influência judaica na determinação dos impedimentos matrimoniais de

---

[76] *Alvará de 12 de setembro de 1564*, que "Publica e recommenda a observancia do Sagrado Concilio Tridentino em todos os Dominios da Monarchia Portugueza" (PORTUGAL. *Ordenações Filipinas*. op. cit. p. 503-507).
[77] CONSTITUIÇÃO DO ARCEBISPADO DA BAHIA. Livro I, t. 68, n. 293 apud ORDENAÇÕES FILIPINAS. op. cit. p. 832.
[78] BRASIL. Decreto de 3 de novembro de 1827: "Declara em effectiva observancia as disposições do Concilio Tridentino e da Constituição do Arcebispado da Bahia sobre matrimonio". *Collecção das leis do Imperio do Brazil*. Parte primeira. Rio de Janeiro: Typographia Nacional, 1878. p. 83.

parentesco, ou seja, aquelas situações de tentativa de matrimônio com parentes próximos que conduziam à nulidade matrimonial. Tais impedimentos eram quase todos aproveitados, com pequenas variações, da lei judaica, como vimos anteriormente ao tratar do Código Visigótico.

Também vale a pena registrar a existência, no direito português antigo (em vigor também no Brasil), da espécie tributária dos *dízimos eclesiásticos*, instituto de origem judaica. Na Torá escrita, encontra-se a previsão do pagamento do *dízimo* a título de tributo, isto é, a *décima parte* dos frutos ou rendas obtidos por alguém, a ser destinada à manutenção das atividades do Templo e dos ministros religiosos.

A prática é constatada pela primeira vez na Torá no relato de que Abraão, que teria oferecido a décima parte de tudo o que possuía ao rei de Salém e sacerdote Melquisedeque, em razão do desempenho das funções sagradas por este último (Gênesis/*Bereshit* 14,20). Também o patriarca Jacó (Israel) promete pagar o dízimo de tudo o que receber (Gênesis/*Bereshit* 28,22). A contribuição foi posteriormente estendida a todo o povo de Israel: "Certamente, darás os dízimos de todo o fruto das tuas sementes, que ano após ano se recolher do campo" (Deuteronômio/*Devarim* 14,22). E noutra passagem estabelece: "Ao fim de cada três anos, tirarás todos os dízimos do fruto do terceiro ano e os recolherás na tua cidade. Então, virão o levita (pois não tem parte nem herança contigo), o estrangeiro, o órfão e a viúva que estão dentro da tua cidade, e comerão, e se fartarão." (Deuteronômio/*Devarim* 14,28-29).

Esta contribuição de origem bíblica esteve em vigor no Brasil durante o período colonial e imperial, subsistindo até hoje, com adaptações, no direito de alguns países europeus, com destaque para a Alemanha (o chamado *Kirchensteuer*, isto é, *imposto da Igreja*). No Brasil, as *Constituições Primeiras do Arcebispado da Bahia*, promulgadas em 1707, previam em seus Títulos XXI a XXVI[79], constituições n.

---

[79] Título XXI – Dos dizimos, primicias e oblações: que coisa sejão dizimos, e como todos os fieis os devem pagar inteiramente, e que peccado fazem, e penas em que incorrem, se os não pagão.

414 a 430, a regulamentação do pagamento dos dízimos eclesiásticos no Brasil.[80]

Os dízimos eram recolhidos pelos fiscais (*rendeiros de Sua Majestade*) do soberano português, uma vez que este, na qualidade de Grão Mestre da Ordem de Cristo, recebera o privilégio pontifício de arrecadar os dízimos, em troca da obrigação de sustentar o culto católico romano (então religião oficial) e seus ministros religiosos (Constituição n. 415). Os ministros religiosos estavam obrigados a recordar os fiéis, em vários momentos de celebrações ao longo do ano, da obrigação de pagar o dízimo (Constituições n. 416 e 417). Também se estabelece um privilégio creditório em favor dos dízimos eclesiásticos, cujo pagamento deveria ter precedência sobre qualquer outro tributo, sob pena de excomunhão maior e de se pagar o dízimo em dobro (Constituição n. 421). Por fim, determina a pena de excomunhão maior automática (*ipso facto incurrenda*), e multa

---

Título XXII – De como os parochos hão de ler na estação o capitulo precedente: e os pregadores, e confessores persuadir e aconselhar esta obrigação.

Título XXIII – Das novidades, e fructos, e do mais de que se deve pagar dizimos.

Título XXIV – Como se devem pagar os dizimos, a que os doutores chamão mixtos.

Título XXV – Dos dizimos pessoaes, e conhecenças.

Título XXVI – Das pessoas que são obrigadas a pagar dizimos, e dos lugares ao mesmo designados.

[80] Os dízimos eram divididos em três categorias: "414. [Dízimos] Reaes, ou prediaes, são a decima parte devida dos fructos de todas as novidades colhidas nos predios [propriedades rurais], e terras, ou nasção per si sem trabalho, ou cultura dos homens, ou sendo trabalhados com sua industria. Pessoaes **são a decima parte dos** fructos meramente industriaes, que cada um adquire com a industria de sua pessoa. Mixtos **são a decima parte dos** fructos, que provêm parte por industria dos homens, parte dos predios: como são os que se págão de animaes, caça, e aves que se crião, e peixes que se pescão. Chamão-se mixtos, porque nestes fructos obra a industria dos homens, e muito mais que nos outros prediaes meramente." (VIDE, Sebastião Monteiro da. *Constituições primeiras do Arcebispado da Bahia* – feitas, e ordenadas pelo ilustríssimo e reverendíssimo D. Sebastião Monteiro da Vide. São Paulo: Typographia 2 de Dezembro, 1853. p. 163).

de cinquenta cruzados para as despesas da justiça, para aqueles que, direta ou indiretamente, pusessem impedimento a pagar-se o dízimo, persuadissem outrem a que não fosse pago ou intimidassem as pessoas encarregadas de sua arrecadação (Constituição n. 430).[81]

No período imperial brasileiro, o Papa Leão XII, pela Bula *Praeclara Portugalliae*, de 15 de maio de 1827, confirmou o Imperador do recém-nascido Brasil independente, Pedro I, no cargo de Grão-Mestre da Ordem de Cristo no Brasil, mantendo o direito de este administrar e arrecadar os dízimos eclesiásticos, com o encargo para a Coroa de conservar e propagar a fé católica romana. Após a abdicação de Pedro I, em 1831, durante a primeira fase do Governo Regencial, foi abolido o dízimo *eclesiástico* que até então se pagara, por sugestão do Padre e Regente Diogo Feijó. Contudo, algumas hipóteses de cobrança de dízimo foram mantidas, porém na qualidade agora de dízimos *civis* e não mais eclesiásticos.[82]

Relatados os principais influxos da lei mosaica sobre o direito português das Ordenações, por meio da influência eclesiástica católica romana sobre a sociedade ibérica da época, voltemos o olhar, na próxima seção, para a influência da Torá sobre a outra ramificação cristã ocidental, o protestantismo.

1.7 A TEORIA POLÍTICA NO CRISTIANISMO PROTESTANTE E A INFLUÊNCIA JUDAICA

Até o presente momento, tratamos do impacto de elementos e instituições judaicas quando o cristianismo ocidental não estava dividido, ligado ainda à Igreja Católica Romana. Contudo, no século XVI, uma verdadeira revolução religiosa ocorre: o advento da Reforma protestante. Seu início formal é convencionalmente estabelecido em 31 de outubro de 1517, quando o então monge católico Martinho Lutero[83]

---

[81] Ibidem. p. 164-170.
[82] OLIVEIRA, Oscar de. *Os dízimos eclesiásticos do Brasil nos períodos da Colônia e do Império*. Belo Horizonte: Universidade de Minas Gerais, 1964. p. 118-120.
[83] Martinho Lutero teve também um relevantíssimo papel na consolidação da língua alemã, ao realizar a hercúlea tarefa de traduzir a Bíblia dos originais

afixou suas 95 teses críticas ao catolicismo romano à porta da capela do castelo de Wittenberg.[84]

Pouco depois, na Inglaterra, o rei Henrique VIII também rompeu formalmente com a Igreja Católica Romana, por meio do Ato de Supremacia de 1534, em que o monarca inglês foi declarado Chefe Supremo da Igreja da Inglaterra, ou seja, chefe não apenas civil, mas também religioso, da nação. Assim iniciou-se o movimento do Anglicanismo, até hoje religião oficial da Inglaterra (um Estado confessional).[85]

A Reforma protestante luterana representou uma radical cisão com a forma de ver e viver o cristianismo até o momento, sendo um dos principais movimentos que assinalou a transição para a Modernidade. Através de uma outra vertente protestante, o calvinismo puritano, também foi o principal motor religioso da colonização e formação da moralidade nos Estados Unidos da América, por intermédio dos *Pilgrim Fathers*. Estas novas configurações cristãs colocaram ênfase na consciência individual e na relação subjetiva espiritual e invisível

---

hebraico e grego para o alemão, como parte de seu programa de permitir ao homem comum, que não compreendia o latim, fazer a leitura direta da Escritura Sagrada em língua nacional. Como já mencionado anteriormente, uma das grandes influências de Lutero foi a obra *Postillae perpetuae in universam Sacram Scripturam* (*Notas de comentários à integralidade da Sagrada Escritura*), do francês Nicolau de Lira (1270-1349) que fez uso dos comentários de um dos mais importantes rabinos medievais, o Rabi Shlomo Yitzchaki (Rashi), bem como de outros comentaristas judeus da Bíblia hebraica. Portanto, pode-se afirmar que, ainda que por via indireta, Lutero teve contato com a tradição rabínica judaica (PLASSMANN, Thomas. Nicholas of Lyra. *The Catholic Encyclopedia*. Vol. 11. New York: Robert Appleton Company, 1911).

[84] JANSSEN, Jean. *L'Allemagne et la réforme*. Vol. II. L'Allemagne depuis le commencement de la guerre politique et religieuse jusqu'à la fin de la révolution sociale (1525). Paris: E. Plon, Nourrit et Cie., 1889. p. 77.

[85] Contudo, o rompimento causado pela reforma inglesa não foi tão radical. Embora os reformadores anglicanos tenham sim assumido premissas teológicas protestantes, o aparato externo e institucional seguiu sendo muito similar ao do catolicismo romano. A noção da necessidade de uma instituição religiosa visível e altamente hierarquizada não foi apagada no anglicanismo, como ocorreu no protestantismo continental.

do fiel para com D'us, independentemente da mediação de ministros e símbolos sagrados e de instituições religiosas.

Na perspectiva jurídica, o luteranismo separa o direito da moral e nega um poder próprio da Igreja de legislar (levando a uma negação do direito canônico como verdadeiro direito). O direito seria apenas o meio coercitivo à disposição dos príncipes civis (ou seja, do Estado) para garantir a ordem entre os cristãos, quando estes, desviando-se, lesassem uns aos outros, dando vazão a sua natureza pecaminosa. A visão católica romana de uma lei natural e divina pode até subsistir, mas aplicada agora somente às instituições seculares, e não mais aos entes eclesiásticos. Com isso, abre-se o caminho também para o fenômeno da secularização do direito.[86]

A ruptura com a Tradição cristã, na forma como entendida pelo catolicismo romano, gerou uma necessidade: a de reportar-se a uma tradição anterior ao medievo, período fortemente marcado pela influência da Igreja católica, da qual o cristianismo protestante pretendia se libertar.

Se a Antiguidade Tardia e a Idade Média cristã foram dominadas pela interpretação das Escrituras levada a cabo pelos chamados Padres da Igreja e, posteriormente, pelos grandes mestres escolásticos (cujo maior expoente foi Tomás de Aquino, no século XIII), a Reforma protestante, rejeitando esse passado considerado como excessivamente católico, vai buscar nas fontes hebraicas uma nova fundamentação para sua visão de mundo acerca das instituições, naquilo que poderíamos chamar de um *neohebraísmo* (por paralelismo com o *neoclassicismo* que marcou o Renascimento). É por esse motivo que a Teoria do Estado e a Filosofia Política em certos países protestantes foram fortemente influenciadas por interpretações da Bíblia hebraica.[87]

---

[86] BERMAN, Harold J. *Direito e revolução*: a formação da tradição jurídica ocidental. Trad. Eduardo Kataoka. São Leopoldo: Unisinos, 2006. p. 43-44, 248.

[87] "Something crucial occurred in the history of thought in Europe between the mid-16th and mid-17th centuries: the secession of a new religion from an ancient one prompted a radical reappraisal of its sources and authorities. The mostly Protestant theologians and philosophers began to refer back,

O exemplo mais emblemático desta postura foi Thomas Hobbes (1588-1679), que dedica dezenas de páginas de sua mais afamada obra de teoria e filosofia política (*Leviatã*, publicado em inglês em 1651)[88] ao estudo e interpretação da Bíblia hebraica. Esta parte de sua obra é geralmente negligenciada e esquecida, quiçá por ser contemporaneamente vista como excessivamente religiosa. Yoram Hazony relata que, mesmo em edições traduzidas ao hebraico de "Leviatã", para uso nas faculdades israelenses, é comum que sejam omitidos os capítulos que interpretam e comentam a Bíblia hebraica.[89]

Contudo, a Parte III da obra é sugestivamente dedicada ao "Estado cristão", estando marcada fortemente pela presença da tradição judaica bíblica. Para modelo deste Estado, Hobbes indica, no capítulo XXXII, que a Palavra de D'us, transmitida pelos Profetas (*Nevi'im*, em hebraico), é o princípio mais importante da política cristã. Segue apresentando o modo de D'us falar aos homens através dos profetas, e que as confirmações da missão divina de um profeta na antiga lei são os milagres e a doutrina conforme à lei. Com a cessação da era dos milagres, teriam cessado também as profecias, mas os princípios anunciados pelos profetas teriam sido recolhidos nas Escrituras.

No capítulo XXXIII, trata do número, antiguidade, alcance, autoridade e intérpretes dos livros das Sagradas Escrituras, trazendo uma série de explicações sobre a autoria dos livros da Bíblia hebraica, inclusive contestando a posição clássica de que toda a Torá escrita seria obra de Moisés. Versa também sobre a autoria e data de composição de diversos livros de *Nevi'im* e *Ketuvim*, como os livros de

---

beyond the Middle Ages and the Roman Catholic scholastic tradition, to the biblical heritage and not just to the Old Law in the narrow sense of the Pentateuch but also to the historical and prophetic books. The 'New Israel' of the Protestant theologians and Protestant states such as the Netherlands established contact with the Israel of history." (LEBEN, Charles. Hebrew Sources in the Doctrine of the Law of Nature and Nations in Early Modern Europe. *The European Journal of International Law*, Vol. 27, n. 1, 2016. p. 81).

[88] A edição consultada foi a HOBBES, Thomas. *Leviathan*. London: J. M. Dent & Sons, 1914.

[89] HAZONY, Yoram. La naissance de l'État modern: la contribution méconnue du judaïsme. *Controverses – Revue d'idées*, n. 2, juin 2006. p. 180.

Josué, Juízes, Rute, Samuel, Reis, Crônicas, Esdras e Neemias, Ester, Jó, Salmos, Provérbios, Eclesiastes e os Cânticos de Salomão e os Profetas.

No capítulo XXXIV, cuida da figura do Espírito de D'us com maior ênfase sobre a Bíblia hebraica (com vinte e duas citações de versículos) que sobre a Bíblia cristã (apenas sete referências). No capítulo XXXV, identifica a noção do Reino de D'us com o Reino de Israel, em razão de um pacto específico entre D'us e o povo hebreu, por meio de Abraão, posteriormente renovado por Moisés no Monte Sinai. No capítulo XXXVI, traça longas considerações sobre os profetas do Antigo Testamento e sua missão. O capítulo XXXVII versa sobre os milagres relatados nas Escrituras.

Por fim, fazemos referência ao capítulo XL (*Dos direitos do reino de D'us em Abraão, Moisés, nos Sumos Sacerdotes e nos Reis de Judá*), em que Hobbes tira consequências diretas do texto bíblico para reforçar a independência do monarca em relação ao papado, inclusive em matéria religiosa, mostrando como, no caso, princípios políticos extraídos da interpretação bíblica foram utilizados para justificar teoricamente uma das principais rupturas religiosas e políticas do mundo ocidental no segundo milênio.

Afirma Hobbes que, quanto ao Antigo Testamento, podia concluir que a autoridade que detinha a soberania do Estado entre os judeus possuía igualmente suprema autoridade em matéria de religião (culto exterior de D'us), além de representar a pessoa de D'us. Essa formulação, a que chega a partir da análise das histórias de personagens da Bíblia hebraica como Abraão, Moisés, Aarão (irmão de Moisés e primeiro Sumo Sacerdote israelita), Josué, o profeta Samuel, os Reis Saul, Davi e Salomão, conjuga-se perfeitamente com as pretensões da monarquia protestante inglesa inaugurada por Henrique VIII em 1534: o rei seria, ao mesmo tempo, chefe civil e religioso máximo da nação.

Outro teórico inglês que também tratou de questões envolvendo a Bíblia hebraica é John Locke (1632-1704). Em sua mais famosa obra de filosofia política, "*Dois Tratados sobre o Governo*"[90], Locke dedica

---

[90] A edição consultada foi LOCKE, John. *Dois tratados sobre o governo*. Trad. Julio Fischer. São Paulo: Martins Fontes, 1998.

o *Primeiro Tratado* integralmente a uma discussão sobre a interpretação bíblica do relato da criação de Adão no livro de Gênesis/*Bereshit* e suas implicações para a compreensão do exercício da autoridade política nas sociedades.[91]

O objetivo do *Primeiro Tratado* (também chamado "*Os falsos princípios e fundamentos de Sir Robert Filmer e de seus seguidores*") é oferecer uma resposta, ao modo de disputa, à obra póstuma "*O Patriarca ou o Poder Natural dos Reis*" (1680), de Sir Robert Filmer (1588-1653), um dos textos ingleses de filosofia política mais afamados na época de Locke e que sustentava a teoria do direito divino dos reis.

Para Filmer, que toma como base de sua argumentação a narrativa de Gênesis[92], D'us, ao criar o primeiro homem (Adão), concedera a ele a soberania absoluta, domínio e autoridade sobre todas as coisas, incluindo sua mulher Eva e seus filhos, bem como sobre todos os territórios e seres existentes no mundo (daí o nome da obra, *O Patriarca*). Por direito de sucessão vindo diretamente de Adão (portanto, divino, pois teria sido o próprio D'us que havia concedido tal autoridade a Adão), alguns homens teriam recebido também essa suprema autoridade e domínio sobre alguns territórios, constituindo-se em reis absolutistas.

Locke então se põe a realizar uma detalhada interpretação desta narrativa de Gênesis, mas chegando a conclusões diametralmente opostas àquelas de Filmer. Na interpretação bíblica lockeana, a autoridade e domínio concedidos a Adão por D'us teriam sido a título *pessoal*, não se transmitindo a seus sucessores na mesma extensão.

Além disso, sustenta ser totalmente irrazoável (usa a palavra "ridícula") pretender alegar que os reis atuais seriam sucessores diretos de Adão na concessão original de poder que este recebera de D'us,

---

[91] Atualmente, contudo, o estudo do *Primeiro Tratado* é solenemente ignorado nas faculdades, quiçá por sua carga bíblica forte (algumas traduções inclusive são feitas apenas do Segundo Tratado), olvidando-se de que o *Primeiro Tratado* pode oferecer chaves de leitura preciosas para o *Segundo Tratado*.

[92] Sobretudo a seguinte passagem de Gênesis/*Bereshit* 1,28: "E D'us os abençoou, e D'us lhes disse: Frutificai e multiplicai-vos, e enchei a terra, e sujeitai-a; e dominai sobre os peixes do mar e sobre as aves dos céus, e sobre todo o animal que se move sobre a terra".

simplesmente por ser impossível traçar qualquer linha sucessória direta entre Adão e tais reis. Se a teoria de Filmer fosse tomada literalmente, então deveria haver um único monarca sobre toda a terra, sucessor direto de Adão por direito de primogenitura, e não vários reis sobre territórios distintos.[93]

Para Locke, Adão é, na verdade, o pai comum de toda humanidade, de modo que os textos invocados por Filmer, na verdade, justificariam sim uma *propriedade comum* entre os homens. A passagem para um sistema de domínio privado das terras, portanto, decorreria de arranjos e acordos consensuais entre as pessoas (*visão contratualista*), pois, na origem, a propriedade seria comum, já que recebida pelo pai comum de todos, Adão.

Ademais, interpretando literalmente o texto de Gênesis/*Bereshit* 1,28, Locke afirma que fora dado a Adão o domínio apenas sobre a terra e animais ("e enchei a terra, e sujeitai-a; e dominai sobre os peixes do mar e sobre as aves dos céus, e sobre todo o animal que se move sobre a terra"), mas não sobre os demais seres humanos. Com isso, busca proscrever qualquer forma de escravidão ou servidão que tomasse por base uma justificativa teológica.

Alguns dos filósofos políticos e juristas protestantes do período foram além: chegaram a fazer uso dos comentários rabínicos da Bíblia hebraica, com destaque para o Talmude, reconhecendo valor não só à Torá escrita, mas também à Torá oral. Esta postura de valorização do judaísmo rabínico constitui certa novidade em meios cristãos, uma vez que, embora no catolicismo romano houvesse sim uma larga tradição de interpretação do Velho Testamento, essa se concentrava no texto escrito – que era reinterpretado com olhos cristãos –, mas com desconsideração da tradição oral rabínica.[94]

---

[93] No último capítulo do Primeiro Tratado, Locke realiza uma análise da história dos descendentes mais próximos de Adão (como Caim e Abel, Noé e seu neto Nimrod), dos patriarcas (Abraão, Isaque e Jacó) e dos juízes e reis de Israel para comprovar que essa linhagem direta era impossível de ser traçada. Novamente aqui, a discussão de filosofia política toma como pano de fundo diversas passagens da história bíblica.

[94] "En Hollande, en Angleterre et ailleurs, le besoin de justifier la rébellion politique et philosophique contre les revendications de l'Église catholique

Dentre aqueles que mergulharam profundamente na tradição judaica, deve-se destacar um jurista e filósofo político que foi esquecido, mas que teve considerável importância no cenário político e jurídico inglês do século XVII. Trata-se de John Selden[95] (1584-1654), mais invocado contemporaneamente pela doutrina do Direito Internacional Público, por ter sido um dos principais contendores de Hugo Grócio na polêmica sobre a possibilidade de o mar ser ou não passível de apropriação pelos Estados nacionais.

Para se ter uma ideia do impacto das ideias judaicas sobre o pensamento de Selden, apenas no primeiro volume de suas obras

---

à la souveraineté universelle a conduit nombre de penseurs protestants à revenir à l'étude de l'hébreu et de l'araméen afin de rechercher la véritable volonté divine dans les sources juives. En 1574, le célèbre hébraïsant suisse Cornélius Bertram publia *De Politia Judaeorum* (*L'État juif*), un traité voulant appréhender la question du meilleur régime politique possible par l'étude de la Bible hébraïque, du Talmud, du livre des Maccabées et de Maïmonide. Ainsi débuta une période de cent cinquante ans au cours de laquelle la Bible hébraïque et les oeuvres de la tradition juive postérieure devinrent l'objet central d'un minutieux et intense travail de recherche en quête d'une sagesse politique pouvant être utile à la fondation d'un nouvel ordre politique dans l'Europe protestante. Pendant cette période qui dura jusqu'au XVIIIe siècle, l'ouvrage de Bertram fut suivi par des douzaines d'études complétant ses travaux. Ainsi en est il de l'influent travail du théoricien politique hollandais Petrus Cunaeus, *La République hébraïque* (1617). Dans un effort pour expliquer le gouvernement républicain à partir de la pensée politique juive, il fait référence au Talmud, au Midrash Rabba, à Maïmonïde, Abraham Ibn Ezra, Moïse Ben Ezra, David Kimhi, Joseph Karo, Abraham ben David et bien d'autres. Une partie de son oeuvre fut traduite em anglais afin de devenir un manuel pour les révolutionnaires républicains durant l'époque de Cromwell." (HAZONY, Yoram. op. cit. p. 177-178).

[95] Por exemplo, Selden é citado no *Leviatã* de Hobbes e no *Primeiro Tratado sobre o Governo* de Locke. Sua relevância, porém, não ficou circunscrita à Inglaterra, mas estendeu-se aos Estados Unidos. John Adams, um dos *Founding Fathers* e segundo Presidente dos EUA, possuía a coleção completa dos escritos de John Selden, em três volumes, em sua biblioteca particular, estando hoje esse exemplar raro, que contém a assinatura do próprio John Adams na folha de rosto, na Biblioteca Pública de Boston, como se pode ver pelo exemplar escaneado disponível em: <https://archive.org/details/joannisseldeniju01seld/page/n4>. Acesso em: 05 jul. 2019.

completas, são citados 175 versículos do livro de Gênesis/*Bereshit*; 217 versículos do livro de Êxodo/*Shemot*; 229 versículos do livro de Levítico/*Vayikra*; 152 versículos do livro de Números/*Bamidbar* e 229 versículos do livro de Deuteronômio/*Devarim*, totalizando o espantoso número de 1.002 citações da Torá escrita.

Quanto à Torá oral, também apenas no primeiro volume, são citados cerca de 60 rabis, bem como diversas passagens do Talmude babilônico e do Talmude de Jerusalém, de *Midrash* e dos escritos de Maimônides.[96]

Há uma parte considerável de sua obra, hoje relegada ao esquecimento (sobretudo por ter sido escrita em latim, sem tradução para línguas modernas), dedicada ao estudo das instituições hebraicas. Seu interesse pelos temas judaicos inicia-se com a publicação, em latim, da obra "*De Diis Syriis*" (*Sobre os deuses sírios*), de 1617, fazendo uso de seus conhecimentos de hebraico, grego, árabe e siríaco para investigar as religiões do Oriente Médio na Antiguidade e os mitos semitas a elas anexos, contrastando-os com o culto do D'us de Israel.

Em 1618, Selden publica, em inglês, a obra *The History of Tithes* (*A História dos Dízimos*), em que se propõe analisar as origens judaicas do pagamento do tributo eclesiástico do dízimo, bem como sua evolução na história da Igreja cristã até chegar aos dízimos pagos à Igreja Anglicana de seu tempo. Sua visão crítica sobre o tema, ao afirmar que não havia provas contundentes de cobrança obrigatória pela Igreja cristã nos quatro primeiros séculos de sua existência, gerou acendrada polêmica na época, por ser vista como um ataque ao direito dos clérigos de recolher os dízimos.

Posteriormente, em 1631, Selden publica os estudos *De successionibus in bona defuncti secundum leges Ebraeorum* (*Sobre a sucessão nos bens dos falecidos segundo as leis dos hebreus*), um aprofundado escrito sobre as normas judaicas de sucessão. No mesmo ano, publica também *De successione in pontificatum Ebraeorum* (*Sobre a sucessão*

---

[96] Dados retirados dos índices anexos ao final do primeiro volume, a saber, do "Índice de lugares da Sagrada Escritura que no Primeiro Volume são explicados ou citados" e do "Índice de autores que são citados ou explicados no Primeiro Volume" (SELDEN, John. *Opera omnia, tam edita quam inedita*. Vol. I. Londini: Typ. Guil. Bowyer, 1726).

no pontificado dos hebreus), tratando sobre as normas para sucessão no ofício de Sumo Sacerdote.

Escreveu também, em 1646, a obra *"Uxor Ebraica"* (*A esposa judia*), sobre as leis de casamento e divórcio entre os judeus, a qual também apresentava um caráter prático: o protestantismo, diversamente do catolicismo romano, aceita e legitima a tradição judaica do divórcio. De fato, um dos motivos que gerou a modalidade protestante inglesa oficial (o anglicanismo) revolveu sobre a questão da separação do rei Henrique VIII de sua esposa Catarina de Aragão. Com a negativa do Papa de declarar nulo o primeiro matrimônio do monarca, este rompeu com Roma e se declarou chefe supremo da Igreja da Inglaterra, e seu casamento foi declarado nulo por decisão unilateral do clero anglicano (Henrique foi casado seis vezes ao longo de sua vida).

Entre 1650 e 1655, publicou sua trilogia sobre o Sinédrio[97] (*De synedriis et prefecturis juridicis veterum Ebraeorum*, isto é, *Sobre os sinédrios e as autoridades jurídicas dos antigos judeus*), em que analisa profundamente a estrutura do Sinédrio, dela retirando modelos para o funcionamento de um Parlamento.

Contudo, sua obra mais importante, dedicada à filosofia do direito, foi a *De iure naturali et gentium iuxta disciplinam Ebraeorum* (*Do direito natural e do direito dos povos segundo a normativa dos judeus*), de 1640. Neste livro, Selden busca fundamentar a existência de uma lei natural moral aplicável a todos os povos. Contudo, contrariamente à tradição usual entre os cristãos, que viam nos Dez Mandamentos a fonte bíblica principal deste direito natural, Selden prefere seguir a tradição talmúdica: seriam as "sete leis de Noé"[98] que obrigariam a

---

[97] Os Sinédrios (em grego, "assentar-se juntos", a significar uma assembleia) eram assembleias (órgãos colegiados) de rabinos designados para atuar como magistrados nos tribunais. Havia os Sinédrios Menores, compostos por 23 rabinos magistrados em cada cidade, e o *Grande Sinédrio*, composto por 71 rabinos magistrados, que se reunia em Jerusalém e atuava como órgão jurisdicional e legislativo supremos em Israel, revisando os casos dos Sinédrios Menores.

[98] AZULAY NETO, Messod; AZULAY, David. In: FONTES, André; MELLO, Cleyson; GUERRA, Sônia (Coord.). *Diálogos em direitos humanos, Estado e*

toda a humanidade, firmando os princípios jurídicos gerais de relação entre os seres humanos de diferentes nações.

De fato, no Talmude, é o pacto ou aliança feito com Noé que seria aplicável a toda a humanidade (perspectiva *universalista*), e não apenas ao Povo de Israel (os Dez Mandamentos, recebidos no Monte Sinai, é que fariam parte da aliança específica de D'us com os hebreus), como explicam Messod e David Azulay:

> A universalização dos direitos, por sua vez, princípio característico e primordial dos direitos humanos, também pode ser encontrada na Lei Mosaica, por meio das denominadas 'Sete Leis de Noé'. Trata-se de princípios e valores a serem perseguidos por todos aqueles que não desejavam se filiar ao código de normatização de valores éticos judaicos, independentemente de raça, cor, sexo, língua, religião, origem social ou nacional ou condição de nascimento ou riqueza. Essas sete leis básicas, das quais decorrem normatizações específicas, visavam resguardar a dignidade humana e a valorização da pessoa como indivíduo, sem a necessidade de extinção e homogeneização das culturas e demais religiões. E são elas: (i) Não manter relações sexuais com uma mulher casada; (ii) Não praticar idolatria; (iii) Não matar; (iv) Não comer parte de um animal vivo; (v) Abençoar Deus; (vi) Não roubar; (vii) Instituir normas e tribunais.

Este paradigma talmúdico de direito natural é claramente afirmado por Selden, que dedica as partes que compõem a obra à análise e explicação de cada um desses sete preceitos e de como fazem parte daquelas realidades mais básicas da existência e convivência de todos os seres humanos.

Terminada a exposição de alguns dos principais autores protestantes que se dedicaram com afinco ao estudo e interpretação da Bíblia hebraica, foi possível ver que, embora as conexões entre judaísmo e as instituições jurídicas ocidentais não seja tão clara e evidente, ela de fato existe, ainda que por vezes sob tintas cristãs ou

---

cidadania: estudos em homenagem ao Prof. Dr. Reis Friede. Rio de Janeiro: Processo, 2018. p. 43.

deliberadamente esquecidas pelos períodos posteriores, em razão de uma atitude hostil a qualquer fenômeno religioso.

Seja como for, este capítulo buscou retirar essas "camadas de tinta", para suscitar a reflexão sobre esses pontos de contato como base para as análises a serem feitas nos capítulos dedicados aos princípios jurídicos concretos presentes na lei mosaica.

2
VALORES E PRINCÍPIOS

2.1 OS VALORES NA VISÃO FILOSÓFICA

Antes de tratarmos do tema dos valores no direito, é imprescindível compreender, ainda que brevemente, os *valores* em seus contornos filosóficos básicos. Afinal, o que são os valores que também se projetarão sobre o fenômeno jurídico? É justamente a resposta do que sejam valores e sua relevância a partir de uma aproximação filosófica (já adiantando que não existe uma resposta unívoca) que indicará a razão pela qual os valores ganharam foros de cidadania também na Filosofia do Direito, na Teoria Geral do Estado e no Direito Constitucional, com ênfase na discussão sobre a fundamentação dos direitos humanos.

Iniciemos por uma análise semântica. Em grego, a palavra *"axios"*[1] significa, num primeiro sentido, aquilo que tem o mesmo peso ou o mesmo valor (numa pesagem de balança ou na comparação entre coisas). Também representa aquilo que é devido e adequado, mas também o que é valioso. Na seara moral, pode significar uma pessoa ou coisa dotada de dignidade ou merecedora de respeito. Já o vocábulo grego *"logos"*[2] possui diversos significados, sendo os mais relevantes, para o fim deste trabalho, os de "discurso, pensamento, razão", a indicar um discurso ou estudo sobre algo. Da união de ambos os termos, nasce em português a palavra *"axiologia"*, que pode ser definida como um discurso sobre os valores, ou seja, aquela área da filosofia que se dedica ao estudo dos valores (também chamada de *Filosofia dos Valores* ou *Teoria dos Valores*).

---

[1] LIDDELL, Henry George; SCOTT, Robert. Verbete "ἄξιος". *Greek-English Lexicon*. Oxford; New York: Clarendon Press, 1996. p. 171.

[2] Ibidem. Verbete "λόγος". p. 1.057-1.059.

Por sua vez, a palavra "valor" em língua portuguesa provém do latim tardio *valor*, originário do verbo *valere*[3], que significa, em primeiro lugar, ser fisicamente forte, robusto, vigoroso (bem como gozar de boa saúde). Contudo, para além desse sentido biológico, o verbo *"valere"* também significa "ter um sentido ou significado", ou ainda "ter por finalidade, visar, tender a algo".

O primeiro sentido biológico, por extensão, indica-nos que o valor aponta para uma espécie de excelência. Na origem, fala-se de uma excelência física ou corpórea, decorrente do vigor e da boa saúde. No campo moral, por extensão, entende-se como uma excelência na conduta humana que se busca alcançar. Assim como o atleta ou o guerreiro são tão mais excelentes quanto mais sua compleição física se adequa ao desporto ou ao tipo de guerra a lutar, também o ser humano será mais robusto moralmente na medida em que suas condutas se adequam àquilo que lhe traz maior excelência em relação a si mesmo e aos demais membros da sociedade (pois a moral comporta não apenas deveres para consigo mesmo, mas também deveres para com os outros seres humanos).

O segundo sentido ajuda-nos a compreender uma outra dimensão do valor, a saber, a de que o valor é reconhecido como tal justamente por dotar de sentido ou significado a vida humana. Independentemente da incessante discussão filosófica se o valor é meramente subjetivo (ou seja, o valor está sempre em função do sujeito que o projeta na coisa) ou se comporta aspectos objetivos (situações valiosas por si mesmas)[4], fato é que se reconhece na coisa, pessoa ou situação valiosa uma dimensão de sentido ou finalidade, ainda que em graus diversos.

---

[3] DICIONÁRIO LATIM-PORTUGUÊS. Verbete *"valeo, es, ere, valui, valitum"*. 2. ed. Porto: Porto Editora, 2001. p. 694.

[4] Por exemplo, Max Scheler, um dos pais da Filosofia dos Valores, sustenta que os valores são essências *a priori* em si mesmas, distintas e não dependentes das coisas a partir das quais apreendemos os valores que se manifestam nelas. O exemplo prático que fornece ilustra sua visão: o fato de que um amigo nos traia não afeta o valor "amizade" em si mesmo, que continuará presente nas relações humanas em geral (SCHELER, Max. *Ética:* nuevo ensayo de fundamentación de un personalismo ético. Trad. Hilario Rodríguez Sanz. Madrid: Caparrós, 2001. p. 64-65).

Podemos assim falar de uma dimensão vertical dos valores, em que o valor é posto como um ideal a ser aspirado e seguido pelo homem, ainda que não seja jamais realizado em sua plenitude por nenhum ser humano ou nenhuma sociedade humana. Atuaria, na verdade, como um paradigma ou parâmetro ideal. Por sua vez, uma dimensão horizontal nos remete aos diversos graus em que o valor ideal é concretizado na experiência humana, de modo que os seres humanos travamos contato apenas com a experiência concreta do valor encarnado em situações ou pessoas concretas, e mesmo assim de forma limitada.[5]

O conhecimento pleno do valor paradigmático, em estado sumo ou supremo, está fora do campo da experiência meramente humana. O bom, o belo, o verdadeiro, o justo em grau máximo simplesmente não são parte desta experiência. Mas todos estes valores podem ser concretamente vividos e experimentados, ainda que em graus dis-

---

[5] "En la consideración del valor no nos quedamos en el plano horizontal, en el sentido de los conceptos generales, de los conceptos de valor, sino que nos dirigimos hacia la configuración vertical de lo valioso, hacia un *ideal*. Esto significa lo siguiente: lo valioso concreto, de que partimos, ostenta no solamente una idea axiológica general y cumplida, según el caso, sino también el hecho de que el cumplimiento puede efectuarse en diferentes *dimensiones de profundidad*. Queda dicho, pues, que el mismo valor esencial puede lograr diferentes grados de cumplimiento, distintos grados en la acuñación del valor. Piénsese en el cumplimiento valorativo propio de la configuración artística, del ser y capacidad personales, y, en general, de lo logrado, de la salud, de la fuerza, del obrar y del amor. El mismo *valor fundamental* puede, en su realización, alcanzar diferentes dimensiones de profundidad, aunque dentro del ámbito de nuestra existencia finita nos esté negado lograr jamás un cumplimiento absoluto, que reside siempre en el ideal. Creemos que el valor está también siempre coordenado con el *ideal concreto*; el puro ser, en cambio, se refiere por sí mismo exclusivamente al concepto objetivo y general, en cuanto idea. Mas este grado de valor con respecto a un ideal concreto reside, precisamente, en su carácter concreto, irreemplazable, único, en su sello individual. Lo individual indica, por consiguiente, la altura exacta en que se encuentra un cumplimiento axiológico en lo referente a una perfección absoluta en cuanto ideal." (RINTELEN, Fritz Joachim von. Valor y existencia. *Actas del Primer Congreso Nacional de Filosofía*, Universidad Nacional de Cuyo, Buenos Aires, 1950. Tomo III. p. 1.337).

tintos de profundidade ou intensidade. Deste modo, podemos dizer que uma conduta é mais ou menos justa, que determinada afirmação é mais próxima ou não da verdade, e o contato com essas realidades existenciais concretas é que revela o valor para nós, ao menos na dimensão horizontal que nos é cognoscível.

Precisamente por admitirmos que os valores, enquanto ideais a serem alcançados, comportam gradações na sua concretização histórica é que podemos justificar a existência de características e estágios de avanço civilizacional diversos que, à mentalidade moderna, são inaceitáveis.[6] Talvez o exemplo mais emblemático seja o da escravidão, a qual, em perspectiva moderna, configura uma grave violação da dignidade da pessoa humana, mas que estava presente em todas as grandes culturas do Mundo Antigo (não se excluindo o judaísmo antigo e a lei mosaica, nem mesmo o cristianismo primitivo), como veremos melhor no capítulo dedicado a tratar do valor da dignidade humana na Torá.

Este exemplo indicaria que deveríamos assumir uma visão meramente historicista, de que os valores são apenas constructos humanos históricos totalmente cambiantes, sem nenhum ponto estável de referência? E de que não havia, entre os antigos, a compreensão de valor na própria existência do ser humano? Esta não é a premissa com que opera este trabalho. Mas essa percepção da dignidade humana

---

[6] "[...] aquí no se trata tan sólo de um concepto general, digamos, de una idea axiológica, sino (9.°) de la orientación hacia un *ideal axiológico (Wertideal)*, que en cuanto tal nunca puede alcanzarse en el plano de la finitud. Ambicionamos por ejemplo el logro del ideal de justicia, del ideal de humanidad, del ideal de una democracia digna del hombre, tratando de alcanzarlo aproximadamente. Podríamos extraer de aquí, nuevamente, el intento de una perspectiva horizontal y vertical. Todo hombre y toda época tratan de realizar determinados ideales, que pueden ser de insospechada fuerza de acción. [...]. En la lengua alemana empleamos para esto la palabra *Leitbild* (en español, quizá "imagen dominante" o "directriz"), la cual implica tanto para el individuo como para la comunidad un llamamiento y una misión íntimos, a los que se trata de corresponder cada vez más o se debería seguir. Precisamente esto es lo que proporciona a la cuestión axiológica una importancia particularmente dinámica." (RINTELEN, Fritz Joachim von. *Anuario Filosófico de la Universidad de Navarra*, Pamplona, 3, 1970. p. 364).

ainda necessitava passar por depurações e aproximações a um ideal mais elevado, que somente o percurso histórico permitiria fazer.

Como afirma Max Scheler, é possível sim que haja um aprofundamento ou uma descoberta de novas esferas axiológicas na consciência moral através dos tempos, decorrentes de formas de viver os valores e da própria relatividade e limitação humana ao conhecê-los, sem que isso implique afirmar que apenas o "nosso" tempo seja a forma acabada de vivência dos valores.[7] É um apanágio dos valores a possibilidade de se expressarem em termos de *mais* ou *menos*, ideia esta que, como veremos, será retomada na formulação da distinção entre princípios e regras pela hermenêutica jurídica contemporânea.

Portanto, é nossa convicção de que o valor *dignidade humana* estava presente, mas o modo de concretizá-lo era diferente. Mesmo hoje, entre as sociedades ocidentais, vemos que a realização da dignidade da pessoa humana comporta graus distintos, sendo inegável que algumas nações conseguem realizar esse ideal de modo mais intenso que outras. E nem por isso se nega seu *status* como um valor.

Feitas essas breves considerações, passemos agora a uma análise de como ocorreu a tradução ou passagem da discussão filosófica sobre valores para o âmbito jurídico na Modernidade.

2.2 OS VALORES E PRINCÍPIOS NO DIREITO

2.2.1 O jusnaturalismo racionalista

Como marco inicial da visão moderna de direito, podemos identificar o *jusnaturalismo racionalista*, oriundo do Iluminismo[8],

---

[7] SCHELER, Max. op. cit. p. 416-417.

[8] Jusnaturalismo [iluminista]: doutrina filosófico-jurídica que sustenta a existência de normas de direito natural, e por isso mesmo racionais, anteriores a qualquer norma jurídica positiva; elas deveriam constituir o modelo sobre cuja base se deveriam formular as leis positivas e julgar a sua validade. Se bem que se fale do direito natural já no mundo antigo, o jusnaturalismo propriamente dito nasce com Ugo Grozio (*De jure belli ac pacis*, 1625) no século XVII e continua no XVIII, até Rousseau (Contrato social, 1762); pode-se todavia considerar o desenvolvimento do jusnaturalismo também no pensamento de Kant (Metafísica dos costumes, 1794) e de

que identificava uma das principais correntes filosóficas do Direito, formada a partir do século XVI, para superar o ambiente teológico medieval, o qual buscava a fundamentação última do direito na própria divindade. O jusnaturalismo iluminista fundava-se na ideia da existência de um direito natural radicado na natureza e razão humanas com abstração de uma eventual origem divina. Parte da premissa de que o homem possuiria uma série de direitos que decorrem do modo como está constituída sua natureza (daí serem chamados *direitos naturais*). Javier Hervada apresenta um esclarecedor relato sintético de ambos os períodos:

> Durante a Idade Média, os princípios supremos do pensamento e do regime da sociedade foram tomados diretamente da religião cristã e, desde outro ponto de vista, da teologia. [...] A sociedade era cristã e vivia e se conformava socialmente de acordo com os princípios básicos do cristianismo. Mais que uma assunção formal e jurídica destes princípios, o que houve foi uma vivência e uma cultura, uma mentalidade que se plasmou em uma vida; dito de outro modo, era uma realidade prejurídica que informou o direito.
>
> Frente a esta mentalidade, característica da concepção moderna do direito natural foi a ruptura desta visão da sociedade e a substituição da teologia pelo direito natural como ciência dos princípios supremos da convivência social. [...]
>
> Ao fenômeno descrito contribuíram vários fatores. Em primeiro lugar, a situação histórica. A dolorosa experiência das guerras religiosas levou muitos espíritos à busca de princípios comuns a todos os homens, independentes de uma fé religiosa concreta e nos quais se encontrariam as bases do entendimento pacífico. Estes princípios comuns eram os de direito natural. Em segundo lugar, a ruptura da concepção medieval se deveu – ao menos em parte – à influência protestante. Um dos traços do pensamento protestante era a cisão entre o natural e o sobrenatural [...]. A vida social, de acordo com o pensamento protestante, não tem

---

Fichte (Fundamentos do direito natural, 1796), *in Enciclopedia Garzanti di Filosofia* Itália: Garzanti, 1981, reedição 1993, p. 447, tradução de Vittorio Cassone. *Interpretação no Direito Tributário* – Teoria e Prática. São Paulo: Atlas, 2004. p. 37.

seus princípios básicos em fatores sobrenaturais, mas em fatores terrenos (que correspondem, isso sim, à vontade divina), ainda que seu conhecimento, dada a corrupção da razão, se obtenha principalmente pela Revelação. Os princípios básicos da vida social são os preceitos de direito natural, ainda que conhecidos através do Decálogo. Em terceiro lugar, sobre uma série de jusnaturalistas da época, ocorreu a influência do laicismo, que postulava a autonomia do saber racional frente aos dados da fé religiosa e, portanto, frente ao saber teológico; na zona de influência laicista, o direito natural tendeu a configurar-se como um sistema de leis da razão autônomo em relação à Revelação e, a fortiori, à teologia. Por último, o jusnaturalismo moderno foi muito influenciado pelo racionalismo, atitude que dominou o ambiente cultural europeu desde meados do séc. XVII até início do séc. XIX. Em um sentido genérico, o racionalismo foi uma atitude intelectual caracterizada pela exagerada confiança na razão, a qual se cria capaz de resolver todo problema e desentranhar todo mistério; em um sentido mais específico, o racionalismo foi uma mentalidade para a qual toda ciência, incluídas as ciências morais, podia construir-se segundo modelos matemáticos, com similar metodologia e igual rigor e certeza que a ciência da quantidade (a matemática), pois se considerava que todo o universo tem uma estrutura racional necessária.[9] (tradução livre)

Contudo, tal jusnaturalismo não necessariamente negava a divindade – seus principais defensores certamente não o faziam, sendo comum haver entre eles pessoas religiosas (como Hugo Grócio) ou, no mínimo, teístas sem pertença a algum grupo religioso definido (como Thomas Jefferson). Apenas sustentava que a constituição do ser humano era tal que, *ainda que não houvesse um D'us criador* (a chamada hipótese "impiíssima", em que se faz abstração da existência de D'us, ainda que, na realidade, seus formuladores cressem na existência de uma divindade), o homem estaria dotado de certos direitos inalienáveis diretamente decorrentes de sua natureza e auto-evidentes. É o que afirmam, por exemplo, a Declaração de Independência norte-

---

[9] HERVADA, Javier. *Historia de la ciencia del derecho natural.* 3. ed. Pamplona: EUNSA, 1996. p. 251-253.

-americana (a qual não deixa de citar um "Criador" que dotou os seres humanos destes direitos inalienáveis) e a Declaração Francesa dos Direitos do Homem e do Cidadão (que também se refere a um Ente Supremo), representantes exemplares deste jusnaturalismo iluminista que ainda não faz um rompimento definitivo e cabal com uma visão metafísica e transcendente da realidade.

A grande virada desta proposta em relação à visão de mundo (*Weltanschauung*) medieval está no fato de que, ao formular a possibilidade, ainda que teórica, de uma independência das coisas humanas em relação à divindade (independência esta que era vista como mera hipótese *ad argumentandum tantum*, e não como independência real), o jusnaturalismo iluminista estabelece uma transição entre o medievo e o positivismo, o qual já assume um ceticismo radical em relação à existência de uma dimensão transcendental e metafísica, como se vê na crítica tipicamente positivista de Hans Kelsen:

> É um fato inegável que o extraordinário progresso alcançado pela ciência na era moderna é, em primeiro lugar, o resultado de sua emancipação dos grilhões em que a teologia a retinha durante a Idade Média. O princípio de descrição acurada da realidade e de sua explanação em base estritamente empírica, sem recorrer à teologia ou a qualquer outra especulação metafísica, é denominado positivismo.[10] (tradução livre)

2.2.2 O positivismo jurídico

Os direitos naturais do jusnaturalismo iluminista, que se haviam consolidado e incorporado de forma generalizada aos ordenamentos jurídicos, exatamente por serem considerados *metafísicos e anti-científicos*, passam a ser superados pelos ideais positivistas do século XIX, que utilizam as características das *ciências exatas e naturais* como único critério válido de fundamentação, com ênfase na realidade observável e não na especulação filosófica. Entretanto,

---

[10] KELSEN, Hans. *A New Science of Politics* – Hans Kelsen's Reply to Eric Voegelin's "New Science of Politics" – A Contribution to the Critique of Ideology. Frankfurt: Ontos, 2004. p. 11.

esta forma de pensar acabou por apartar o direito da moral, da ética e dos valores da sociedade, apoiando-se em juízos de fato e não em juízos de valor.[11]

O *positivismo jurídico* teve seu auge durante a primeira metade do século XX com o normativismo de Hans Kelsen, tendo por ideal a objetividade e a neutralidade, apresentando, na síntese de Luís Roberto Barroso, as seguintes características essenciais: a) aproximação quase plena entre direito e norma; b) a ordem jurídica seria emanada exclusivamente do Estado; c) o ordenamento jurídico seria completo e suficiente para a solução de qualquer problema jurídico; e d) a validade da norma decorreria do procedimento formal de criação, independente do seu conteúdo.[12]

Estes deveres de neutralidade e imparcialidade defendidos por Kelsen trazem a necessidade de se interpretar a norma de forma objetiva, através de um ato de intelecção racional que exclui as valorações éticas ou sociais (daí a origem da nomenclatura de sua obra magna, *Teoria Pura do Direito*[13], pois a *pureza do método* estaria justamente na busca de fundar uma ciência do direito nos moldes das ciências exatas e naturais). Para ele, "a interpretação científica é pura determinação cognoscitiva do sentido das normas jurídicas".[14] E nesta atividade, "a interpretação é, portanto, uma operação mental que acompanha o processo da aplicação do direito no seu progredir de um escalão superior para um escalão inferior".[15]

Sempre que os indivíduos forem aplicar a norma, deverão, antes de tudo, compreendê-la, determinando o sentido do seu conteúdo. Para solucionar a questão da indeterminação das leis, Kelsen sugeriu a figura de uma "*moldura interpretativa*", assim considerada

---

[11] BARROSO, Luís Roberto. Fundamentos teóricos e filosóficos do novo direito constitucional brasileiro: pós-modernidade, teoria crítica e pós-positivismo. In: BARROSO, Luís Roberto (Org.). *Temas de Direito Constitucional*. Tomo II. 2. ed. Renovar: Rio de Janeiro, 2009. p. 24-25.

[12] Ibidem, p. 25-26.

[13] KELSEN, Hans. *Teoria Pura do Direito*. 6. ed. São Paulo: Martins Fontes, 1998.

[14] Ibidem. p. 395.

[15] Ibidem. p. 387.

o campo semântico possível estabelecido pela norma superior para aplicação da norma inferior, em que haveria diversas possibilidades para estabelecer as possíveis significações da norma.[16] Como o aplicador da norma é um ser humano, e, como tal, dotado de vontade, valores pessoais e ideologias (Kelsen não o nega), restaria, portanto, impedido de ser integralmente imparcial no momento da aplicação concreta do direito.

Kelsen admite que, na ponta da cadeia que leva à aplicação do direito, estará alguém que valora a realidade e que apresenta uma determinada ideologia, e que sua forma de aplicar o direito concretamente estará dependente de tais valores. Ao escolher (que é um *ato de vontade*) entre os diversos sentidos possíveis da norma, o aplicador tenderá a eleger aquele sentido que mais se afina com suas próprias convicções. Isto se dá pois não há aplicação concreta do direito sem vontade. E não há vontade sem subjetivismo. Assim, onde houver subjetivismo haverá diferentes ideologias, com o risco de serem, em algum momento ou de alguma forma, injustas.[17]

Contudo, Kelsen nega a estes valores que informam a aplicação do direito o estatuto propriamente jurídico – para ele, são antes escolhas políticas, e não fazem parte da *ciência pura do direito*. A valoração de justiça ou injustiça das condutas simplesmente não é uma pergunta jurídica – é antes uma pergunta política e ética, por exemplo, para o legislador, quando este está a elaborar a norma.

É por este motivo (a exclusão dos valores como algo que compõe o mundo jurídico) que este sistema formalista pôde servir de "disfarce" para abusos e autoritarismos (fascismo e nazismo) na primeira metade do século XX, onde a positivação da norma tinha um caráter legitimador da ordem jurídica, independentemente do seu conteúdo, justo ou não (para Kelsen, a discussão do binômio *justo-injusto* não é jurídica). Tal fato permitiu, à época, estabelecer novas considerações sobre a verdadeira finalidade do direito como ciência social, os mecanismos de criação e de aplicação das normas, abrindo espaço para o surgimento do *pós-positivismo*, que tem, no seu âmago, a ênfase nos

---

[16] Ibidem. p. 390-391.
[17] Ibidem. p. 392-395.

direitos fundamentais, representados pelos princípios, especialmente aqueles constitucionalmente previstos.

2.2.3 A retomada dos valores

A partir da primeira metade século XX, e acentuando-se após os horrores da Segunda Guerra Mundial, começaram a surgir contestações jurídicas fortes à hegemonia positivista. Deve-se destacar, em primeiro lugar, a Escola neokantiana sudocidental alemã e suas aplicações ao direito, em que as preocupações com a realidade valorativa despontaram.

Segundo Carlos de la Torre Martínez[18], já no início do século XX se consegue divisar os primeiros indícios dessa inquietação. Em sua obra magna *Teoria Geral do Estado* (1900), Georg Jellinek, seguindo a Max Weber, realiza uma distinção entre as ciências naturais e as ciências da cultura (ou do espírito). Enquanto as primeiras se refeririam à esfera do *ser*, as segundas se ocupariam da esfera do *dever ser*, isto é, o reino onde entra em jogo o elemento do valor. Nesse ponto, Jellinek segue a distinção clássica encontrada em David Hume e em Kant de separação entre o *ser* e o *dever ser*, entre *realidade* e *valor*.

Jellinek então coloca a questão acerca de quais são os fins que o Estado é chamado a cumprir. E afirma que esta pergunta somente pode ser respondida por meio de juízos de valor, a serem feitos pela teoria política, que pode valorar aquilo que deve ser conservado ou alterado em uma configuração estatal:

> A teoria política é a ciência prática do Estado ou ciência aplicada; isto é, aquela que estuda o modo pelo qual o Estado pode alcançar determinados fins, e que considera os fenômenos da vida do Estado desde o ponto de vista teleológico, que é como um ponto de referência, um critério, para julgar os fatos e relações. A teoria do Estado contém essencialmente juízos de mero conhecimento (*Erkenntnisurteile*), enquanto o conteúdo da teoria política é formado por juízos de valoração (*Werturteile*). [...] A teoria política

---

[18] MARTÍNEZ, Carlos de la Torre. *La recepción de la filosofía de los valores en la filosofía del derecho*. México, D.F.: UNAM, 2005. p. 140.

como ciência prática é ela mesma uma arte e, portanto, essencialmente orientada para o futuro, enquanto a doutrina do Estado, como doutrina do ser, trata do passado e da atualidade; mas as investigações políticas também podem se estender ao passado e ao presente e extrair delas lições para o futuro. Quando o faz, quando aborda o presente, a teoria política assume o caráter de uma doutrina crítica e julga os dados de acordo com os resultados a que chegou em seus raciocínios teleológicos, sendo este o critério de que serve para decidir aquilo que deve ser transformado e aquilo que deve ser conservado.[19] (tradução livre)

Embora não supere o dogma positivista de que o Direito Público puro não admite carga valorativa (e sim a teoria política), sua formulação começa a abrir espaço para a necessidade de atenção para a dinâmica valorativa. Jellinek sustenta que a análise das regras jurídicas de um Estado (objeto do Direito Público), para que delas se tenha uma compreensão mais plena, depende de observações políticas que atuem como seu complemento. Assim, caso fosse feita uma total abstração dos juízos valorativos políticos, acabar-se-ia em "resultados vazios de sentido, ou, no máximo, ao conhecimento do esqueleto do Estado, ao qual faltaria, naturalmente, todo elemento vital".[20]

Por sua vez, Emil Lask, representante da mesma escola[21], também no início do século XX (no opúsculo *Filosofia do direito*, de 1905), avança na discussão do papel do valor no direito. Em primeiro lugar, seguindo o mesmo dualismo metodológico de divisão entre os âmbitos do *ser* e *dever ser* (valor), assevera que existe um único tipo de realidade, mas que ela pode ser encarada, ao mesmo tempo, sob dois ângulos: o primeiro, quanto à sua manifestação empírica (histórica);

---

[19] JELLINEK, Georg. *Teoría general del Estado*. Buenos Aires: Albatros, 1981. p. 10-11.
[20] Ibidem. p. 12.
[21] Para Karl Larenz, Emil Lask teria sido o pioneiro em aplicar os pressupostos filosóficos da Escola neokantista sudocidental alemã à metodologia da ciência jurídica, ainda que de forma incipiente, cf. LARENZ, Karl. *Metodologia da ciência do direito*. Trad. José Lamego. 3. ed. Lisboa: Calouste Gulbenkian, 1997. p. 131.

o segundo, desde a perspectiva valorativa, como substrato de valores supra-empíricos (significações de validade universal).[22]

Lask sustenta que o direito, embora constitua a efetividade jurídica empírica que se desenvolve historicamente (isto é, as regras jurídicas positivadas), pode e deve sofrer uma crítica filosófica capaz de refletir sobre a significação supra-empírica (valorativa) do direito empírico. Assim, o direito positivo seria "esclarecido, julgado, valorado, examinado em sua legitimidade última" pela filosofia do direito, sendo justamente a tarefa desta fazer uma consideração do valor jurídico.[23]

Quiçá o filosofo do direito mais conhecido desta Escola, Gustav Radbruch, também se debruçou sobre a questão dos valores, iniciando com sua *Filosofia do Direito*, cuja primeira edição data de 1914. Em seu pensamento, verifica-se uma evolução, de modo que esta obra sofreu reformulações até próximo a sua morte em 1949.

Radbruch parte do mesmo ponto de assumir a distinção entre realidade e valor (*ser* e *dever ser*). O reino do *ser* ou da natureza é aquele da experiência pura, subtraída de todas as valorações (avalorativo). A ele se adiciona a atitude valorativa (reino do *dever ser*) do ser humano. Mas este jurista alemão vai além: propõe que existe outra atitude possível do espírito humano, aquela que refere ou relaciona realidades a valores, a saber, o âmbito da *cultura*, entendida como conjunto dos dados que tem a significação e a pretensão de realizar valores ou ideais (quer efetivamente atinjam ou não o valor ou ideal buscado).[24]

Nesta perspectiva, o direito concreto seria um fenômeno cultural, ou seja, um fato relacionado ou referido a valores. E o conceito de direito seria o "conjunto de dados da experiência que tem o 'sentido' de

---

[22] LASK, Emil. *Rechtsphilosophie* – Filosofia do direito (Trad. José de Resende Júnior). *Revista Direito e Práxis*, vol. 4, n. 7, 2003, p. 393.
[23] Ibidem. p. 393-394.
[24] RADBRUCH, Gustav. *Filosofia do direito*. Trad. Luís Cabral de Moncada. 5. ed. Coimbra: Arménio Amado, 1974. p. 39-42. A bem da verdade, Radbruch fala ainda numa quarta atitude, de superação dos valores, que seria a atitude religiosa, pois a religião seria a afirmação suprema do ser.

pretenderem realizar a *ideia de direito*", isto é, a sua orientação, sentido ou pretensão de realizar um valor; no caso, o valor do *justo* (também por ele chamado de "ideia [ideal] de direito"). Por sua vez, assim como em Lask, a filosofia do direito terá a função de realizar uma contemplação valorativa do direito, ou a "teoria do direito justo".[25]

Por isso, Radbruch irá criticar o Positivismo, por meio do qual já não se busca captar nas realidades jurídicas o valor jurídico, em que os espíritos procuram conscientemente limitar-se à investigação empírica do direito positivo, declarando-se não científica toda contemplação valorativa. Tal atitude conduz a uma verdadeira eutanásia da filosofia do direito.[26]

Em um texto da fase final de sua vida, logo após a Segunda Guerra Mundial e ainda sob o impacto das atrocidades nazistas, Radbruch irá afirmar que, em regra, o juiz se acha obrigado a aplicar as leis, mas que sua missão e dignidade não admitem que seja obrigado a aplicar leis em contrariedade manifesta com a ideia de Direito, e que ferem diretamente o sentimento do justo e do injusto que vive na moralidade do povo.[27]

Por fim, ainda nessa Escola, tem-se a figura de Carl August Emge, que salienta a primazia da filosofia do direito em relação às ciências jurídicas particulares (ou seja, os ramos do direito como, por exemplo, a ciência do direito civil e a ciência do direito penal). Justamente por investigar a realidade dos valores, as conclusões a que a filosofia do direito chega são superiores e mais valiosas do que aquelas enunciadas pelas ciências jurídicas particulares, levando a uma subordinação dessas últimas à filosofia jurídica. Como decorrência disso, deverão ser os valores a dar forma ao direito, atuando como critério de como *deve ser* o direito positivo.[28]

---

[25] Ibidem. p. 45-46.
[26] Ibidem. p. 72-73.
[27] RADBRUCH, Gustav. Leyes que no son derecho y derecho por encima de las leyes. In: RADBRUCH, Gustav et al. (Coord.). *Derecho injusto y derecho nulo*. Trad. José María Rodríguez Paniagua. Madrid: Aguilar, 1971. p. 19.
[28] EMGE, Carl August. Über das Grund dogma des rechtsphilosophischen Relativismus. Berlín-Leipzig: Walter Rothschild, 1916 apud MARTÍNEZ, Carlos de la Torre. op. cit. p. 191.

Também no pós-guerra, Helmut Coing, em seus *Fundamentos de Filosofia do Direito* (1950), alega que o direito, embora seja de fato uma criação humana, não constitui uma criação arbitrária, estando a serviço de determinados fins.[29] Estes fins do direito conectam-se com a realização de ideias morais, sobretudo as exigências éticas de justiça, igualdade e liberdade, donde procedem os estratos mais elevados do direito.[30]

Este autor define a consciência do direito como um "saber acerca da existência de certos valores na vida social, e uma consciência hierárquica que ordena e articula esses valores, os hierarquiza e fixa assim qual é o lugar que cada um deles deve ocupar na vida social".[31]

Coing também apresenta um conceito de realização concreta e limitada dos valores que lança bases para desenvolvimentos posteriores da doutrina jurídica acerca da ponderação de valores e princípios. Ele afirma que não é nossa decisão que confere ao valor o seu próprio valor, dado que este já o possui em si mesmo. Mas depende sim de nossa decisão o grau em que cumpriremos cada valor concretamente nas situações da vida, a partir de uma eleição moral entre valores. Em suas palavras, "O fato de que tenhamos de decidir se deve à limitação de nossas vidas; não podemos realizar homogeneamente todo o reino dos valores [...]. Nosso destino é a limitação". Mas a eleição por um deles não retira o caráter de valor daqueles que não foram escolhidos: continuam como valores em si e para nós.[32]

Todas estas aberturas acima expostas para a dimensão valorativa na Filosofia do Direito provocaram uma reflexão no seio do próprio pensamento positivista mais recente.

Por exemplo, Norberto Bobbio, que classifica a si mesmo como um positivista, continua a visão positivista de neutralidade valorativa científica, ou seja, uma distinção entre juízos de fato e juízos de valor,

---

[29] COING, Helmut. *Fundamentos de filosofía del derecho*. Trad. Juan Manuel Mauri. Avellaneda: Asde, 1995. p. 95.
[30] Ibidem. p. 99.
[31] Ibidem. p. 64.
[32] Ibidem. p. 114.

com rejeição do caráter científico dos juízos de valor, que não entram no conceito de direito. O direito enquanto ciência ocupar-se-ia apenas do direito que é (direito positivo), seja qual for seu conteúdo normativo (inclusive se for imoral), e não do direito que *deveria ser* (ideal de direito). Assim, os critérios para aquilatar a validade do direito são apenas aqueles atinentes à sua estrutura formal (seu aspecto exterior).[33]

Contudo, apesar de sustentar a posição positivista clássica, Bobbio admite que, se no campo da teoria do direito (ciência do direito propriamente dita) se estuda apenas o direito positivo, é papel da filosofia do direito o estudo de seu fundamento ou justificação, ou o estudo do direito do ponto de vista de um determinado valor. As definições valorativas feitas pela filosofia do direito possuem uma estrutura teleológica de fins a serem alcançados, ou do direito como um ordenamento ou instrumento que serve para conseguir um valor.[34] Portanto, admite que a filosofia do direito, em plano ético-filosófico, complemente a ciência do direito com uma função crítica quanto ao conteúdo axiológico do direito positivo.

Também Herbert Hart se insere na tradição positivista a partir da distinção entre o direito que é e o que *deve ser* (seu mérito ou demérito moral), afirmando que seu campo próprio é apenas o do direito efetivamente existente, ainda que violasse normas de moralidade.[35] Contudo, admite uma influência de ideias morais sobre o direito, não só da moral social aceita, mas também de ideais morais mais vastos, seja por meio dos juízos morais realizados quando da elaboração da lei, seja por meio do processo judicial, além de que as próprias leis podem fazer referência a princípios morais.[36]

Ademais, Hart admite que existem certas exigências do ser humano que são inarredáveis e estarão universalmente refletidas em todos os sistemas jurídicos, como "regras de conduta que qualquer

---

[33] BOBBIO, Norberto. *O positivismo jurídico*: lições de filosofia do direito. Trad. Márcio Pugliesi. São Paulo: Ícone, 1995. p. 131.
[34] Ibidem. p. 138-139.
[35] HART, Herbert. *O conceito de direito*. Trad. A. Ribeiro Mendes. Lisboa: Calouste Gulbenkian, 2007. p. 223-224.
[36] Ibidem. p. 220.

organização social deve conter, para ser viável", numa concessão dentro de seu positivismo àquilo que chama de "conteúdo mínimo do Direito Natural".[37]

Nesse conteúdo, Hart insere, em primeiro lugar, a necessidade em todos os ordenamentos jurídicos de restrição ao uso da violência para matar ou causar ofensas corporais (preceito jurídico e moral "Não matarás"), em decorrência da vulnerabilidade de qualquer ser humano face aos outros membros da comunidade.[38]

Em segundo lugar, apresenta o fato de que os seres humanos são apenas relativamente diferentes uns dos outros em sua força física, agilidade e capacidade intelectual, de modo que nenhuma pessoa é, sem cooperação de outras, muito mais poderosa que as demais, ou capaz de subjugar os outros por tempo superior a um período curto. Como recorda Hart, "mesmo o mais forte tem de dormir de vez em quando e, quando adormecido, perde temporariamente a sua superioridade". Por isso, esta *igualdade aproximada* torna necessário "um sistema de abstenções mútuas e de compromisso que está na base, quer da obrigação jurídica, quer da moral".[39]

Em terceiro lugar, como o altruísmo humano é limitado e intermitente, alternando entre tendências de solidariedade e de egoísmo (com possibilidade de causar danos a outrem), também se exige um sistema de abstenções recíprocas.[40]

---

[37] Ibidem. p. 209. Hart também afirma, na p. 210: "É importante acentuar a conexão especificamente racional entre factos naturais e o conteúdo de regras jurídicas ou morais nesta abordagem do problema, porque é simultaneamente possível e importante fazer averiguações sobre formas relativamente diferentes de conexão entre factos naturais e regras jurídicas ou morais. Por isso, as ciências ainda jovens da psicologia e da sociologia podem descobrir ou podem mesmo ter já descoberto que, a menos que certas condições físicas, psicológicas ou económicas sejam satisfeitas, por exemplo que as crianças de pouca idade sejam alimentadas e educadas de certos modos na família, nenhum sistema de leis ou código de moral pode estabelecer-se, ou que só podem funcionar com sucesso aquelas leis que se conformam com um certo tipo".
[38] Ibidem. p. 210-211
[39] Ibidem. p. 211-212.
[40] Ibidem. p. 212.

Em quarto lugar, sendo os recursos limitados, é necessário haver uma instituição mínima de propriedade, que se refira pelo menos a bens mínimos apropriados e usados pela pessoa como condição para sua subsistência, mas também que permita as trocas e negociações entre os seres humanos para garantir os bens de que necessitam.[41]

Por fim, indica a necessidade, em qualquer sistema jurídico, da presença de sanções para aqueles que não estejam dispostos a abster-se ou cooperar voluntariamente, constituindo "uma garantia de que os que obedeceriam voluntariamente não serão sacrificados aos que não obedeceriam".[42]

Também na interpretação jurídica, a textura aberta do direito abre um campo para que os juízes façam escolhas guiadas pela consideração de que a finalidade das regras interpretadas é razoável, não devendo consagrar injustiças ou ofender princípios morais. Ressalta Hart que, sobretudo em matérias de alta relevância constitucional, a decisão judicial envolve com frequência uma eleição entre valores morais e não a mera aplicação de um único princípio moral proeminente (a técnica da *ponderação*).[43]

Finalmente, embora admitindo, a partir de seus pressupostos positivistas, que o direito iníquo é verdadeiro direito (ou seja, os valores morais não forneceriam critérios para julgar acerca da *validade* do direito), oferece uma solução para esta situação: a injustiça por ele consagrada (observada a partir de critérios morais) autorizaria os cidadãos a descumpri-lo, pois estariam *moralmente desobrigados* a dar-lhe cumprimento.[44]

---

[41] Ibidem. p. 212-213.
[42] Ibidem. p. 213-214.
[43] Ibidem. p. 220-221.
[44] Ibidem. p. 226-227. Veja-se este emblemático trecho nas páginas citadas: "Os homens perversos editarão regras perversas que outros obrigarão a cumprir. O que seguramente é mais necessário para dar aos homens uma visão clara, quando enfrentarem o abuso oficial do poder, é que preservem o sentido de que a certificação de algo como juridicamente válido não é concludente quanto à questão da obediência e que, por maior que seja a aura de majestade ou de autoridade que o sistema oficial possa ter, as suas exigências devem no fim ser sujeitas a exame moral."

Por sua vez, Claus-Wilhelm Canaris estabelece também uma ligação necessária entre o fenômeno jurídico e os valores, conferindo-lhes primazia na compreensão do direito. Os valores estariam fora do âmbito da lógica formal, devendo as conexões entre eles se exprimirem de modo axiológico ou teleológico, e não conforme meras regras de subsunção (estruturada em termos de premissa maior, premissa menor e conclusão).[45] A visão do direito como sistema meramente lógico era tida por Canaris como marcadamente positivista:

> Nos bastidores desta concepção encontra-se, manifestamente o conceito positivista de Ciência, elaborado tendo como ideais a Matemática e as Ciências da natureza. Assim pode o filósofo WUNDT dizer que a Ciência do Direito, por força do seu processo jurídico-conceptual, é "uma Ciência eminentemente sistemática" e que, através do seu "carácter estrictamente lógico" ela é "em certa medida, comparável à Matemática".[46]

A adequação lógica, conquanto importante para o discurso racional e científico do direito, não seria a responsável por um pensamento jurídico correto, isto é, aquele que permite "encontrar as decisões de valor, com o manuseamento esclarecido dos valores, pensando-os até ao fim e, a concluir, num último estádio, executando-os".[47] Por isso, Canaris define qualquer sistema jurídico como "ordem axiológica ou teleológica de princípios jurídicos gerais".[48]

Além disso, mesmo a escolha ou descoberta das premissas maiores e menores, da qual decorrerá a conclusão a modo subsuntivo, dependerá necessariamente da carga ou peso que serão dados a cada valor para se descobrir a *ratio* normativa subjacente à resolução de um problema jurídico concreto. Aplicando este entendimento à questão das colisões de direitos fundamentais, Canaris afirma que não se deve pensar que

---

[45] CANARIS, Claus-Wilhelm. *Pensamento sistemático e conceito de sistema na ciência do Direito*. 3. ed. Lisboa: Calouste Gulbenkian, 2002. p. 31.
[46] Ibidem. p. 29-30.
[47] Ibidem. p. 31-33.
[48] Ibidem. p. 280.

a problemática possa ser resolvida apenas mediante o recurso a uma ordem hierárquica ou a uma correspondente hierarquização rígida dos valores. Antes – e como costuma ocorrer com as argumentações baseadas num critério de hierarquia – há que distinguir dois passos: a consideração da relação hierárquica abstracta, por um lado, e o peso concreto dos bens e interesses envolvidos, por outro lado.[49]

O objetivo desses comentários sobre as rotas traçadas pela Filosofia do Direito foi demonstrar as origens do movimento que conduziram à aceitação dos valores (e suas concretizações por meio de princípios) no desenvolvimento da atividade hermenêutica jurídica, sobretudo a partir da segunda metade do século XX, como veremos na próxima seção.

2.2.4 O pós-positivismo jurídico

Um caminho de superação do positivismo exacerbado (daí a nomenclatura de *pós-positivismo*) como paradigma de segurança jurídica e da tradicional interpretação normativa (pela mera subsunção de regras) permitiu, nas últimas décadas, a reafirmação dos direitos fundamentais, com a ascensão dos princípios (e a distinção entre estes e as regras) e da ponderação de interesses e contando com o auxílio da teoria da argumentação. Este panorama conduziu à reaproximação entre o direito e a ética, vindo a ingressar na prática jurisprudencial e produzindo efeitos positivos sobre a realidade.

Assinalando a evolução e o aperfeiçoamento dos ideais do jusnaturalismo iluminista[50] e do positivismo, o pós-positivismo restitui à esfera normativa, a partir da segunda metade do século XX, os valores e a ética, como assinalam Francesco Viola e Giuseppe Zaccaria: "Se

---

[49] CANARIS, Claus-Wilhelm. *Direitos fundamentais e direito privado*. Trad. Ingo Wolfgang Sarlet e Paulo Mota Pinto. 2. reimpr. Coimbra: Almedina, 2009. p. 112.
[50] Não deve ser confundido com o *jusnaturalismo clássico*, originário do pensamento aristotélico, com reflexos na Roma Antiga e depois retomado na Idade Média sobretudo por Tomás de Aquino e a escola tomista (por isso também chamado de *jusnaturalismo aristotélico-tomista*).

se reconhece que o constitucionalismo introjetou no direito positivo princípios que anteriormente pertenciam de modo latente à tradição do pensamento jurídico ocidental, é necessário admitir que esses princípios são parte integrante da norma."[51]

Assim, o pós-positivismo reintroduz no ordenamento jurídico positivo as ideias de justiça e legitimidade, através do constitucionalismo moderno, com o retorno aos valores e com a reaproximação entre a ética e o direito, materializados em princípios jurídicos abrigados na Constituição, que passam a ter maior efetividade normativa, influenciando sobremaneira a teoria da interpretação.

É na idade do pós-positivismo, narra Paulo Bonavides[52], que:

> tanto a doutrina do Direito Natural como a do velho Positivismo ortodoxo vêm abaixo, sofrendo golpes profundos e críticas lacerantes, provenientes de uma reação intelectual implacável, capitaneada por Ronald Dworkin, jurista de Harvard, que passa a tratar os princípios como Direito, reconhecendo-lhes o atributo de normatividade, contribuindo também, e no mesmo sentido, os juristas alemães Robert Alexy e Friedrich Müller.

Na mesma linha, ao analisar aquele então novo contexto do Direito Constitucional contemporâneo, que foi denominado por parte da doutrina como *neoconstitucionalismo*, Ana Paula de Barcellos esclarece que

> um dos traços fundamentais do constitucionalismo atual é a normatividade das disposições constitucionais, sua superioridade hierárquica e centralidade no sistema e, do ponto de vista material, a incorporação de valores e opções políticas, dentre as quais se destacam, em primeiro plano, aquelas relacionadas com os direitos fundamentais.[53]

---

[51] VIOLA, Francesco; ZACCARIA, Giuseppe. *Diritto e interpretazione*: lineamenti di teoria ermeneutica del diritto. 7. ed. Roma: Laterza, 2011. p. 329.
[52] BONAVIDES, Paulo. *Curso de Direito Constitucional*. 13. ed. São Paulo: Malheiros, 2003. p. 265.
[53] BARCELLOS, Ana Paula de. Neoconstitucionalismo, Direitos Fundamentais e Controle das Políticas Públicas. In: QUARESMA, Regina; OLIVEIRA,

Também Paolo Comanducci[54], jurista italiano a quem se atribui ser um dos pais da expressão, identifica três vertentes ou aspectos da expressão *neoconstitucionalismo*: o teórico, o ideológico e o metodológico. O primeiro, chamado de *neoconstitucionalismo teórico*, caracteriza-se por "uma Constituição 'invasora', pela positivização de um catálogo de direitos fundamentais, pela onipresença [...] de princípios e regras, e por algumas peculiaridades da interpretação e da aplicação das normas constitucionais face à interpretação e aplicação da lei". Já o segundo, o neoconstitucionalismo como *ideologia*, diminuiria o acento sobre a questão da limitação do poder estatal, bandeira tradicional do constitucionalismo dos séculos XVIII e XIX, focando primariamente na finalidade político-institucional de garantia de direitos fundamentais. Aqui, o neoconstitucionalismo coloca-se ao lado dos meios estatais para a salvaguarda de direitos, e não mais como uma cidadela fortificada de desconfiança perene contra a atuação estatal, como outrora no liberalismo clássico.

Por fim, o *neoconstitucionalismo metodológico* se refere ao fato de que resgata uma conexão necessária ou justificativa entre direito e moral, assumindo os valores e a dimensão ética como parte integrante do fenômeno jurídico, numa superação do positivismo clássico, em que a realidade valorativa era sempre vista como um dado metajurídico ou extrajurídico.

Feitas essas considerações históricas, entre os juristas contemporâneos, continuam subsistindo algumas divergências sobre o específico papel dos valores no fenômeno jurídico. Para alguns, os valores jurídicos não ostentam função normativa, mas integram o próprio conteúdo das normas jurídicas, entendidos como suporte ou substância axiológica de determinada norma positivada (regra ou princípio); para outros, ao lado dos princípios e das regras, são concebidos como categoria normativa autônoma.

Maria Lucia de Paula; OLIVEIRA, Farlei Martins Riccio de (Org.). *Neoconstitucionalismo*. Rio de Janeiro: Forense, 2009. p. 803.

[54] COMANDUCCI, Paolo. Formas de neoconstitucionalismo: un análisis metateórico. *Isonomía*, n. 16, abr. 2002. p. 89-112.

Ricardo Lobo Torres[55] entende que a liberdade, a segurança, a justiça e a solidariedade são os valores ou ideias básicas do Direito que, a partir da virada kantiana e da reaproximação entre a ética e o direito, propiciaram o retorno aos valores como caminho para a superação do positivismo. Para este autor, os valores jurídicos apresentam as seguintes características:

> a) compõem um sistema aberto; b) são objetivos, pois independem de apreciação subjetiva; c) são parciais, compartilhados com a ética; d) estão em permanente interação e em incessante busca de equilíbrio, sem qualquer hierarquia; e) exibem a tendência à polaridade, no sentido de que caminham sempre para a sua própria contrariedade; f) são analógicos, pois deles se deduzem os princípios e as regras; g) existem no grau máximo de generalidade e abstração.

Segundo o espanhol Antonio-Enrique Pérez Luño,[56] os valores possuem três dimensões: a) *fundamentadora*, constituindo o núcleo básico e informador de todo o sistema jurídico-político; b) *orientadora* da ordem jurídico-política em direção a fins determinados, a qual torna ilegítima qualquer disposição normativa que persiga fins distintos ou obstaculize a consecução dos enunciados axiológicos; c) *crítica*, porquanto servem como critérios ou parâmetros de apreciação de fatos ou condutas.

Na visão suprapositiva dos valores jurídicos, estes seriam juízos abstratos que representam um "estado ideal de justiça a ser atingido" dentro de um ordenamento jurídico de uma determinada sociedade, como vimos antes na lição de Gustav Radbruch.

Tais valores se materializariam e se traduziram em linguagem jurídica a partir dos princípios jurídicos, normas dotadas de abstração e generalidade que indicam o fundamento para a interpretação e os

---

[55] TORRES, Ricardo Lobo. *Tratado de direito constitucional financeiro e tributário*. Vol. II: valores e princípios constitucionais tributários. 2. ed. Rio de Janeiro: Renovar, 2014. p. 40-41.

[56] LUÑO, Antonio-Enrique Perez. *Derechos humanos, Estado de derecho y Constitución*. Madrid: Tecnos, 1999. p. 288.

parâmetros para a realização de um mandamento ou comando normativo específico, indicando comportamentos e condutas ideais; por sua vez, as regras são normas descritivas, absolutas e que enunciam o comando para a concreção de uma conduta.

Já Jean Boulanger[57] distinguia regras de princípios, sendo o primeiro a elaborar estudo sobre tipos e variedades de princípios de Direito. Coube, porém, a Joseph Esser, jurista alemão, aprofundar esse tratamento, na sua obra Princípio e Norma (*Grundsatz und Norm*). Gutzwiller e Goldschmidt, citados por Esser, também fizeram observações sobre o tema, ao reconhecerem a sua função interpretativa e a imprescindibilidade dos princípios para o direito. No mesmo sentido, Karl Larenz veio a considerar os "princípios abertos" da Constituição como normas. Finalmente, não se poderia deixar de lembrar de Vezio Crisafulli, para quem os princípios constitucionais estariam dotados de eficácia preceptiva como todas as demais normas.[58]

Embora hoje já amplamente acolhido, importante registrar que os intensos debates realizados nas últimas duas décadas sobre *princípios* e *regras* como espécies distintas de *normas* decorreram das concepções desenvolvidas por Ronald Dworkin[59] e Robert Alexy[60], em que fundamentam formal e materialmente as diferenças entre estas duas espécies de normas jurídicas. Mas também não se pode

---

[57] BOULANGER, Jean. *Principes Géneraux du Droit et Droit Positif.* p. 51, *apud* BONAVIDES, Paulo. op. cit. p. 266.

[58] Sobre a eficácia das *normas programáticas*, que veiculam princípios, veja-se: "1) riconoscimento della efficacia normativa anche delle disposizioni costituzionali esclusivamente programmatiche, le quali enunciano vere norme giuridiche, che sono perciò *precettive* non meno delle altre, sebbene rivolte originariamente e direttamente ai soli organi dello Stato, ed anzitutto con certezza, *almeno* agli organi legislativi;". (CRISAFULLI, Vezio. Le norme "programmatiche" della Costituzione. In: MANGIA, Alessandro (Org.). *Tutta Italia un giuro unì* – unità, pluralismo e principi costituzionali. Milano: Giuffrè, 2011. p. 78).

[59] DWORKIN, Ronald. *Levando os direitos a sério.* Trad. Nelson Boeira. São Paulo: Martins Fontes, 2002.

[60] ALEXY, Robert. *Teoría de los Derechos Fundamentales.* Madrid: Centro de Estudios Políticos y Constitucionales, 2001; Sistema Jurídico, Princípios Jurídicos y Razón Prática. *Doxa*, Universidad de Alicante, n. 5, 1988.

deixar de mencionar Chaïm Perelman[61] e Gustavo Zagrebelsky[62], que realizaram fundamental papel na construção de bases sólidas de lógica argumentativa para permitir a aplicabilidade da teoria.

Anteriormente a eles, Jean Boulanger[63] já ressalvava que "*a teoria dos princípios jurídicos ainda não foi formulada, sendo os princípios materiais mediante os quais pode a doutrina edificar com confiança a construção jurídica*". E, à época, já inovava ao propor o primeiro elemento distintivo: a generalidade das normas. Segundo ele, havia

> entre princípio e regra jurídica não somente uma disparidade de importância mas suma diferença de natureza. Uma vez mais o vocabulário é a fonte de confusão: a generalidade da regra jurídica não se deve entender da mesma maneira que a generalidade de um princípio (...) o princípio, ao contrário, é geral porque comporta uma série indefinida de aplicações.

Para Josef Esser, princípios seriam aquelas normas que estabelecem fundamentos para que determinado mandamento seja encontrado. Seguindo o mesmo caminho, Karl Larenz define princípios como normas de grande relevância para o ordenamento jurídico, na medida em que estabelecem fundamentos normativos para interpretação e aplicação do Direito, deles decorrendo, direta ou indiretamente, normas de comportamento. Para esse autor, os princípios seriam pensamentos diretivos de uma regulação jurídica existente ou possível, mas que ainda não são regras suscetíveis de aplicação, na medida em que lhes falta o caráter formal de proposições jurídicas, isto é, a conexão entre uma hipótese de incidência e uma consequência jurídica. Para Canaris, duas características afastariam os princípios das regras. Em primeiro lugar, o conteúdo axiológico: os princípios, ao contrário das

---

[61] PERELMAN, Chaim. *La Lógica Jurídica y la Nueva Retórica*. Madrid: Civitas, 1979.
[62] ZAGREBELSKY, Gustavo. *El Derecho Dúctil*. Ley, Derechos, Justicia. Madrid: Trotta, 1995.
[63] BOULANGER, Jean. Principles Généraux du Droit et Droit Positif. In: *Le Droit Privé Français au Milieu du XXe. siècle* – Études Offertes à Georges Ripert. T. I, p. 51, *apud* BONAVIDES, Paulo. op. cit. p. 266.

regras, possuiriam um conteúdo axiológico explícito e careceriam, por isso, de regras para sua concretização. Em segundo lugar, há o modo de interação com outras normas: os princípios, diversamente das regras, receberiam seu conteúdo de sentido somente por meio de um processo dialético de complementação e limitação.[64]

Dworkin, que sucedeu Herbert Hart na cátedra de Filosofia do Direito da Universidade de Oxford, ao desenhar sua teoria sobre a distinção entre princípios e regras, o fez com a preocupação de atacar o positivismo (*"general attack on positivism"*), e especialmente para solucionar casos complexos (*"hard cases"*) que dependem de uma mobilidade que as regras (*"standards"*) carecem, porque aplicáveis de maneira absoluta no modo tudo ou nada (*"all-or-nothing"*), o que somente seria possível através dos princípios detentores de uma dimensão de peso (*"dimension of weight"*), atuando como parâmetros ou diretrizes (*"policies"*), que visam a atingir determinado objetivo econômico, político ou social, aproximando, por consequência, o Direito e a Moral. Para ele, o positivismo jurídico de Hart, ao conceber o direito exclusivamente como um modelo de regras, ignora uma importante dimensão do fenômeno. Neste sentido, asseverava Dworkin que o princípio constituía um "padrão que deve ser observado, não porque vá promover ou assegurar uma situação econômica, política ou social considerada desejável, mas porque é uma exigência de justiça ou equidade ou alguma outra dimensão da moralidade".[65]

Estabelecendo dois critérios distintivos entre princípios e regras (sendo um deles em linha com aquele inicialmente proposto por Boulanger), Dworkin baseia suas ideias nas seguintes considerações: a) aplicação segundo *"ou tudo ou nada"* (*"all or nothing"*) e; b) aplicação segundo a dimensão de peso ou importância. Pela primeira, as regras jurídicas são aplicáveis por completo ou não o são de modo absoluto. Caso os pressupostos fáticos aos quais uma regra se refere ocorram em uma situação concreta, deverá ela ser aplicada. Por outro lado, os princípios jurídicos atuam de modo diverso: mesmo aqueles

---

[64] ÁVILA, Humberto. *Teoria dos Princípios*. São Paulo: Malheiros, 2003. p. 27.
[65] DWORKIN, Ronald. *Levando os direitos a sério*. Trad. Nelson Boeira. São Paulo: Martins Fontes, 2002. p. 36.

que mais se assemelham às regras não se aplicam automaticamente e necessariamente quando as condições previstas como suficientes para sua aplicação se manifestam. É que as regras jurídicas não comportam exceções. Pela segunda distinção, quando se entrecruzam vários princípios, quem há de resolver o conflito deve levar em conta o peso relativo de cada um deles. As regras não possuem tal dimensão. Se duas regras entram em conflito, uma delas não é válida. Determinado ordenamento jurídico poderá regular tais conflitos através de outras normas, que prefiram a regra promulgada pela autoridade de maior nível hierárquico, ou a regra promulgada em data mais recente, ou a mais específica etc. Ou ainda, poderá dar prevalência à regra apoiada nos princípios mais relevantes.[66]

Comungando do mesmo entendimento, José Joaquim Gomes Canotilho[67] sugere o abandono da teoria de metodologia jurídica tradicional (que fazia a distinção entre normas e princípios), para adotar a ideia de que as regras e os princípios são duas espécies de normas, em linha com o pensamento de Dworkin. Assim, segundo Canotilho:

> Saber como distinguir, no âmbito do superconceito norma, entre regras e princípios, é uma tarefa particularmente complexa. Vários são os critérios sugeridos: a) Grau de abstracção: os princípios são normas com um grau de abstracção relativamente elevado; de modo diverso, as regras possuem uma abstracção relativamente reduzida; b) Grau de determinabilidade na aplicação do caso concreto; os princípios, por serem vagos e indeterminados, carecem de mediações concretizadoras (do legislador e do juiz), enquanto as regras são susceptíveis de aplicação directa; c) Carácter de fundamentalidade no sistema das fontes de direito: os princípios são normas de natureza ou com um papel fundamental no ordenamento jurídico devido à sua posição hierárquica no sistema das fontes (ex.; princípios constitucionais) ou à sua importância estruturante dentro do sistema jurídico (ex.: princípio do Estado

---

[66] GRAU, Eros Roberto. *A Ordem Econômica na Constituição de 1988*. 4. ed. São Paulo: Malheiros, 1998. p. 94-99.

[67] CANOTILHO, José Joaquim Gomes. *Direito Constitucional e Teoria da Constituição*. 4. ed. Coimbra: Almedina, 1991. p. 1.124.

de Direito); d) Proximidade da ideia de direito: os princípios são standards juridicamente vinculantes radicados nas exigências de justiça (Dworkin) ou na ideia de direito (Larenz); as regras podem ser normas vinculativas com um conteúdo meramente funcional; e) Natureza normogenética: os princípios são fundamento de regras, isto é, são normas que estão na base ou constituem a ratio das regras jurídicas, desempenhando, por isso, função normogenética fundamentante.[68]

Humberto Ávila[69] afirma que as *regras* são normas imediatamente descritivas, na medida em que estabelecem obrigações, permissões e proibições mediante a descrição da conduta a ser cumprida, enquanto os *princípios* são normas imediatamente finalísticas, já que estabelecem um estado de coisas cuja promoção gradual depende dos efeitos decorrentes da adoção de comportamentos a ela necessários.

Para Robert Alexy[70], os princípios e as regras são conceitos deontológicos positivados no ordenamento (que prescrevem o que é devido), ao passo que os valores têm natureza axiológica, indicando o que é bom, aceito e seguido por determinada sociedade. Ele também estabelece um critério que diferencia regras e princípios sob o aspecto lógico ou qualitativo. Segundo ele, os princípios caracterizam-se por serem "*mandados de otimização*", determinando que algo seja realizado dentro da melhor e maior medida possível, ou seja, conforme as condições circunstanciais, poderão ser cumpridos em diferentes graus, sem que isso comprometa a sua validade.[71] Já as regras, consideradas como "*mandados de definição*", seriam cumpridas ou não, de forma absoluta, não havendo a mesma flexibilidade e gradação que existe quanto aos princípios. Tais regras, frente ao caso concreto, serão aplicáveis ou não, sem possibilidade de qualquer ponderação.

---

[68] Loc. cit.
[69] ÁVILA, Humberto Bergmann. *Teoria dos princípios*. São Paulo: Malheiros, 2003. p. 30-31.
[70] ALEXY, Robert. *Teoría de los Derechos Fundamentales*. Madrid: Centro de Estudios Políticos y Constitucionales, 2001. p. 147.
[71] Ibidem. p. 86-87.

Nas suas palavras:

> Os princípios são mandados de otimização, que estão caracterizados pelo fato de que podem ser cumpridos em diferentes graus e cuja medida devida de cumprimento não só depende das possibilidades reais, mas também das jurídicas. [...] Por outro lado, as regras são normas que só podem ser cumpridas ou não. [...] Portanto, as regras contêm determinações no âmbito do fática e juridicamente possível. Isto significa que a diferença entre regras e princípios é qualitativa e não de grau. Toda norma ou é uma regra ou um princípio.[72] (tradução livre)

Através desta evolução da hermenêutica jurídica, permite-se o amadurecimento jusfilosófico e a construção de um ambiente propício ao desenvolvimento de um novo modelo interpretativo, em que se confere efetividade aos princípios jurídicos, que ganham força normativa no ordenamento jurídico, sendo dotados de cogência e eficácia, com aplicabilidade plena e vinculante.

2.3 ENQUADRAMENTO TERMINOLÓGICO DE VALORES, PRINCÍPIOS E REGRAS

Cientes de que a nomenclatura e os critérios classificatórios que distinguem valores, princípios jurídicos e regras não são uniformes entre os diversos autores que se ocuparam do tema[73], como se viu na seção anterior, é necessário aqui adotar uma classificação que possa

---

[72] Ibidem. p. 82-86.
[73] "Há grande dificuldade, entretanto, na questão terminológica. Não raro chama-se de princípio o que é valor, e vice-versa. Na Espanha, por exemplo, que traz na própria Constituição a enumeração dos valores (art. 1.1: liberdade, justiça, igualdade e pluralismo político), a doutrina vem acrescentando a tal catálogo a dignidade humana. Há extensa bibliografia que trata a segurança jurídica, referida no art. 9º, § 3º, como princípio. Na Alemanha a dignidade humana foi elencada como valor e colocada no topo da escala hierárquica. No Brasil é encontradiça também referência à segurança jurídica e à justiça como princípio e não como valores". (TORRES, Ricardo Lobo. op. cit. p. 191).

ser útil ao enquadramento dos princípios jurídicos que vislumbramos presentes na Lei Mosaica.

Seguiremos a orientação de que os valores configuram ideais éticos e suprapositivos, sem os quais a vida em sociedade se tornaria impossível. Representam um grau máximo de abstração que remete à realidade daquilo que é moralmente bom e valioso (caráter axiológico), mas sem ainda predicar um *dever-ser* na ordem jurídica (caráter deontológico-jurídico).[74]

Os princípios jurídicos, por sua vez, encarnam os valores éticos[75] em sua dimensão propriamente jurídica, incorporando tais valores aos

---

[74] "Los principios son mandatos de un determinado tipo, es decir, mandatos de optimización. En tanto mandatos, pertenecen al ámbito deontológico. En cambio, los valores tienen que ser incluidos en el nivel axiológico. [...] Ejemplos de conceptos *deontológicos* son los de mandato, prohibición, permisión y del derecho a algo. Común a todos estos conceptos es que, como habrá de mostrarse más adelante, pueden ser referidos a un concepto deóntico fundamental, al concepto de mandato o de deber ser. En cambio, los conceptos *axiológicos* están caracterizados por el hecho de que su concepto fundamental no es el de mandato o deber ser, sino el de lo bueno. La diferencia entre principios y valores se reduce así a un punto. Lo que en el modelo de los valores es *prima facie* lo mejor es, en el modelo de los principios, *prima facie* debido; y lo que en el modelo de los valores es definitivamente lo mejor es, en el modelo de los principios, definitivamente debido. Así pues, los principios y los valores se diferencian sólo en virtud de su carácter deontológico y axiológico respectivamente. En el derecho, de lo que se trata es de qué es lo debido. Esto habla en favor del modelo de los principios. Por otra parte, no existe dificultad alguna en pasar de la constatación de que una determinada solución es la mejor desde el punto de vista del derecho constitucional a la constatación de que es debida iusconstitucionalmente. Si se presupone la posibilidad de un paso tal, es perfectamente posible partir en la argumentación jurídica del modelo de los valores en lugar del modelo de los principios. Pero, en todo caso, el modelo de los principios tiene la ventaja de que en él se expresa claramente el carácter de deber ser. A ello se agrega el hecho de que el concepto de principio, en menor medida que el de los valores, da lugar a menos falsas interpretaciones. Ambos aspectos son lo suficientemente importantes como para preferir el modelo de los principios." (ALEXY, Robert. *Teoría de los Derechos Fundamentales*. Madrid: Centro de Estudios Políticos y Constitucionales, 2001. p. 139, 141 e 147).

[75] Como salienta Dworkin, um princípio é um padrão que promove uma determinada dimensão da *moralidade* (DWORKIN, Ronald. *Levando os*

ordenamentos a partir da perspectiva de *exigibilidade* de uma série de condutas ou situações que os membros da comunidade devem uns aos outros. Aquilo que, do ponto de vista ético, é percebido como um "bem", torna-se, na dimensão já juridicizada pelos princípios, um *bem que pode ser exigido*, ainda que por uma multiplicidade de formas e condutas concretas abarcadas pelo princípio. Demonstram, portanto, um grau de abstração intermediário entre os valores e as regras[76], podendo incorporar em si apenas um ou diversos valores ao mesmo tempo.[77]

Por outro lado, as regras apresentam um grau de abstração ainda menor, pois veiculam condutas concretas a serem realizadas para dar cumprimento aos mandados de otimização presentes nos princípios jurídicos, contendo "determinações no âmbito do fático e juridicamente possível"[78]. São as diversas formas concretas de consubstanciar

---

direitos a sério. Trad. Nelson Boeira. São Paulo: Martins Fontes, 2002. p. 36). Também Ricardo Lobo Torres afirma que os princípios são "emanação ou concretização de valores morais. Não encontram no próprio ordenamento jurídico a sua justificação" (TORRES, Ricardo Lobo. op. cit. p. 286).

[76] "Os princípios compartilham com os valores das características da generalidade e abstração, mas com menor intensidade. Enquanto os valores são ideias absolutamente abstratas, supraconstitucionais e insuscetíveis de se traduzirem em linguagem constitucional, os princípios se situam no espaço compreendido entre os valores e as regras, exibindo em parte a generalidade e abstração daqueles e a concretude das regras. Os princípios, de menor generalidade e abstração que os valores, podem ingressar no discurso constitucional, representando um primeiro estágio de concretização dos valores. [...] Os valores são destituídos de eficácia jurídica direta. Não pode o juiz sacar diretamente da ideia de justiça ou de segurança jurídica o fundamento de sua decisão. Só com a intermediação dos princípios podem se concretizar na ordem jurídica [...] Os princípios constitucionais, conseguintemente, embora não se confundam com os valores, se vinculam ou decorrem dos ditos valores da liberdade, da justiça, da segurança jurídica". (TORRES, Ricardo Lobo. op. cit. p. 190-192 e 194).

[77] "Se os valores se concretizam em princípios, segue-se, necessariamente, que os princípios incorporam um ou mais valores. Os princípios fundamentais, como dignidade, cidadania e soberania, deixam-se tocar simultaneamente por diversos valores: liberdade, justiça, solidariedade." (Ibidem. p. 285).

[78] ALEXY, Robert. op. cit. p. 87.

as finalidades previstas nos princípios (que, por sua vez, apontam para valores, num nível de abstração ainda maior).

Portanto, em nosso entender, haveria uma escala de graus de abstração e concretude correlacionando valores, princípios e regras, tal como uma escada em que os degraus estão dispostos um após o outro.

A partir dessa concepção, iremos analisar nos próximos capítulos uma série de princípios jurídicos que identificamos na Lei Mosaica, enquadrando-os em valores éticos por eles encarnados. Veremos que tais princípios se materializam concretamente na Torá sob a forma de *regras específicas*, contendo permissões, proibições e obrigações transcritas em inúmeros versículos.

Assim, apresentaremos em capítulo próprio (o capítulo 3) o *sobreprincípio da dignidade da pessoa humana*, qualificado desta forma pela característica de tangenciar todos os principais valores éticos mais relevantes para o direito. Investigaremos detidamente a possibilidade de se encontrar, na Torá, uma visão própria de dignidade da pessoa humana.

Depois, iremos estudar, no capítulo 4, o *princípio do devido processo legal*, como materialização do valor de *segurança* (previsibilidade das *regras procedimentais* quando da condução de julgamentos), mas também do valor *justiça* (no sentido de tratamento adequado e igualitário às partes, atribuindo a cada uma o que lhe é devido).

Ainda no capítulo 4, abordaremos o *princípio da boa-fé* como emanação do valor *segurança*, uma vez que se espera certo grau mínimo de correção no trato social, de modo que as pessoas possam conduzir suas vidas e projetos com a confiança de que não serão ludibriadas a todo momento, e gerando expectativas legítimas em relação à conduta dos demais membros da sociedade.

O *princípio da proporcionalidade*, como materialização do valor *justiça*, busca oferecer a medida necessária e apropriada (nem deficiente, nem excessiva) a cada membro do corpo social de acordo com seus próprios atos e condutas.

Por fim, o *princípio da igualdade* – embora caracterizado também como valor por alguns autores – concretiza, de modo peculiar, o valor *justiça*, ao exigir condutas que ofereçam tratamento sem discrepâncias desarrazoadas entre as pessoas, tendo em conta a igualdade primordial decorrente do fato da própria condição humana e de sua dignidade.

Havendo lançado, a modo introdutório, as bases para a compreensão da valoração no mundo jurídico, seguiremos agora com a análise das questões específicas que envolvem a identificação da esfera principiológica na Lei Mosaica.

3
O PRINCÍPIO DA DIGNIDADE DA PESSOA HUMANA NA LEI MOSAICA

Nesse capítulo, traçaremos breve itinerário acerca do sobreprincípio da dignidade da pessoa humana na tradição ocidental, buscando suas raízes mais remotas na vinculação à expressão religiosa da Torá, ao enunciar o ser humano como "Imagem de D'us" (*Tzelem Elohim*). Veremos como esse conceito foi desenvolvido na tradição rabínica, sendo posteriormente apropriado pela teologia cristã.

Já na Modernidade, acompanharemos a tentativa de separação do conceito de sua origem com base na religião, a partir da busca de uma autonomia da razão humana em relação ao dado religioso. Inicialmente, esta busca de autonomia não se fez com uma visão avessa à religiosidade. Somente no século XIX se consolida uma verdadeira negação do dado religioso, a partir das visões materialistas de mundo. Por fim, no século XX, a dignidade humana cobra nova força como fonte irradiadora dos direitos humanos, como resposta aos horrores da Segunda Guerra Mundial.

Esta exposição será necessária para tratarmos da dignidade da pessoa humana como um ponto axial a partir do qual revolvem as normas que veremos nos próximos capítulos, as quais, de uma forma ou de outra, ao concretizarem valores em situações concretas, tutelam a própria dignidade do ser humano em favor de quem estão destinadas.

Da perspectiva semântica, a palavra "dignidade" provém do latim *dignitas*[1], que apresenta mais de uma acepção: 1) qualidade daquilo que é valioso, excelente, ornado com distinção; 2) adequado para uma tarefa ou cargo; 3) posição, *status* e, por metonímia, as pessoas que

---

[1] OXFORD LATIN DICTIONARY. Verbete "dignitas". Oxford: Clarendon Press, 1968. p. 542.

ocupam altas posições hierárquicas; 4) estima, honra e importância de que se goza perante si mesmo ou perante outros (conceito latino de excelência de determinados integrantes da sociedade romana em relação à plebe em geral).

Já o vocábulo "pessoa", oriundo do latim *persona*, deriva da justaposição das palavras latinas *per* (*por* ou *através de*) e *sonare* (soar), e referia-se às máscaras utilizadas no teatro grego e latino, com orifícios côncavos na região da boca por onde soavam mais fortes as palavras dos atores.[2] As máscaras representavam personagens e, por extensão, acabaram por se referir às pessoas em si que eram representadas por tais máscaras e, por fim, a toda e qualquer pessoa.

O termo "humana" provém do adjetivo latino *humanus*, isto é, relativo ao homem entendido como ser humano, pois, em latim, a palavra *homo* aplica-se ao ser humano de ambos os sexos.[3] Contudo, vasculhando-se a etimologia do termo *homo*, encontra-se em sua origem a definição daquele "ente feito, nascido ou formado a partir da terra" (terra, no sentido de solo, diz-se *humus* em latim).[4]

Assim, a língua latina evoca a mortalidade do ser humano, que partilha com os outros seres o fato de possuírem corpos materiais sujeitos à decadência, ainda lembrando que o corpo humano se destina a tornar-se poeira ao fim da vida. Observe-se que, também no relato bíblico de Gênesis (em hebraico, *Bereshit*) da criação do ser humano, o primeiro homem é chamado de Adão (*Adam*, em hebraico), palavra que deriva, em hebraico, de *adamah*, a significar "terra" ou "solo", precisamente pelo fato de que a narrativa bíblica indica que o homem teria sido feito do barro do solo.

---

[2] A explicação da origem da palavra em latim, acima exposta, pode ser encontrada no filósofo romano cristão Boécio, cf. BOÉCIO. Contra Eutiques y Nestorio (Tratado sobre la persona y las dos naturalezas de Cristo). In: *Cinco opúsculos teológicos* (*Opuscula Sacra*). Lima: Pontificia Universidad Católica del Perú, 2002. p. 87.

[3] A palavra latina específica para ser humano do sexo masculino é *vir* (e não *homo*), da qual proveio, em português, a palavra *viril*.

[4] ERNOUT, Alfred; MEILLET, Alfred. Vocábulo *homo, hominis. Dictionnaire étymologique de la langue latine*: histoire des mots. Paris: Klincksieck, 2001. p. 297.

Passemos, pois, à análise da lei mosaica e os dados que traz acerca do conceito de dignidade da pessoa humana.

3.1 O SER HUMANO COMO "IMAGEM DE D'US" NA LEI MOSAICA E A FONTE DA IDEIA DE DIGNIDADE DA PESSOA HUMANA

Na lei mosaica, o princípio de dignidade humana encontra sua fundamentação na compreensão do ser humano como dotado de uma excelência específica cuja base se encontra na narrativa bíblica do primeiro capítulo do primeiro livro da Torá, o Gênesis (*Bereshit*, em hebraico). Segundo esse relato, D'us fez o ser humano à sua imagem[5] e semelhança (o ser humano como *Tzelem Elohim* – imagem de D'us, em hebraico –, ou *imago Dei*, em latim, na tradição cristã):

> E disse D'us: Façamos o homem à nossa imagem, conforme a nossa semelhança; e domine sobre os peixes do mar, e sobre as aves dos céus, e sobre o gado, e sobre toda a terra, e sobre todo o réptil que se move sobre a terra. E criou D'us o homem à sua imagem; à imagem de D'us o criou; homem e mulher os criou.[6]

Trata-se de uma visão criacionista de um ser supranatural e transcendente (D'us) e que resolve criar a partir do nada (*ex nihilo*) todas as coisas, coroando o universo com a criação do ser humano, última obra do relato bíblico dos seis dias da criação.[7] Portanto, haveria no ser humano uma relação especial com a divindade (sendo a divindade o ente mais digno por excelência) consistente em ser

---

[5] "O judaísmo considera que o ser humano foi 'criado à imagem de Deus'. Isto lhe proporciona um valor irredutível e inviolável, estima e santidade; é sua fonte inerente de dignidade e respeito. Como estudamos, este elemento de divindade no ser humano é a base para todo o amor, consideração e respeito que a *Torá* nos ordena brindar a nossos semelhantes, a todo ser humano. É a paternidade comum de um Deus que estabelece irrevogavelmente a fraternidade do ser humano". (BUNIM, Irving M. *A ética do* Sinai: ensinamentos dos sábios do Talmud. Trad. Dagoberto Mensch. São Paulo: Sêfer, 1998. p. 180-181).

[6] Gênesis (*Bereshit*) 1,26-27.

[7] Gênesis (*Bereshit*) 1,31: "E viu D'us tudo quanto tinha feito, e eis que era muito bom; e foi a tarde e a manhã, o dia sexto."

"imagem e semelhança" que o diferencia do restante da criação visível.[8]

Por isso, a fonte original da dignidade e valor humanos, nessa visão, é externa ao homem, a saber, o próprio D'us, que lhe concede tal dignidade ao fazê-lo à sua imagem. A dignidade é posta por uma causa extrínseca, não tendo o homem livre disponibilidade daquilo que lhe foi dado, nem sendo algo pelo qual tem de lutar (todos são imagem de D'us, mesmo aqueles que se fazem moralmente reprováveis por seus atos).[9]

---

[8] "*Imago Dei* is not about distinguishing some humans from others – *e.g.*, issues of divine election, civil dignity, personal probity and the like – but rather, about what is equally shared by all humans, setting humanity apart from nonhuman nature. This is precisely why respect for the image of God in man is most clearly manifested in the moral duties toward and care for the incompetent, the outcast, and the anonymous – those who claim neither merit nor dignity beyond their humanness as embodied human beings." (BARILAN, Y. Michael. From *Imago Dei* in the Jewish-Christian Traditions to Human Dignity in Contemporary Jewish Law. *Kennedy Institute of Ethics Journal*, vol. 19, n. 3, Sept. 2009, p. 240).

[9] "The first characteristic, especially pivotal in the Bible, is the divine source of human dignity. This characteristic consists of two intertwined elements: the creation of human beings by God and the sanctity of life. The fact that God created human beings in his image (*Tzelem Elohim*) endows every person basic human dignity without distinction, and as long as one can breathe there is a strict prohibition to hinder life because 'whoso sheds man's blood by man shall his blood be shed: for in the image of God made he man' (Genesis 9:6). This last sentence is, perhaps, the kernel of recognition and reason for one's moral worth and one's place in the cosmos. The recognition that the human being is *created* by God, and in his image, dictates the sanctity of life and the appropriate codes of conduct, which are specified in the Bible and the *Halakhah*. The ontological status of the human being, thus, is a corollary of one's creation by God and not any single capacity or trait. Put differently, the *reason* one has dignity—or alternatively the *original source* of one's moral value and worth—is *extrinsic* to oneself; it is God who implanted this kernel of worth in human beings, and it is not something one can choose to have or strive to attain with his or her merits. Nor is dignity something that one can choose to give up on. Of course it can be said that dignity is also intrinsic in a Jewish conception of human dignity in the sense that God created one with such an ontological quality. However, this may obscure the fact that the *original source* and *reason* for human dignity are

Segundo Yair Lorberbaum[10], as palavras hebraicas *"tzelem"* (imagem) e *"demut"* (semelhança) do texto bíblico anteriormente citado, bem como em Gênesis 5, 1 (*"Este é o registro da descendência de Adão: Quando D'us criou o homem, à semelhança de D'us o fez"*), denotariam a noção de presença. Assim, da mesma forma que os povos gentios que viviam em torno do povo de Israel acreditavam que as imagens e esculturas que faziam eram representações da presença de suas próprias divindades, os seres humanos seriam verdadeiros "ícones" da presença de D'us sobre a terra. E, na qualidade de imagem do divino, receberam o domínio sobre os outros seres vivos e sobre a terra – assim como D'us é o soberano de todo o universo –, bem como foram abençoados por D'us para, por meio da geração de filhos, multiplicar esta imagem divina no mundo.

Além disso, no contexto do Oriente Médio antigo, o conceito de "imagem de D'us" como presença divina tendia a ser aplicado, pelos povos vizinhos a Israel, tão somente ao monarca e sua prole. Seria justamente pelo fato de o rei ser imagem de D'us (presença divina na terra) que possuiria legitimidade para governar. Ao revés, a narrativa bíblica entende a "imagem de D'us" como um atributo de todo ser humano, pois situa esta afirmação logo no primeiro capítulo da Bíblia hebraica, ao tratar do relato da criação do próprio ser humano, antes mesmo da constituição do povo hebreu. Existe aqui uma verdadeira extensão do conceito que é atípica no mundo em que Israel estava inserido.[11]

Da mesma forma, em Gênesis 9,6, na aliança estabelecida entre D'us e Noé pelas chamadas "sete leis de Noé", como mencionado no

---

extrinsic to one's existence. In a Jewish religious worldview, it is not clear why, if at all, human beings would have dignity without the existence of God; indeed, according to this worldview, human beings would not exist at all if God had not created them, let alone have dignity." (SHULTZINER, Doron. A Jewish conception of human dignity: philosophy and its ethical implications for Israeli Supreme Court Decisions. *Journal of Religious Ethics*, vol. 34, issue 4, 2006. p. 672-673)

[10] LORBERBAUM, Yair. Human dignity in the Jewish tradition. In: DÜWELL, M. et al. (Ed.). *The Cambridge Handbook of Human Dignity*: Interdisciplinary Perspectives. Cambridge: Cambridge University Press, 2014. p. 137.

[11] Loc. cit.

capítulo 1 – portanto, antes da constituição dos israelitas como povo e antes dos Dez Mandamentos, a indicar uma ordenação dada a toda a humanidade –, encontramos novamente a evocação do ser humano como imagem de D'us, razão pela qual não poderia ser injustamente morto por outrem, sob pena de o próprio homicida ser morto: "Quem derramar o sangue do homem, pelo homem o seu sangue será derramado; porque D'us fez o homem conforme a sua imagem".

Comentando essa passagem da Torá escrita, o Rabi Akiva[12] afirma que matar uma pessoa é como violar ou diminuir a imagem do próprio D'us que o ser humano representa.[13] É interessante perceber que alguns rabinos do período clássico (já nos primeiros séculos da era cristã), ao interpretar a Torá, revelam certo incômodo quanto a uma aplicação ampla da pena de morte (embora prevista na Torá escrita para 26 delitos), justamente pelo fato de o ser humano constituir imagem de D'us.[14]

E, mesmo nos casos em que era executada uma sentença de condenação à morte, havia um cuidado para que o corpo do condenado,

---

[12] Como já mencionado no capítulo 1, Akiva ben Yosef foi um rabino que nasceu por volta do ano 40 d.C. e faleceu por volta do ano 135 d.C., sendo considerado um dos principais comentaristas da Torá de todos os tempos, sem cujo trabalho de classificação não teria sido possível a compilação da *Mishná* pelo Rabi Iehúda Ha-Nasi décadas após a morte do Rabbi Akiva.

[13] AKIVA. Genesis Rabbah, XXXIV, 14. *Midrash Rabbah*. Genesis in two volumes. Vol. I. 3rd. ed. London: Soncino Press, 1961. p. 280. O mesmo Rabi Akiva comenta esta passagem de Gênesis 9,6 em outro lugar (Tratado *Pirkei Avot*, 3,14) afirmando que "O ser humano é amado, pois foi criado à imagem de D'us. Especialmente amado, pois a ele foi revelado que fora criado à imagem de D'us, como está dito: 'porque D'us fez o homem conforme a sua imagem' (Gênesis 9,6).". Disponível em hebraico e inglês em: <https://www.sefaria.org/Pirkei_Avot.3.15?lang=bi>. Acesso em: 16 maio 2019.

[14] Em matéria menos grave, mas relacionada ao respeito devido ao ser humano, Rabi Ben Azzai (Midrash Genesis Rabbah, XXIV, 7) cita a passagem de Gênesis 5,1 ("Quando D'us criou o homem, à semelhança de D'us o fez") para justificar a razão de um homem que foi insultado não dever retaliar com outro insulto quem o atacou. Como o ser humano é feito à semelhança de D'us, o insulto a um ser humano é um insulto ao próprio Criador. (BEN AZZAI. Genesis Rabbah, XXIV, 7. *Midrash Rabbah*. Genesis in two volumes. Vol. I. 3rd. ed. London: Soncino Press, 1961. p. 204.

enquanto imagem de D'us, não fosse desfigurado, seus membros não fossem esquartejados[15] e o cadáver não ficasse exposto de um dia para o outro, devendo ser sepultado no mesmo dia.[16]

Exemplificando essa tendência de mitigação na aplicação da pena de morte, o Rabi Akiva e o Rabi Tarfon[17] chegam a afirmar (Talmude babilônico, Tratado *Makkot* 7a[18]) que, se fossem membros do tribunal rabínico do Sinédrio, conduziriam e julgariam os processos criminais de tal modo que nenhuma pessoa fosse condenada à morte.[19]

---

[15] LORBERBAUM, Yair. op. cit. p. 138-139.

[16] Deuteronômio 21,22-23. Comentando a obrigação de não deixar o cadáver do executado exposto, o rabino medieval Rashi afirma que não sepultá-lo seria uma afronta a D'us, pois o homem é feito à sua imagem (RASHI. Commentary Deuteronomy 21,23. In: *Pentateuch with Targum Onkelos, Haphtaroth and prayers for Sabbath and Rashi's commentary*. London: Shapiro, Vallentine and Co, 1934. v. 5)

[17] Tarfon foi um sábio rabínico judeu que nasceu por volta do ano 70 d.C. (ano da segunda destruição do Templo de Jerusalém) e faleceu por volta do ano 135 d.C. (ano do fim da revolta judaica de Bar Kokhba contra os romanos). Era membro de família sacerdotal (*Cohen*) e contemporâneo do Rabi Akiva, com quem manteve intensa discussão acerca dos preceitos da Torá.

[18] Disponível em hebraico e inglês em: <https://www.sefaria.org/Makkot.7a.1--13?lang=bi>. Acesso em: 16 maio 2019.

[19] "The iconic view of *Tzelem Elohim* conveyed here and in many other Talmudic sources led R. Akiva and other rabbis to describe murder, not only as an extreme moral transgression, but also as the ultimate religious sin; it diminishes the Divine image. Capital punishment, even when implemented by a legitimate court, is perceived as a form of murder. Hence the execution of a sinner, even a murderer, diminishes God's image. This line of thought led Rabbi Akiva and other rabbis (in the mid-second century CE) to abolish capital punishment in practice. In the first chapter of the mishnaic tractate *Makkot*, at the very end of the tannaitic discussions of criminal procedure, we find the following striking statement: 'Rabbi Tarfon and Rabbi Akiva said: If we sat in the Sanhedrin no man would ever be executed' (*m. Mak.* 1.11). The reason for their opposition to killing by the court is not given in the Mishnah, but it is clear from numerous other Talmudic sources that in their view all forms of killing, even execution of transgressors by courts, are a diminution of God's image, and therefore should not be exercised. The legal technique used by the early rabbis to undermine executions was an

A posição contra a aplicação da pena capital, embora longe de ser unânime no período clássico do judaísmo rabínico, corrobora o que foi dito no capítulo anterior de que a intensidade do compromisso ético e valorativo comporta graus distintos e está sujeita à caminhada histórica.[20]

Essa preocupação de proteção do ser humano como imagem de D'us também fica bastante patente na advertência que era feita pelos juízes às testemunhas de casos envolvendo a pena capital, para que não prestassem falsos depoimentos:

> Como eles advertiam testemunhas em casos envolvendo penas capitais? Eles as traziam e as admoestavam, dizendo: "Talvez vós direis algo que é apenas uma suposição, ou um boato, ou algo ouvido de segunda mão, ou mesmo ouvido de um homem digno de confiança. Ou acaso não sabeis que iremos examinar-vos com indagações e investigações? Sabei, ademais, que os casos de pena capital não são como os casos cuja pena não é capital: em casos cuja pena não é capital, um homem pode pagar dinheiro e assim fazer sua expiação, mas nos casos de pena capital a testemunha é responsável pelo sangue [daquele que é injustamente condenado] e pelo sangue de seus descendentes [que deveriam ter nascido dele] até o fim dos tempos". [...] Portanto, [...] aquele que causa a perda de uma única vida de Israel, é considerado pelas Escrituras como se tivesse causado a morte de um mundo inteiro; e qualquer um que salvar uma única alma de Israel, é considerado pelas Escrituras como se tivesse salvado um mundo inteiro. [...] pois os homens cunham muitas moedas com um mesmo selo, e todas elas são iguais entre si; mas o Rei dos reis, o Único Santo Abençoado, cunhou cada ser humano com o selo do primeiro

---

array of procedural obstacles that made conviction highly unlikely, if not impossible." LORBERBAUM, Yair. op. cit. p. 139.

[20] Lorberbaum afirma que, em princípios da década de 1950, o Parlamento israelense (*Knesset*) aboliu a pena de morte para quase todos os delitos que eram até então punidos com tal sanção em razão da herança do direito britânico vigente previamente na região (no período imediatamente anterior à criação do Estado de Israel em 1948, a região era um protetorado britânico). Segundo este autor, a legislação que a aboliu foi explicitamente inspirada na posição do Rabi Akiva (Ibidem. p. 143).

homem [Adão], mas nenhum deles é igual ao outro. Portanto, todos devem dizer: "Por minha causa o mundo foi criado".[21]

Como se pôde ver, a Torá confere um lugar central à pessoa humana como decorrência de sua dignidade ímpar de ser o único ser da criação visível feito à imagem e semelhança de D'us. Exporemos na próxima seção como esta dignidade se reflete em várias passagens da Torá e algumas de suas aplicações práticas na tutela dos seres humanos.

3.2 A EXPRESSÃO "DIGNIDADE HUMANA" NO CONTEXTO DA TORÁ

Embora exista o conceito de "imagem e semelhança" de D'us no Gênesis, a expressão específica "dignidade da pessoa humana" é totalmente ausente nas fontes clássicas do judaísmo. Encontra-se sim, na Bíblia hebraica, o termo "*kavod*", que significa glória, dignidade, honra ou respeito.[22]

Por exemplo, fala-se da "glória", "honra" ou "dignidade" do D'us de Israel (*Kvod Elohim, Kvod El, Kvod Ellohei Israel*) no livro do Profeta Ezequiel 3, 23 (*Nevi'im, Yekhezqiel* – "e eis que a *glória do Senhor* estava ali") e no livro de Salmos 24, 10 (*Ketuvim, Tehillim* – "Quem é este *Rei da Glória*? O Senhor dos Exércitos, ele é o *Rei da Glória*").

O termo "*kavod*" também se referia à honra ou respeito que se dava ou se negava a uma pessoa, como no livro de 2 Crônicas 32, 33, indicando a honra recebida pelo rei Ezequias quando de sua morte (*Ketuvim, Divrei ha-Yamim* – "e todo o Judá e os habitantes de Jerusalém lhe fizeram *honras* na sua morte").

Já no livro de Números 24,10-11 (*Torah, Bemidbar*), narra-se a história de Balaque, rei dos moabitas (povo inimigo histórico de Israel), que pede ao profeta gentio Balaão para amaldiçoar o povo de Israel, sob a promessa de lhe dar grandes honras. Balaão, ao revés,

---

[21] Tratado *Sanhedrin* 4,5. Disponível em hebraico e inglês em: <https://www.sefaria.org/Mishnah_Sanhedrin.4.5?lang=bi>. Acesso em: 16 maio 2019.
[22] Para diversos usos e acepções do termo "*kavod*" na Bíblia hebraica, ver SHULTZINER, Doron. op. cit. p. 666-668.

abençoa os israelitas, incorrendo na ira do rei Balaque, que lhe nega qualquer honra ("Agora, pois, foge para o teu lugar; eu tinha dito que te *honraria* grandemente; mas eis que o Senhor te privou desta *honra*").

Por fim, no livro de Êxodo 20,12 (*Torah, Shemot*), está presente o 5º dos Dez Mandamentos (*Assêret Hadibrot*), que veicula a obrigação de *honrar* ou *respeitar* os pais, nos seguintes termos: "Honra teu pai e tua mãe, para que se prolonguem os teus dias na terra que o Senhor, teu D'us, te dá".

Apesar desses registros nas Escrituras do uso da palavra "*kavod*", é somente no hebraico moderno que foi inserida a expressão "dignidade da pessoa humana", para atender à difusão internacional que esta obteve, sobretudo após a Declaração Internacional de Direitos Humanos de 1948. Foi traduzida como "*kvod ha-adam*" ("*kvod*", dignidade; "*adam*", homem) e consagrada juridicamente na "Lei Fundamental: Dignidade Humana e Liberdade", um texto legal com *status* constitucional similar a uma declaração de direitos (*Bill of Rights*) aprovado pelo Parlamento israelense (*Knesset*) em 1992.[23]

Na lei mosaica oral codificada pela tradição rabínica (*Mishná*), é possível encontrar uma expressão análoga: "*kvod ha-beriyot*", que pode ser literalmente traduzida como honra, glória ou dignidade das criaturas. "*Kvod ha-beriyot*" está presente em um trecho do Talmude babilônico (*Berakhot*, 19b)[24], em que ocorre a pergunta se a dignidade das criaturas [humanas] é tão elevada que seria capaz de afastar a aplicação de uma proibição prevista na Torá. Uma das respostas rabínicas presentes no texto é a de que, embora a dignidade humana não tenha o condão de afastar uma proibição literal da Torá escrita e revelada diretamente por D'us (que dá glória ao próprio D'us, cuja dignidade ultrapassa a humana), poderia sim ser mitigada a aplicação

---

[23] Em seu artigo 1a, esta Lei Fundamental estabelece que "1a. A finalidade desta Lei Fundamental é proteger a dignidade humana (*kvod ha-adam*) e a liberdade, de modo a estabelecer numa Lei Fundamental os valores do Estado de Israel como um Estado democrático e judaico" (tradução nossa). Disponível em inglês em: <https://main.knesset.gov.il/EN/activity/Documents/BasicLawsPDF/BasicLawLiberty.pdf>. Acesso em: 13 maio 2019.

[24] Disponível em hebraico e inglês em: <https://www.sefaria.org/Berakhot.19b?lang=bi>. Acesso em: 16 maio 2019.

de uma proibição decorrente da interpretação meramente rabínica, por sua origem humana (a opinião de doutos e sábios rabinos).

Essa noção do respeito devido aos seres humanos no tratamento intersubjetivo, em razão de sua dignidade – expressa seja em termos de "imagem de D'us" (*Tzelem Elohim*), seja em termos de "dignidade das criaturas" (*Kvod ha-beriyot*) – está presente em diversos textos da Torá escrita. Passamos a indicar alguns deles.

Encontramos a previsão do *descanso semanal* no 4º mandamento[25], com o comando de guardar o *Shabbat* (sábado). Nele está a seguinte declaração: "Lembra-te do dia de *Shabbat*, para santificá-lo. Por seis dias deverás trabalhar e cumprir todas tuas tarefas, mas o sétimo dia é *Shabbat* de teu D'us; não deves fazer nenhum trabalho...". (Êxodo/*Shemot* 20,8-11).

Na Torá, a prática de um dia de descanso tem como objetivo permitir a recuperação do desgaste causado pelo trabalho (cuidado com o corpo, para que a vida não se abreviasse pela exaustão), mas também propiciar a oportunidade de oração, reflexão e contato com a divindade (dimensão espiritual da pessoa). A guarda do *Shabbat* no sábado se dá por analogia com o 7º dia em que D'us descansou de toda a sua criação no relato bíblico do Gênesis.

A noção de uma apropriação mínima de meios para a existência sobre a terra também se encontra entre o povo de Israel. No livro de Levítico/*Vayikra* 19,13, encontra-se norma relacionada à obrigação de não retenção do salário do trabalhador e o seu pagamento na data aprazada: "Não sonegarás o salário de teu próximo e não o extorquirás. Não ficarás com a paga de um diarista até a manhã do dia seguinte".

Em Levítico/*Vayikra* 19,9-10, ordena-se que parte dos frutos dos campos cultivados seja deixada propositadamente para os pobres, a fim de que tenham o que comer:

> Quando também fizerdes a colheita da vossa terra, o canto do teu campo não ceifarás totalmente, nem as espigas caídas colherás da tua plantação. Semelhantemente não visitarás duas vezes a tua vinha, nem colherás os bagos caídos da tua vinha; deixá-los-ás ao pobre e ao estrangeiro.

---

[25] 3º mandamento, na numeração feita pela tradição católica romana.

Também em Deuteronômio/*Devarim* 24, 19-22, reforça-se que o proprietário de um campo cultivado, ao fazer a colheita, não deve realizá-la uma segunda vez para buscar as sobras. Ao revés, deve deixá-las para alimento dos órfãos, viúvas e estrangeiros, pois tais pessoas, no Mundo Antigo, gozavam de mínima proteção social, sendo vistas como os arquétipos dos mais pobres e despossuídos.[26]

Outras regras sobre um *mínimo existencial* são a passagem da Torá de Êxodo/*Shemot* 22, 25-27, onde se verifica tanto a proteção a um mínimo de recursos para a subsistência, com a condenação da cobrança de juros, como do vestuário necessário para abrigar-se das intempéries:

> Se emprestares dinheiro ao meu povo, ao pobre que está contigo, não te haverás com ele como um usurário; não lhe imporeis usura. Se tomares em penhor a roupa do teu próximo, lho restituirás antes do pôr do sol, porque aquela é a sua cobertura, e o vestido da sua pele.

Também se veem normas de impenhorabilidade de alguns bens necessários à subsistência do devedor:

> Não tomarás em penhor a roupa da viúva. (Deuteronômio/*Devarim* 24,17)
>
> Não se tomarão em penhor as duas pedras de moinho para moer grãos, nem apenas a de cima, pois se penhoraria, assim, a vida. (Deuteronômio/*Devarim* 24,6)

---

[26] "The right to assistance in situations where a person is unable to provide basic necessities for himself or herself is essentially a right that entails an individual duty. The basic commandment, 'You shall love your neighbor as yourself' (Leviticus 19:18), as we have already seen, is one whose subject, 'your self' (*kamokha*), is designated as singular. In fact, the most immediate form of such assistance, such as tending to the needs of the sick, is what the Rabbis call 'acts of personal kindness' (*gemilut hasadim*). These acts cannot be delegated to somebody else, but must be performed on a person-to-person basis. Thus at this most basic level, the assistance to a person in need cannot as yet be designated by what today is commonly called 'welfare.'" (NOVAK, David. *Covenantal Rights*: a study in Jewish political theory. Princeton: Princeton University Press, 2000. p. 192).

Existe também norma de respeito ao ser humano idoso: "Diante de sábios te levantarás e honrarás a face do idoso" (Levítico/*Vayikra* 19,32). Esta regra ressalta a honra devida ao idoso encontrada não apenas no judaísmo, mas em diversas culturas tradicionais, uma vez que são vistos como repositórios de sabedoria e da cultura de um povo por sua experiência de vida.[27]

No livro de Levítico/*Vayikra*, capítulo 19,18 está a famosa frase "amarás o teu próximo como a ti mesmo", depois retomada com força pelo cristianismo (Evangelho de Mateus 22,39). Como derivação dela, registra-se no Talmude babilônico (*Shabbat*, 31a) que o rabino Hilel, o Velho[28], desafiado por um não judeu a ensinar a Torá enquanto o desafiante ficava apoiado num pé só, teria respondido: "aquilo que não queres que te façam, não faças ao outro. Essa é a Torá inteira, e o resto é interpretação".

Essa máxima é até hoje conhecida como a "regra de ouro", sendo aplicada inclusive aos não judeus, como se vê em Levítico/*Vayikra*, 19, 33-34: "Se o estrangeiro peregrinar na vossa terra, não o oprimireis. Como o natural, será entre vós o estrangeiro que peregrina convosco; amá-lo-eis como a vós mesmos, pois estrangeiros fostes na terra do Egito."

---

[27] No comentário à Torá denominado *Tur HaAroch*, de autoria do rabino medieval Jacob ben Asher (1269-1343, também conhecido como Ba'al ha--Turim ou Rabi Yaakov ben Raash), faz-se a interpretação dessa passagem da seguinte forma: assim como D'us teria honrado os idosos com uma vida longa e sabedoria, deveríamos tratá-los com a mesma deferência e reconhecimento que o próprio D'us demonstrou para com eles permitindo que vivessem longamente (ASHER, Jacob ben. Commentary on Leviticus 19,32. In: *Tur on the Torah*: Vayikra-Bamidbar. v. 3. Brooklyn, NY; Jerusalem: Lamda, 2005. p. 925).

[28] Hilel, o Ancião (também chamado *Babilônico*), foi um líder e sábio religioso judeu do período proto-rabínico, nascido na Babilônia décadas antes do início da era cristã, e que teria falecido durante o reinado de Herodes, o Grande, rei judeu que governava a Judeia quando do nascimento de Jesus de Nazaré. É o fundador da "casa (ou academia) de Hilel", a principal escola de interpretação da Torá, a qual lançou as bases para que, mais de cem anos depois, fosse codificada a tradição oral da Torá na *Mishná*, por parte do Rabi Iehúda ha-Nasi, em 189 d.C.

Além disso, mesmo em relação aos animais (dignidade das criaturas – *kvod ha-beriyot* – em sentido mais amplo), reconhece-se na Torá que não se deve causar a eles sofrimentos desnecessários. No dia de descanso semanal (sétimo dia), os animais de tração e carga como bois e jumentos também deveriam descansar (Êxodo/*Shemot* 23,12). Se um israelita visse o jumento de seu inimigo caído debaixo de uma carga excessivamente pesada, deveria ajudá-lo a descarregar e levantar (Êxodo/*Shemot* 23,5).[29] Os animais de tração, caso estivessem cercados de alimento enquanto trabalhavam (por exemplo, grama ou capim), não deveriam ser impedidos de se alimentar (Deuteronômio/*Devarim* 25,4).

Ademais, o abate dos animais para servir de alimento deveria se dar por método que causasse menos sofrimento de acordo com as técnicas existentes à época, ou seja, com extração do sangue (Deuteronômio/*Devarim* 12, 23-24) por meio de um único corte certeiro que alcançasse imediatamente as veias jugulares e artérias carótidas.[30]

O animal não poderia servir de alimento enquanto ainda estivesse vivo[31] e o seu sangue, representativo na Torá da própria vida

---

[29] No Talmude (Tratado *Bava Metzia* 31a), existe a discussão se o jumento deveria ser levantado apenas se o dono estivesse presente, ou ainda que o animal estivesse sozinho. A resposta é de que a obrigação subsiste mesmo que o jumento esteja desacompanhado, pois o fato de não ajudar a descarregar o animal traz consigo um potencial sofrimento ao animal, o que deveria ser evitado.

[30] No *Guia dos Perplexos*, o Rabi Moisés Maimônides esclarece essa obrigação: "[...] como a necessidade de dispor de um excelente alimento requer que o animal seja morto, se quis que morra do modo mais simples, e se proibiu atormentar o animal, seja degolando-o de modo indevido, seja ferindo-o na parte inferior do pescoço, ou amputando algum membro, como já expusemos. Igualmente, é vedado degolar no mesmo dia a mãe e a sua cria, com o fim de evitar que a cria seja degolada na vista de sua mãe, pois o animal experimentaria, em tal caso, excessivo sofrimento." (tradução livre – MAIMÓNIDES. *Guía de perplejos*. Parte III, Capítulo 48. 3. ed. Madrid: Trotta, 2001. p. 518).

[31] Na aliança feita entre D'us e Noé logo após o dilúvio, uma das cláusulas deste pacto era a seguinte: "Tudo quanto se move, que é vivente, será para vosso mantimento; tudo vos tenho dado como a erva verde. A carne, porém, com sua vida, isto é, com seu sangue, não comereis" (Gênesis 9,3-4).

(*nefesh*, em hebraico), não poderia ser consumido, devendo ser derramado sobre o solo e coberto com terra (Levítico/ *Vayikra* 17, 13-14), representando um "pequeno" sepultamento, a indicar por meio de simbolismo um respeito pelo ser vivo que deu sua vida para servir de alimento e nutrição para o ser humano.[32]

O sentido de dignidade da pessoa humana na lei mosaica e suas aplicações práticas mencionadas anteriormente serão depois retomados pelo cristianismo e por alguns de seus principais pensadores, como veremos na seção seguinte.

3.3 A VISÃO CRISTÃ DA DIGNIDADE HUMANA COMO "IMAGEM DE D'US"

A difusão desta visão judaica do ser humano como imagem de D'us, com base na Torá, se deve, como visto, à expansão do cristianismo, o qual, embora componha uma religião autônoma, também aceita como divinamente inspirados os textos da Bíblia hebraica. A expressão é traduzida para as duas principais línguas usadas no ambiente cristão primitivo e medieval (o grego e o latim), passando a ser "*eikona tou Theou*" em grego ("*eikon*", ícone ou imagem; "*tou Theou*", de D'us) e "*imago Dei*" em latim ("*imago*", imagem; "Dei", de D'us).

Comentando esse trecho do livro de Gênesis que vê o ser humano como imagem e semelhança de D'us, nos primórdios da era cristã, Irineu de Lião (*circa* 130-202) realiza uma distinção entre a criação à imagem de D'us e a criação à semelhança de D'us. Para este autor cristão, a referência ao ser humano como *imagem de D'us* denota uma participação ontológica do ser que vem de D'us (pois é

---

[32] "More than once in this chapter, Leviticus states that the blood is the life force and that this is why Israelites and non-Israelites are forbidden to consume it (v. 12), why it can atone for Israel's sins when offered as a sacrifice (v. 11), and why it must be covered (vv. 13-14). Just as people are buried, blood is buried; leaving the blood out, exposed to the elements and to wild animals, shows disrespect". (FARBER, Rabbi Zev. The Mitzvah of Covering the Blood of Wild Animals. *The Torah*: a historical and contextual approach. Disponível em: <https://thetorah.com/covering-the-blood-of-wild-animals/>. Acesso em: 18 jun. 2019).

de D'us que o homem recebe o seu ser), mas nada predica acerca da *dignidade moral* de que uma pessoa humana concreta está imbuída.[33] A *semelhança com D'us*, por sua vez, residiria numa transformação moral que seria de responsabilidade da pessoa, isto é, aquilo que se obtém a partir da prática de atos morais devidos e de acordo com os mandamentos divinos.

No mesmo sentido é a doutrina de Tertuliano (*circa* 160-220), ao afirmar que a semelhança com D'us é perdida quando o homem se degrada por atos iníquos e pecaminosos.[34] Portanto, embora a *imagem de D'us* não pudesse ser perdida, a *semelhança* sim poderia sê-lo pela corrupção moral da pessoa humana.

Agostinho de Hipona (354-430), em sua obra *Sobre o Gênesis contra os maniqueus*, afirma que o ser humano é imagem e semelhança de D'us não por seu corpo (uma vez que D'us é imaterial), mas sim quanto ao homem interior, isto é, em virtude de sua razão e inteligência, pelas quais domina a todos os demais animais criados. É justamente por estar dotada de entendimento, do qual os animais carecem, que a pessoa humana se assemelha a seu Criador.[35]

---

[33] LIÃO, Irineu de. *Contra as heresias*: denúncia e refutação da falsa gnose. Livro V. n. 6,1; n. 8,1; n. 16, 2. São Paulo: Paulus, 1995. p. 530-531; 534-535; 561-562.

[34] TERTULLIEN. *Oeuvres de Tertullien*: traité du baptême. n. 5. Paris: M. Charpentier, 1844. p. 128.

[35] AGUSTÍN, San. *Obras de San Agustín*. Tomo XV: Del Génesis contra los maniqueos. Madrid: BAC, 1957. p. 397: " Mas sepan que en la Iglesia católica los fieles devotos no creen que Dios está definido por forma corporal. Lo que se dice que el hombre fue hecho a imagen de Dios se entiende del hombre interior donde reside la razón y la inteligencia, por las que domina a los peces del mar y a las aves del cielo, y a todos los animales y fieras, y a toda la tierra y a todos los reptiles que sobre la tierra se arrastran; porque cuando hubo dicho *hagamos al hombre a imagen y semejanza nuestra*, a continuación añadió: *y domine a los peces del mar y a las aves del cielo*, etc., para que entendiéramos no haber dicho que el hombre fue hecho a imagen de Dios por el cuerpo, sino por aquel poder por el cual somete a las bestias. Pues todos los demás animales están sujetos al hombre, no por causa del cuerpo, sino por el entendimiento que nosotros tenemos y del que carecen ellos;".

O filósofo neoplatônico cristão Boécio (480-525) formula uma noção que se tornou clássica de *pessoa* como "substância individual de natureza racional" (*naturæ rationalis individua substantia*)[36], em razão de sua capacidade intelectiva e volitiva únicas.[37] Perceba-se que a definição de Boécio alude à "natureza racional", ou seja, a uma propriedade de um tipo de natureza, a uma faculdade própria daquela natureza e que não lhe é adicionada posteriormente, nada predicando acerca do efetivo uso desta faculdade ou potência. Se o *entender em ato*, que é próprio da faculdade intelectiva em exercício (o intelecto agindo ao conhecer alguma coisa, *e.g.*, a compreensão *aqui e agora* de um teorema matemático), fosse necessário para a definição de uma pessoa, chegaríamos ao absurdo de que um humano que dorme teria deixado de ser pessoa por esta razão, bem como aqueles que se encontram em estados transitórios ou permanentes de inconsciência, como o estado de coma.

Assim, embora composto do barro ou pó da terra (elemento corpóreo ou material que indica a semelhança com o restante do mundo visível), o ser humano estaria dotado de uma nota distintiva e imaterial (o espírito, com faculdade intelectiva e volitiva) que o aproximaria de D'us (embora sem se confundir com o ente divino).

Descrito o modo como o pensamento cristão via a questão da "imagem de D'us", podemos passar a um tema espinhoso tanto para judeus como para cristãos: se os seres humanos estão dotados de tal dignidade, de que forma a escravidão podia ser tolerada? Uma tentativa de resposta a tal pergunta será dada na próxima seção.

---

[36] BOÉCIO. op. cit. p. 87.
[37] É preferível evitar o vocábulo *indivíduo* como sinônimo de *pessoa*, embora esse uso tenha se popularizado, sobretudo na seara jurídica e política. Todavia, em sentido técnico filosófico, *indivíduo* é meramente um ser ou ente dotado de uma existência própria e incomunicável ou, ainda, qualquer coisa singular, nada predicando essa nomenclatura acerca da nota constitutiva de racionalidade típica das pessoas. Nesse sentido, uma cadeira, uma mesa, um homem, todos são indivíduos, pois todos estes entes estão dotados de existência própria e incomunicável que os diferencia de todo e qualquer outro indivíduo. A utilização da palavra *pessoa* é mais consentânea com a especificidade e dignidade de que está revestido o indivíduo de natureza pessoal.

3.4 O PROBLEMA DA ESCRAVIDÃO NO MUNDO ANTIGO E A DIGNIDADE HUMANA

Apesar das visões judaica e cristã universalizantes na consideração dos seres humanos como imagem de D'us, no Mundo Antigo, uma grande pedra de tropeço se colocava: a realidade da aceitação da escravidão, em que seres humanos não eram tratados como seres iguais, tal como um conceito basilar de dignidade humana nos exige atualmente.

Entre os gregos e romanos, há uma percepção forte da ideia de dignidade como mera qualidade e excelência em ser cidadão, ou seja, um integrante de uma *polis* ou *civitas*, mas a mesma consideração não era estendida aos não cidadãos.

Etimologicamente, *cidadania* origina-se do vocábulo latino *civitas*, que tem o mesmo significado de *polis* em grego: designa o conjunto de pessoas com direitos e deveres peculiares decorrentes da pertença, na qualidade de cidadãos (*civis*, em latim; *polites*, em grego), à República Romana ou à Cidade-Estado grega (*polis*), como o direito de votar, o de ocupar cargos públicos e o dever de contribuir com gastos de guerras.

Para Paul Magnette, no coração do *status* de cidadão em Atenas e Roma estava a possibilidade de *participação na prática do poder público*. Mesmo quando alguns direitos típicos da cidadania eram estendidos a estrangeiros, não era comum que se lhes fossem conferidos poderes para votar.[38] Todavia, fora do conjunto de cidadãos da *polis*, nada impedia o tratamento absolutamente desigual entre dois seres humanos absolutamente iguais em sua constituição humana, sendo um livre e de grande autonomia, enquanto que o outro lhe era escravo e tinha, por isso, a sua autonomia bastante limitada.

Nesse panorama, a cidadania era entendida como o direito de apenas alguns indivíduos (os que preenchessem determinados requisitos) em participar das decisões de interesse da cidade por meio da *ekklesia* e das *comitia*, respectivamente principais assembleias popu-

---

[38] MAGNETTE, Paul. *Citizenship*: the history of an idea. Colchester: ECPR, 2005. p. 7-8.

lares de Atenas e Roma, cujas reuniões ocorriam na *ágora* (Atenas) ou no *forum* (Roma), praças públicas em que se reuniam para esse fim. Na Antiga Atenas, por exemplo, cidadãos, os quais possuíam o direito de votar, eram apenas os homens adultos que já houvessem completado seu treinamento militar. Mulheres, crianças, escravos, escravos libertos e os estrangeiros (*xenos*, em grego) estavam excluídos da cidadania.

Na Antiguidade pagã, serão os estoicos que começarão a transcender esse ponto de vista de desigualdade, sobretudo nos autores mais próximos ao início da era cristã. Colocarão o acento sobre o aspecto racional partilhado por todos os homens e sobre a busca da excelência na vida moral (a dimensão ética) como o modo digno de se conduzir uma vida humana, como se vê na obra de Cícero (106-43 a.C.) *Dos deveres*:

> Se queremos considerar a excelência e a dignidade da natureza humana, veremos a torpeza e a vergonha que é entregar-se à luxúria e viver voluptuosa e regaladamente; e, ao revés, que honesto é levar uma vida módica, temperante, austera e sóbria. Devemos pensar também que a natureza nos dotou de uma dupla característica. Uma é comum a todos os homens, como resultado de que todos somos partícipes da razão e da excelência que nos situa acima dos animais. A outra, por sua vez, é atribuída como parte característica de cada um. Pois, como nos corpos há grandes dessemelhanças (uns têm disposição para correr por sua ligeireza; outros, para lutar por sua força, e o mesmo na conformação da pessoa, em que uns apresentam majestade e outros beleza), ainda maior é a variedade no espírito. (tradução livre)[39]

---

[39] CICERÓN. *Sobre los deberes*. Libro III, XXX. Trad. José Guillén. Madrid: Alianza, 2001. p. 100: "Si queremos considerar la excelencia y la dignidad de la naturaleza humana, veremos la torpeza y la vergüenza que es desbordarse en la lujuria y vivir voluptuosa y muellemente; y, por el contrario, qué honesto es llevar una vida módica, temperante, austera y sobria. Hemos de pensar también que la naturaleza nos ha dotado, por así decirlo, de una doble persona. Una es común a todos los hombres, como resultado de que todos somos partícipes de la razón y de la excelencia que nos sitúa por encima de los animales y de donde procede toda especie de honestidad y de decoro, y se deduce el método que lleva a la investigación y al hallazgo del deber.

Também Sêneca (4 a.C. – 65 d.C.), em sua *Epístola Moral a Lucílio n. 47*, afirma: "Anima-te a pensar que este a quem chamas tu escravo nasceu da mesma semente que tu, goza do mesmo céu, respira da mesma forma, vive e morre como tu."[40] E, assim como Cícero, assevera que o valor das pessoas, inclusive dos escravos, estava mais na prática dos bons costumes que na posição social detida, e que mesmos aqueles que hoje são senhores poderiam, por algum infortúnio da vida (como uma guerra), tornarem-se escravos, sem que com isso deixassem de ser humanos. Convida inclusive seu interlocutor a admitir que seus escravos comam consigo na mesma mesa.[41]

Porém, como adverte Eleuterio Elorduy, tal postura de Sêneca de benignidade em favor dos escravos é bastante incomum na Antiguidade, não devendo ser generalizada como retrato de uma época. A via média é aquela que encarava a escravidão como uma ordenação natural por corresponder ao superior mandar e ao inferior obedecer, formulação da qual não escaparam sequer Platão e Aristóteles[42].

Por amor à verdade dos fatos, tem-se de admitir que nem mesmo o judaísmo e cristianismo na Antiguidade repudiaram a realidade da escravidão. Veja-se, por exemplo, em Êxodo 20,17, dentro dos próprios Dez Mandamentos, a proibição de que se cobice o escravo ou a escrava do próximo, a indicar que era possível ter escravos, a ponto de serem cobiçados (portanto, o próprio coração ético da Torá não via como algo reprovável a instituição da escravidão). No capítulo 21 do mesmo livro bíblico, existem, nos versículos de 2 até 11, algumas regras sobre escravos e seus modos de se tornarem livres.[43]

La otra, en cambio, se atribuye como parte característica a cada uno. Pues, como en los cuerpos hay grandes desemejanzas (unos tienen disposición para correr por su ligereza; otros, para luchar por su fuerza, y lo mismo en la conformación de la persona, en la que unos presentan dignidad y otros belleza), mayor es todavía la variedad en el espíritu."

[40] SÉNECA. *Epístolas morales a Lucilio*. Libro V. Epístola 47. Madrid: Gredos, 1986. p. 278.
[41] Ibidem. p. 278-279.
[42] ELORDUY, Eleuterio. *El estoicismo*. Tomo II. Madrid: Gredos, 1972. p. 272-273.
[43] Êxodo 21, 2-11: "Se comprares um escravo hebreu, seis anos servirá; mas ao sétimo sairá livre, de graça. Se entrou só com o seu corpo, só com o seu corpo

Contudo, nos versículos 26 e 27 do capítulo 21 estão previstas regras de libertação imediata dos escravos em virtude de agressões graves e tratamento cruel contra eles: "E quando alguém ferir o olho do seu escravo, ou o olho da sua escrava, e o danificar, o deixará ir livre pelo seu olho. E se tirar o dente do seu escravo, ou o dente da sua escrava, o deixará ir livre pelo seu dente."

Maimônides, por sua vez, principal rabino medieval, traz uma visão sobre a dignidade do escravo no judaísmo que merece ser registrada:

> [...] a benevolência e os caminhos da sabedoria exigem que o ser humano seja misericordioso e se esforce por buscar a justiça. Não se deve lançar pesado jugo sobre seu escravo e atormentá-lo, mas a ele deve ser dado de tudo para comer e beber. Os antigos sábios tinham o hábito de compartilhar com o escravo todos os pratos que comiam, e alimentavam tanto o gado quanto os escravos antes que eles mesmos se sentassem para comer. Um senhor não deve desgraçar seu escravo por atos ou por palavras; a lei bíblica rendeu-os à servidão, mas não à desgraça (*Nidda* 47a). O senhor não deve tresloucadamente gritar com seu escravo, mas falar gentilmente e ouvir suas queixas. A crueldade é frequentemente encontrada apenas entre pagãos que adoram ídolos. A progênie de nosso pai Abraão, no entanto, o povo de Israel, a quem D'us outorgou a bondade da Torá, ordenando-lhe que guardasse as leis da bondade, é misericordiosa para com todas as criaturas.[44] (tradução livre)

---

sairá; se ele era homem casado, sua mulher sairá com ele. Se seu senhor lhe houver dado uma mulher e ela lhe houver dado filhos ou filhas, a mulher e seus filhos serão de seu senhor, e ele sairá sozinho. Mas se aquele escravo expressamente disser: 'Eu amo a meu senhor, e a minha mulher, e a meus filhos; não quero sair livre', Então seu senhor o levará aos juízes, e o fará chegar à porta, ou ao umbral da porta, e seu senhor lhe furará a orelha com uma sovela; e ele o servirá para sempre. E se um homem vender sua filha para ser escrava, ela não sairá como saem os escravos. Se ela não agradar ao seu senhor, e ele não se desposar com ela, fará que se resgate; não poderá vendê-la a um povo estranho, agindo deslealmente com ela. Mas se a desposar com seu filho, fará com ela conforme ao direito das filhas. Se lhe tomar outra, não diminuirá o mantimento desta, nem o seu vestido, nem a sua obrigação marital. E se lhe não fizer estas três coisas, sairá de graça, sem dar dinheiro."

[44] MAIMÔNIDES. *Mishná Torah*, Tratado *Escravos*, Capítulo 9, 8. Disponível em hebraico e inglês em: <https://www.sefaria.org/Mishneh_Torah%2C_Slaves.9?lang=bi>. Acesso em: 18 jun. 2019.

O cristianismo também se inseria no contexto do Mundo Antigo de que os escravos eram parte do cotidiano, inclusive sendo membros da Igreja cristã nascente. Não se vê, neste momento inicial, um chamado à libertação dos escravos em nome da fé cristã. Peter Kirchschlaeger[45] aponta algumas possíveis razões para esta postura do cristianismo primitivo.

A primeira seria a de que os autores cristãos primitivos estariam mais preocupados com temas teológicos, de salvação e ligados ao final do mundo (segunda vinda de Jesus) que com questões sociais concretas do mundo ao seu redor. Outra razão seria a de que haveria um grave perigo político para uma religião ainda em estágio embrionário de chocar-se com o sistema da escravidão, que dava base a toda economia do Mundo Antigo.[46]

Outro motivo seria o de que o ser humano já estaria inserido numa ordem hierárquica natural mínima que implica certa desigualdade, de que seria exemplo a hierarquia entre pais e filhos. Assim, a escravidão também seria aceita como parte dessa hierarquia existente entre os seres humanos, bem como decorrência da própria iniquidade e adversidades da vida sobre a terra.[47]

---

[45] KIRCHSCHLAEGER, Peter G. Slavery and early Christianity: a reflection from a human rights perspective. *Acta Theologica*, Suppl. 23, 2016. p. 78-79; 87.

[46] "With this wide-spread institution [of slavery] Christianity found itself in conflict. How was the evil to be met? Slavery was inwoven into the texture of society ; and to prohibit slavery was to tear society into shreds. Nothing less than a servile war with its certain horrors and its doubtful issues must have been the consequence. Such a mode of operation was altogether alien to the spirit of the Gospel. 'The New Testament', it has been truly said, 'is not concerned with any political or social institutions; for political and social institutions belong to particular nations and particular phases of society.' 'Nothing marks the divine character of the Gospel more than its perfect freedom from any appeal to the spirit of political revolution'. It belongs to all time: and therefore, instead of attacking special abuses, it lays down universal principles which shall undermine the evil. Hence the Gospel never directly attacks slavery as an institution: the Apostles never command the liberation of slaves of the as an absolute duty." (LIGHTFOOT, J. B. *Saint Paul's Epistles to the Colossians and to Philemon*. London: MacMillan, 1879. p. 323).

[47] Veja-se o seguinte trecho de Agostinho de Hipona: "Efectivamente, en la creación del hombre, la Escritura dice así: *Hagamos al hombre a imagen y*

Paulo de Tarso, judeu convertido ao cristianismo, em suas epístolas – que são parte integrante da Bíblia cristã – fala da realidade da escravidão em vários momentos. Na 1ª Epístola aos Coríntios, 7,21, Paulo faz uma afirmação que aparenta ser libertária: "Foste chamado sendo escravo? Não te incomodes com isso; e, se ainda podes ser livre, aproveita a ocasião." Porém, logo adiante, parece contradizer essa convocação a se tornar livre: "Irmãos, cada um fique diante de D'us no estado em que foi chamado (v. 24)". E a razão para isto estaria em que, na verdade, a liberdade proclamada pelo cristianismo não era primariamente das funções sociais de cada um, mas sim de natureza espiritual, de modo que os papéis sociais cobravam pouca relevância na dimensão espiritual do Reino de D'us: "Porque o que é chamado pelo Senhor, sendo escravo, é liberto do Senhor; e da mesma maneira também o que é chamado sendo livre, escravo é de Cristo (v. 23)".

Já na Epístola aos Gálatas 3, 26-28, Paulo assevera que todos aqueles que receberam o batismo cristão são filhos de D'us pela fé em Jesus, não havendo mais a distinção entre judeu nem grego; nem escravo, nem livre; nem homem nem mulher, porque todos eram um só em Jesus. Esse texto também poderia ser interpretado como uma abolição das distinções sociais entre essas categorias, mas seu

---

semejanza nuestra, y tenga poder sobre los peces del mar y sobre las aves del cielo y sobre todos los ganados que hay sobre la tierra. Aquí se insinúa que la razón debe dominar sobre la vida irracional. Y la iniquidad o la adversidade hizo que el hombre fuera siervo del hombre. La iniquidad, sin duda alguna, según las palabras de la Escritura: *Maldito sea Canaán; será siervo de sus hermanos.* La adversidad también, como le sucedió a José, vendido por sus hermanos como siervo a un extranjero. Las guerras dieron origen a los primeros a quienes se dio este nombre de siervos en la lengua latina. Pues el hombre vencido por otro hombre, que por derecho de guerra podría haber sido matado, al perdonarle la vida, se convirtió en siervo. También se les llama «mancipia» (esclavo), porque han sido capturados con la mano (*manu capta*). Hay también un orden natural en los hombres, de modo que las mujeres sirvan a sus maridos y los hijos a sus padres. Porque también en esto hay una justificación, que consiste en que la razón más débil sirva a la más fuerte. Hay, pues, una clara justificación en las dominaciones y en las servidumbres, de modo que quienes sobresalen en la razón, sobresalgan también en el dominio." (AGUSTÍN, San. *Escritos bíblicos*. Cuestiones sobre el Heptateuco. Lib. I, 153. Madrid: BAC, 1989. p. 146-147).

significado, em verdade, era espiritual: ainda que subsistissem as diferenças sociais entre escravos e livres, homens e mulheres – Paulo não o contesta –, a irmandade espiritual os nivelava na relação vertical para com D'us (embora estivessem colocados em níveis diferentes nas relações sociais).

A prova cabal de que os textos de Paulo não podem ser interpretados como um chamado direto a que os escravos se rebelassem contra sua própria escravidão[48] se encontra em outros diversos escritos seus em que lhes exorta a serem obedientes e submissos a seus senhores:

> Vós, escravos, obedecei em tudo a vossos senhores segundo a carne, não servindo só na aparência, como para agradar aos homens, mas em simplicidade de coração, temendo a D'us. (Epístola aos Colossenses 3, 22)
>
> Vós, escravos, obedecei a vossos senhores segundo a carne, com temor e tremor, na sinceridade de vosso coração, como a Cristo (Epístola aos Efésios 6, 5)
>
> Todos os escravos que estão debaixo do jugo estimem a seus senhores por dignos de toda a honra, para que o nome de D'us e a doutrina não sejam blasfemados. E os que têm senhores crentes não os desprezem, por serem irmãos; antes os sirvam melhor, porque eles, que participam do benefício, são crentes e amados. Isto ensina e exorta. (1ª Epístola a Timóteo 6, 1-2)
>
> Exorta os escravos a que se sujeitem a seus senhores, e em tudo agradem, não contradizendo, não defraudando, antes mostrando toda a boa lealdade, para que em tudo sejam ornamento da doutrina de D'us, nosso Salvador. (Epístola a Tito 2, 9-10).

---

[48] "Concerning Paul himself, it is clear that he neither attacked slavery nor explicitly defended it. The most that can be said [...] is that he struggled with it, recognising more or less consciously the tension between the realities of slavery and the demands of brotherhood. That struggle is, in historical terms, both explicable and understandable. But we must be grateful for those who, in very different circumstances where social change could be both imagined and effected, dared to draw theological and practical conclusions quite beyond the reach of Paul." (BARCLAY, John M. G. Paul, Philemon and the Dilemma of Christian Slave-Ownership. *New Testament Studies*, Vol. 37, Issue 02, April 1991. p. 186).

Por outro lado, é inegável que o cristianismo, pela pena de Paulo, exige um tratamento não cruel dos senhores para com os escravos:

> Vós, senhores, fazei o que for de justiça e equidade a vossos escravos, sabendo que também tendes um Senhor nos céus. (Epístola aos Colossenses 4, 1)
>
> E vós, senhores, fazei o mesmo para com eles, deixando as ameaças, sabendo também que o Senhor deles e vosso está no céu, e que para com ele não há acepção de pessoas (Epístola aos Efésios 6, 9).

Assim, a espiritualização do conceito de igualdade decorrente da dignidade de filhos de D'us não proporcionou, ao menos nesse momento inicial, que houvesse uma crítica mais contundente à instituição da escravidão, embora já se vislumbrassem avanços éticos acerca do tratamento dos escravos que vão além da visão grega e romana da época. Esta tensão entre a aceitação da escravidão e a dignidade da filiação divina comum somente será resolvida por gerações posteriores de cristãos[49]

---

[49] Um exemplo desse desenvolvimento posterior está nos escritos de Gregório de Nissa (*circa* 335-394), um dos principais Padres da Igreja cristã no Oriente, o qual se coloca frontalmente contra a escravidão, entendendo-a contrária à imagem de D'us presente em cada ser humano: "For what is such a gross example of arrogance in the matters enumerated above [...] as for a human being to think himself the master of his own kind? 'I got me slaves and slave-girls' he says, 'and homebred slaves were born for me'. Do you notice the enormity of the boast? This kind of language is raised up as a challenge to God. For we hear from prophecy that all things are the slaves of the power that transcends all (Ps 119/118,91). So, when someone turns the property of God into his own property and arrogates dominion to his own kind, so as to think himself the owner of men and women, what is he doing but overstepping his own nature through pride, regarding himself as something different from his subordinates? 'I got me slaves and slave-girls.' What do you mean? You condemn man to slavery, when his nature is free and possesses free will, and you legislate in competition with God, overturning his law for the human species. The one made on the specific terms that he should be the owner of the earth, and appointed to government by the Creator – him you bring under the yoke of slavery, as though defying and fighting against the divine decree. [...] 'I got me slaves and slave-girls'. For what price, tell me? What did you find in existence worth as much as this human nature? What price did

que, usando das mesmas fontes, delas derivarão aprofundamentos éticos que desembocarão na abolição da escravatura.[50]

Ao formular essa crítica acerca de certa passividade do cristianismo primitivo quanto ao tema da escravidão, deve-se ter em consideração aquilo que foi dito no capítulo anterior: o modo de realização concreta de um valor varia de acordo com o momento histórico, o que não significa dizer que ele não possa estar presente (ainda que em nível de realização menos profundo). Portanto, não se pode simplesmente fazer uma aproximação do tema da escravidão no Mundo Antigo com a mesma mentalidade atual, fruto de séculos de decantação e progresso ético nesse particular, nem fazer uma interpretação bíblica anacrônica de que a visão de dignidade humana atual e seus efeitos seja rigorosamente a mesma daquela época.[51]

---

you put on rationality? How many obols did you reckon the equivalent of the likeness of God? How many staters did you get for selling the being shaped by God? God said, let us make man in our own image and likeness (Gen 1,26). If he is in the likeness of God, and rules the whole earth, and has been granted authority over everything on earth from God, who is his buyer, tell me? who is his seller?" (GREGORY OF NYSSA. *Homilies on Ecclesiastes*. Homily IV on Ecclesiastes 2, 7-11. New York: Walter de Gruyter, 1993. p. 73-74).

[50] "But meanwhile a principle is boldly enunciated, which must in the end prove fatal to slavery. When the Gospel taught that God had made all men and women upon earth of one family; that all alike were His sons and His daughters; that, whatever conventional distinctions human society might set up, the supreme King of Heaven refused to acknowledge any; that the slave notwithstanding his slavery was Christ's freedman, and the free notwithstanding his liberty was Christ's slave; when the Church carried out this principle by admitting the slave to her highest privileges, inviting him to kneel side by side with his master at the same holy table; when in short the Apostolic precept that 'in Christ Jesus is neither bond nor free' was not only recognised but acted upon, then slavery was doomed. Henceforward it was only a question of time." (LIGHTFOOT, J. B. op. cit. p. 325).

[51] Michel Barilan informa que, também no judaísmo, foi somente no início da Idade Média que, na prática, por novas interpretações rabínicas, a escravidão foi banida, tornando-se uma mera possibilidade teórica da lei mosaica (pois constante da Torá escrita), mas sem aplicação prática, cf. BARILAN, Y. Michel. op. cit. p. 241.

Assim, parece-nos que a não objeção da práxis grega e romana ao tratamento desigual entre seres humanos por meio da escravidão (em que pesem as reflexões estoicas de Sêneca) é mais severa que na tradição judaico-cristã.[52] O próprio Friedrich Nietzsche o admite – ainda que a contragosto – ao considerar a fé judaica e sua derivativa cristã como sendo uma fé e moral de fracos e de escravos, a não aceitar as diferenças entre senhores e assenhoreados como essencial ou natural (e vista até como inata) no Mundo Antigo, como uma tentativa exitosa da união entre fracos para derrotar a força imanente dos fortes.[53] Aqueles que Nietzsche vê como uma "raça de heróis", a saber, os bárbaros germânicos com seu modo de ser e viver, acabarão por curvar sua soberania pelo privilégio da força às concepções morais daqueles que Nietzsche alcunha os "fracos" judeus e cristãos.

De fato, toda a influência judaico-cristã não transmuda somente o discurso, mas também a prática dos dominadores perante os dominados, a ponto de desnaturalizar o domínio e, com isso, provocando o triunfo "subversivo" da dignidade humana a partir de concepção religiosa e que terá, naquele período histórico que é chamado de Idade Média, o seu desenvolvimento teológico-filosófico em bases metafísicas. É esse o florescimento que ocorrerá na Patrística cristã[54] do primeiro milênio (neoplatonismo cristão) e, posteriormente, na

---

[52] Por exemplo, o historiador romano Cornélio Tácito narra em seus *Anais* que o prefeito de Roma Pedânio Secundo foi assassinado por um de seus escravos. Estava em vigor uma lei que, para evitar esse tipo de insurreição, condenava à morte todos os escravos de um senhor, mesmo que apenas um deles fosse o culpado. Pedânio possuía 400 escravos. A injustiça flagrante de condenar todos à morte, embora tenha sido objeto de debates no Senado, acabou sendo confirmada com a execução dos 400 escravos. (TÁCITO, Cornélio. *Os Annaes*. Livro Décimo Quarto, XLII-XLV. Trad. José Liberato Freire de Carvalho. Rio de Janeiro: Souza e Laemmert, 1830. Tomo II. p. 305-309).

[53] NIETZSCHE, Friedrich. *Genealogia da moral*: uma polêmica. Trad. Paulo César de Souza. 10. reimp. São Paulo: Companhia das Letras, 1998. p. 26.

[54] Chama-se *Patrística* o período que vai do final do século I da era cristã até o século VIII, marcado pelos escritos dos chamados *Padres da Igreja cristã* (*padres* no sentido de *pais da fé cristã*), teólogos cristãos que, tal como os rabinos do período clássico do judaísmo, forjaram com seu pensamento e obras a compreensão de fé do cristianismo. Dentre eles se

Escolástica (sobretudo a partir do renascimento do aristotelismo, que teve em Tomás de Aquino seu principal representante), como será visto na próxima seção.

3.5 A DIGNIDADE HUMANA NA IDADE MÉDIA E INÍCIO DA MODERNIDADE

Na Idade Média, Moisés Maimônides (1135-1204)[55], principal pensador judeu medieval, assim como Agostinho, frisa a característica de que D'us é um ente não corpóreo e que, portanto, a expressão "ser feito à imagem e semelhança de D'us" não poderia ser tomada em sentido literal, mas sim figurado. Desse modo, o homem é comparado a D'us não pelo corpo, mas por sua capacidade intelectual, a qual não necessita de nenhuma parte corporal, assim como o entendimento divino se dá sem que haja em D'us qualquer corpo.[56]

Em sua *Mishná Torá*, Maimônides, ressaltando o aspecto da igual dignidade dos homens, em um trecho que vale a pena ser transcrito, afirma:

> Não apenas a tribo de Levi [sacerdotal], mas qualquer habitante do mundo cujo espírito generosamente é motivado e com sua sabedoria compreende a colocar-se a parte e estar diante de D'us para servi-lo e ministrar a Ele, bem como para conhecê-Lo, procedendo justamente como D'us o fez, removendo de suas costas o jugo de tantos cálculos que as pessoas buscam, este se santi-

---

destaca, como principal Padre da Igreja cristã do Ocidente, Agostinho de Hipona (354-430).

[55] "Depois de sua morte, em 20 de *tevêt* 4965 (13 de dezembro de 1204), aquele que os latinos conheceram alternativamente pelo nome de 'Rabbi Moisés' e de 'Moisés do Egito' veio a ser uma fonte importante da filosofia cristã latinófona: Tomás de Aquino emprestou dela sua terceira prova (*tertia via*) da existência de Deus, Alberto Magno tomou parte da sua crítica dos filósofos árabes, Mestre Eckhart sua concepção da exegese 'pelas razões naturais dos filósofos'". DE LIBERA, Alain. *A filosofia medieval*. Trad. Nicolás Campanário e Yvone Teixeira da Silva. 2. ed. São Paulo: Loyola, 2004. p. 217.

[56] MAIMÓNIDES, Moisés. *Guía de perplejos*. Cap. I. 3. ed. Madrid: Trotta, 2001. p. 68.

fica como o Santo dos Santos [lugar mais sagrado no judaísmo antigo].[57] (tradução livre)

Maimônides, ao comentar a obrigação judaica de *tzedacá* (do hebraico *tzedek*, "justiça"), isto é, a obrigação de doar parte dos ganhos ou de suas capacidades aos necessitados como algo moralmente justo e correto, elenca como uma das razões para tal ato a dignidade de cada ser humano recipiente dos atos caritativos. Por esse motivo, todo cuidado deve ser tomado para não expor o necessitado (devendo este receber a doação de modo a não ser embaraçado, pela vergonha que viver da caridade alheia pode suscitar) e, sempre que possível, é preferível oferecer meios de auto-sustento que simplesmente doar um lenitivo momentâneo.[58]

Tomás de Aquino (1225-1274), por sua vez, também reforça o aspecto de que o homem é dito imagem de D'us por sua natureza intelectual, mas admite três graus de participação nessa imagem. O primeiro e mais básico consiste em que o homem possua uma aptidão natural para conhecer e amar a D'us, inscrita na natureza da mente humana e presente em todas as pessoas humanas. O segundo, cha-

---

[57] "Not only the tribe of Levi, but any one of the inhabitants of the world whose spirit generously motivates him and he understands with his wisdom to set himself aside and stand before God to serve Him and minister to Him and to know God, proceeding justly as God made him, removing from his neck the yoke of the many reckonings which people seek, he is sanctified as holy of holies." (Mishneh Torah, Sefer Zeraim, Shemitah 13:13. Disponível em: <http://www.chabad.org/library/article_cdo/aid/1007178/jewish/Shemita-Chapter-13.htm>. Acesso em: 28 out. 2016.

[58] "Anyone who gives *tzedakah* to a poor person with a scowl and causes him to be embarrassed, even if he gave him a thousand *zuz*, has destroyed and lost any merit thereby. Rather, one should give cheerfully, with happiness [to do so] and empathy for his plight [...] There are eight levels of *tzedakah*, each one greater than the other. The greatest level, higher than all the rest, is to fortify a fellow Jew and give him a gift, a loan, form with him a partnership, or find work for him, until he is strong enough so that he does not need to ask others [for sustenance]." MAIMONIDES, Moses. *Gifts for the Poor*: Moses Maimonides' Treatise on *Tzedakah*. Chapter 10, n. 4, n. 7. Disponível em: <https://www.sefaria.org/sheets/90233?lang=en>. Acesso em: 31 maio 2019.

mado de *conformidade pela graça*, enquanto o homem conhece e ama a D'us efetivamente, ainda que de um modo imperfeito, e que se dá nos seres humanos justos (já aqui se retoma a apreciação de dimensão moral). O terceiro e mais elevado, denominado de *semelhança da glória*, é atribuível ao ser humano que conhece e ama a D'us de um modo perfeito, o que somente ocorreria com os bem aventurados já falecidos que contemplam a D'us na eternidade.[59] Aqui novamente se retoma o tema já inserido por Tertuliano de que o homem tanto mais se assemelha a D'us quanto mais for virtuoso.

No final da Idade Média e início do Renascimento, Giovanni Pico della Mirandola (1463-1494) escreveu um ensaio que, após sua morte, foi intitulado *Discurso sobre a dignidade humana* (*Oratio de Hominis Dignitate*), em que já se indica o início da transição ou passagem para a concepção moderna da dignidade humana como essencialmente calcada na liberdade. O acento constitutivo do homem é posto na sua liberdade espiritual, embora ainda não com abstração da divindade. No texto desse autor, o próprio D'us teria dotado o homem de uma liberdade que o separa radicalmente de todos os demais seres visíveis criados, presos que estariam dentro dos limites das leis naturais.[60] Aqui, o ser feito *para a liberdade* assume a primazia.

Já Francisco de Vitória (1483-1546), frade dominicano, enfrenta a questão da dignidade no bojo de uma questão prática que se coloca de modo candente em sua época: a discussão se os indígenas das Américas possuíam a mesma dignidade humana dos europeus. Em seu livro *Relecciones de Indios y del Derecho de la Guerra*, coloca-se

---

[59] AQUINO, Tomás de. *Suma de Teología*. Prima Pars, q. 93, a. 4. 4. ed. Madrid: BAC, 2001. p. 831.

[60] "Así pues, hizo del hombre la hechura de una forma indefinida, y, colocado en el centro del mundo, le habló de esta manera: 'No te dimos ningún puesto fijo, ni una faz propia, ni un oficio peculiar, ioh Adán!, para que el puesto, la imagen y los empleos que desees para ti, esos los tengas y poseas por tu propia decisión y elección. Para los demás, una naturaleza contraída dentro de ciertas leyes que les hemos prescrito. Tú, no sometido a cauces algunos angostos, te la definirás según tu arbitrio al que te entregué." MIRANDOLA, Pico della. *De la dignidad del hombre*. Madrid: Editora Nacional, 1984. p. 105.

o tema se os índios poderiam ter o domínio de coisas ou não, por serem tidos como inferiores. Vitória responde que sim, pois, como sintetiza Carlos Bretón Mora Hernández, o ser humano em Vitória (aí incluídos os indígenas) é visto, nas pegadas de Tomás de Aquino, como um ser com "suas dimensões de racionalidade e de liberdade. Dono de seus atos, cada homem tem um fim transcendente que há de alcançar pelo caminho da liberdade. Por sua condição de ser racional e livre, não é um simples vestígio de seu Criador, mas sua imagem."[61] Destarte, afirma a igualdade essencial entre os homens, ainda que oriundos de civilizações, religiões ou culturas diferentes.

Entre os cristãos protestantes, um dos próceres do jusnaturalismo racionalista inicial é o jurista alemão Samuel Pufendorf (1632-1694), que já marca um pensamento de transição: não nega a realidade da existência de D'us, mas já admite uma visão da dignidade da pessoa humana e dos princípios naturais da convivência entre as pessoas (direito natural) que se sustentasse por si mesma, a partir de uma análise meramente racional, ainda que abstraíssemos dos fatos e leis revelados na Bíblia. Veja-se o seguinte trecho de sua obra "*Dos deveres do homem e do cidadão de acordo com a lei natural*":

> [...] as posições que o direito natural adota como resultado de uma investigação baseada na razão não são, por isso, opostas de nenhum modo aos ensinamentos explícitos da Sagrada Escritura sobre o mesmo assunto; dá-se apenas que elas são formuladas por um processo de abstração. Por exemplo, no direito natural fazemos abstração do conhecimento tirado da Sagrada Escritura e formamos uma ideia da condição do primeiro homem na medida em que a razão sozinha pode alcançá-la, seja lá de que modo for que ele tenha sido colocado no mundo. [...]
>
> Segue-se daí que se há algo que somos obrigados a fazer ou não fazer pela Sagrada Escritura, cuja necessidade a razão por si mesma não pode ver, está além dos propósitos do direito natural e pertence propriamente à teologia moral.

---

[61] HERNÁNDEZ, Carlos Bretón Mora. Los derechos humanos en Francisco de Vitoria. *EN-CLAVES del pensamiento*, año VII, núm. 14, jul./dic. 2014. p. 37.

> Além disso, na teologia percebe-se a lei como uma promessa divina anexa, numa espécie de pacto entre Deus e o homens. O direito natural faz abstração dessa concepção, já que ela deriva de uma revelação particular de Deus que a razão por si não pode descobrir.
>
> A maior diferença, porém, é que o propósito da disciplina do direito natural limita-se à órbita desta vida, e por isso forma o homem sob o pressuposto de que deve viver sua vida em sociedade com outros. A teologia moral, porém, forma um cristão que, além do dever de viver sua vida na bondade, espera uma recompensa por sua piedade na vida futura, e que, portanto, tem sua cidadania nos céus enquanto vive aqui apenas como peregrino ou estrangeiro. [...]
>
> É com tais fundamentos que a distinção entre o direito natural, tal como o ensinamos, e a teologia moral torna-se, segundo minha opinião, perfeitamente clara. Fica claro também que o direito natural não conflita absolutamente com os dogmas da verdadeira teologia; ele simplesmente abstrai de certos dogmas teológicos que não podem ser investigados pela razão apenas.[62]

Como se pode ver do anteriormente citado, a discussão que leva em consideração o dado da revelação religiosa perpassa o fim da Antiguidade e a Idade Média, adentrando pela Idade Moderna, com pensadores que sempre conectam a excelência do homem com a excelência de D'us, pois a percepção do filósofo destes períodos pré-modernos (ou proto-modernos, para os que estão situados no início da Modernidade) não é puramente filosófica, mas também teológica. A *ratio* de sucessivas levas e escolas de pensamento e doutrina no período sempre faz calcar a dignidade humana na dignidade divina.

Contudo, como também vimos claramente ao citar Pufendorf, no início da Modernidade, já se percebe a tentativa de, embora não negando a existência divina, criar uma autonomia entre a lei natural – cognoscível pela razão sozinha e que nos ensina como tratar

---

[62] PUFENDORF, Samuel. *Dos deveres do homem e do cidadão de acordo com a lei natural*. Prefácio. n. III, IV.1, V.2, VI.3, VIII apud LOPES, José Reinaldo de Lima. *Curso de História do Direito*. São Paulo: Método, 2006. p. 101-103.

aos demais seres humanos, ínsita a todos os homens – e a Revelação feita por D'us. Esse é o início do caminho de autonomia da razão em relação ao dado religioso. Em verdade, a noção de dignidade humana que comumente se sustenta hoje prescinde dessa ligação com uma fonte externa divina (ou de uma conexão com a teoria da "Imagem de D'us"). Como afirma Luís Roberto Barroso[63],

> a noção atual de dignidade humana não substitui a antiga, pois é produto de uma história diferente, que correu paralelamente à narrativa apresentada acima. Deve ficar claro, contudo, que o entendimento atual de dignidade humana possui origens religiosas e filosóficas que remontam a muitos séculos, sendo talvez quase tão antigo quanto o anterior.

A exibição do caminho do pensamento feita nesta seção comprova que o conceito de dignidade humana, se não se quiser falsear o que historicamente ocorreu, é também – não apenas – caudatário destas visões de mundo religiosas. Uma cisão taxativa entre o conceito contemporâneo de dignidade humana e seus antecedentes de matriz religiosa é artificial e se olvida da carga cultural forte de que está dotado o conceito, como recorda Peter Häberle:

> Das diversas cláusulas sobre a dignidade humana das Constituições se chega a perceber, "nas entrelinhas", que aquelas estão referidas a uma concepção culturalmente específica da dignidade humana. Isto coloca a questão da dependência cultural (e, sobretudo, da dependência religiosa) das concepções da dignidade humana.[64]

3.6 O ILUMINISMO E A VIRADA KANTIANA

A civilização judaico-cristã começou a sofrer forte oposição e crítica a partir do Iluminismo europeu, que a atacava argumentado

---

[63] BARROSO, Luís Roberto. *A dignidade da pessoa humana no direito constitucional contemporâneo*: a construção de um conceito jurídico à luz da jurisprudência mundial. Trad. Humberto Laport de Mello. 3. reimp. Belo Horizonte: Fórum, 2014. p. 14.

[64] HÄBERLE, Peter. *El Estado Constitucional*. Trad. Héctor Fix-Fierro. México, D.F.: UNAM, 2003. p. 169.

que os pressupostos de que partia esta visão de mundo não eram comprováveis pela razão humana e que se tratava de meras especulações baseadas em uma pretensa revelação de uma autoridade superior divina.

A visão iluminista que mais influenciou – e continua a influenciar até os dias atuais – as concepções contemporâneas de dignidade da pessoa humana é aquela tributável a Immanuel Kant (1724-1804), responsável por uma verdadeira revolução filosófica que também afetou inegavelmente o modo de o ser humano ver a si mesmo.

É importante aqui apresentar os traços principais de sua teoria acerca da moralidade para se entender seu conceito de dignidade da pessoa humana, pois ela oferece chaves para a compreensão de boa parte das construções jurídicas sobre o tema ainda atuais.

Para Kant, no ser humano, ainda que a razão seja capaz de apreender uma lei moral objetiva daquilo que deveria ser feito (o chamado *imperativo*[65]), a vontade humana pode sim escolher se afastar dessa percepção, deixando de fazer ou fazendo outra coisa distinta daquilo que a razão indica como o que é objetivamente devido. Portanto, as ações que são objetivamente necessárias (isto é, aquelas que necessariamente deveriam ser realizadas) nem sempre

---

[65] Assim define Kant o *imperativo*: "A representação de um princípio objectivo, enquanto obrigante para uma vontade, chama-se um mandamento (da razão), e a fórmula do mandamento chama-se *imperativo*. Todos os imperativos se exprimem pelo verbo *dever (sollen)*, e mostram assim a relação de uma lei objectiva da razão para uma vontade que segundo a sua constituição subjectiva não é por ela necessariamente determinada (uma obrigação). Eles dizem que seria bom praticar ou deixar de praticar qualquer coisa, mas dizem-no a uma vontade que nem sempre faz qualquer coisa só porque lhe é representado que seria bom fazê-la. Praticamente *bom é porém aquilo que determina a vontade por meio de representações da razão, por conseguinte não por causas subjectivas, mas objectivamente, quer dizer por princípios que são válidos para todo o ser racional como tal. Distingue-se do agradável,* pois que este só influi na vontade por meio da sensação em virtude de causas puramente subjectivas que valem apenas para a sensibilidade deste ou daquele, e não como princípio da razão que é válido pata todos". (KANT, Immanuel. *Fundamentação da metafísica dos costumes*. Trad. Paulo Quintela. Lisboa: Edições 70, 1995. p. 48-49).

são efetivamente executadas, pois a vontade humana, sujeita a uma série de condições subjetivas, nem sempre obedecerá aos princípios objetivos subministrados pela razão. Para exemplificar, a razão indica que roubar é objetivamente imoral; porém, por uma apreciação subjetiva, tal como a de apropriar-se dos bens de outrem para deleito próprio, a vontade pode realizar este ato imoral que não está em conformidade com os princípios da razão.

Os imperativos kantianos, por sua vez, dividem-se em hipotéticos e categóricos. Os imperativos hipotéticos seriam aqueles que funcionam como meios para atingir determinados fins particulares e não necessários ("os hipotéticos representam a necessidade prática de uma ação possível como meio de alcançar qualquer outra coisa que se quer"[66]), por exemplo, a conduta de se obter dinheiro trabalhando para posteriormente adquirir um automóvel. Mas a obtenção desse fim particular não é necessária, pois nem todos os seres humanos desejam adquirir um automóvel.

Por sua vez, o imperativo categórico "seria aquele que nos representasse uma ação como objetivamente necessária por si mesma, sem relação com qualquer outra finalidade."[67] *O próprio Kant formula como exemplo de imperativo categórico a máxima "Não deves fazer promessas enganadoras", em que a ação é considerada má por si mesma e em que a proibição de atuar deste modo é categórica, não sendo esta abstenção de mentir somente um conselho para evitar qualquer outro mal ("como se disséssemos: 'Não deves fazer promessas mentirosas para não perderes o crédito quando se descobrir o teu procedimento'"). Abstraindo-se de qualquer consequência, Kant frisa que a ação de ocultar a verdade é em si mesma moralmente má.*

A partir daí, o filósofo alemão cunha a famosa fórmula de definição de um *imperativo categórico*: "age apenas segundo uma máxima tal que possas ao mesmo tempo querer que ela se torne lei universal."[68] Aplicando-se esse conceito ao exemplo acima descrito acerca da mentira, percebe-se que seria impossível tomar como lei

---

[66] Ibidem. p. 50.
[67] Loc. cit.
[68] Ibidem. p. 59.

universal que as pessoas mentissem sempre umas para as outras, pois isso minaria as próprias bases mais essenciais da convivência social e do princípio de confiança.

A essa formulação segue-se que "aquilo que serve à vontade de princípio objetivo da sua autodeterminação é o *fim*, e este, se é dado pela só razão, tem de ser válido igualmente para todos os seres racionais." Já aquilo que "contém apenas o princípio da possibilidade da ação, cujo efeito é um fim, chama-se *meio*". Ou seja, a vontade atua, em todos os seres humanos, para além dos desejos subjetivos de cada um, sempre na busca da forma de um fim ou finalidade, que se distingue do mero meio para obtenção de outros fins subjetivos e relativos (*e.g.*, a aquisição de um automóvel acima citada).

O filósofo de Könisgberg afirma que é possível cogitar haver algo cuja existência em si mesma esteja dotada de um valor absoluto e que, como fim em si mesmo, possa ser a base de leis determinadas. Esse algo é o *ser humano*, existente como "fim em si mesmo e não só como meio para o uso arbitrário desta ou daquela vontade".[69] Em todos os seus atos, tanto em relação a si como na relação com os outros homens, ele deve ser sempre considerado como fim, e nunca como um meio. Os objetos sim, que podem ser por nós adquiridos mediante nossas ações, apresentam um valor relativo ou condicional (não absoluto). Daí também serem chamados de coisas, enquanto os seres racionais são chamados pessoas, "porque a sua natureza os distingue já como fins em si mesmos, quer dizer como algo que não pode ser empregado como simples meio e que, por conseguinte, limita nessa medida todo o arbítrio (e é um objeto do respeito)".[70] Tudo aquilo que é um fim em si mesmo tem uma dignidade, não permitindo sua substituição por um equivalente. Já as coisas estão dotadas de preço, pois pode-se pôr em seu lugar uma outra equivalente.[71] Essas as bases para a ideia de dignidade humana no pensamento kantiano.

Ademais, esta estrutura é completada com a noção de autonomia da vontade como princípio supremo da moralidade. Funda-se

---

[69] Ibidem. p. 68.
[70] Loc. cit.
[71] Ibidem. p. 77.

no fato de que o ser racional tem uma preeminência sobre as coisas em razão de legislar para si mesmo – dotado de uma autonomia legislativa – e "não obedece outra lei senão àquela que ele mesmo simultaneamente dá"[72], sendo a vontade para si mesma sua própria lei. Assim, a "vontade é concebida como a faculdade de se determinar a si mesmo a agir em conformidade com a representação de certas leis"[73], faculdade esta exclusiva de seres racionais, pois somente eles podem determinar-se a si mesmos e dar leis a si próprios (as coisas e animais são integralmente regidos por leis naturais externas a eles). Ou, como preferiu formular Kant: "O princípio da autonomia *é portanto*: não escolher senão de modo a que as máximas da escolha estejam incluídas simultaneamente, no querer mesmo, como lei universal".[74]

Exposta sumariamente a visão de Kant sobre a dignidade humana, como construção teórica emblemática do Iluminismo, passaremos ao século XIX, em que se consolida de forma inequívoca a separação do conceito de dignidade de qualquer referência à divindade.

3.7 O SÉCULO XIX E A NEGAÇÃO DO DADO RELIGIOSO NA BASE DA DIGNIDADE HUMANA

De fato, a partir da Modernidade, sobretudo com a Revolução Francesa, percebe-se um movimento filosófico de negação de afirmações de cunho teológico ou metafísico, o que se intensifica ao longo do século XIX com correntes como o materialismo histórico[75], a contestação nietzscheana da moral judaico-cristã e o positivismo filosófico[76], todas negacionistas da possibilidade de

---

[72] Loc. cit.
[73] Ibidem. p. 67
[74] Ibidem. p. 85.
[75] Para uma sucinta exposição do ateísmo no materialismo histórico marxista, cf. LÖWITH, Karl. *Meaning in History*. Chicago: University of Chicago, 1949. p. 46-51.
[76] Acerca do positivismo filosófico de Auguste Comte, cf. LÖWITH, Karl. op. cit. p. 83 e ss.

existência de um *Eterno Tu* para além dos seres humanos, usando da expressão do filósofo judeu austríaco Martin Buber[77] para falar da divindade.

Verdadeiramente, a dignidade humana, numa visão puramente antropocêntrica (recorde-se que, como vimos na Introdução, o próprio Kant ainda reservava um lugar em seu sistema filosófico para a noção de D'us), é uma invenção filosófica do século XIX, ou seja, muito recente. É somente neste século que se opera a definitiva cisão radical entre a dignidade do ente humano e sua referência à dignidade de um ente divino. Não à toa, Nietzsche pôde fechar este século com a afamada declaração da *morte de D'us*, preparada que foi pelo advento do materialismo, representado por figuras como Feuerbach e Marx.

Cabe aqui recordar a doutrina de Hegel, que contribuiu para a formação de um conceito secularizado e antimetafísico de dignidade humana. Hegel nega o conceito de natureza humana como um dado inarredável da própria constituição humana, preferindo colocar a ênfase numa autogênese ou *autopoiese* da humanidade em constante devir ou mudança. É por meio de suas ações na História e de sua capacidade de transformação que o homem adquiriria sua "natureza histórica" ou uma "humanidade histórica", e não em razão de ser naturalmente membro de uma dada espécie[78], rejeitando-se a ideia de direitos naturais inatos ao ser humano.

Mas a diferença específica do humano em relação ao restante da criação repousa na *consciência de si* ou *autoconsciência* como diferença qualitativa peculiar e considerada por Hegel como a característica específica de adaptação humana ao meio. É a partir da ação transformadora do ser humano dotado de consciência de si que se produzem as culturas e as organizações sociais e políticas dos povos. Em Hegel, falar em "natureza" é sinônimo de animalidade, ou seja, uma condição sem lei a ser superada pelo ser humano pela consciência de si em sua ação transformadora. Portanto, para este

---

[77] BUBER, Martin. *Eu e Tu*. Trad. Newton Aquiles von Zuben. 10. ed. rev. 3. reimp. São Paulo: Centauro, 2009.
[78] MARITAIN, Jacques. *A filosofia moral*. Rio de Janeiro: Agir, 1973. p. 177.

autor alemão, os direitos humanos nunca podem derivar da natureza, mas são constructos especificamente humanos por meio da formação histórica da cultura dos povos.[79]

Aqui já se vê uma separação radical em relação à postura metafísica, a qual via no modo como o ser humano está estruturalmente constituído (sua natureza) a fonte donde promanam os direitos humanos (isto é, a natureza humana indicaria as tendências do ser humano a serem protegidas ou atendidas pela estrutura dos direitos humanos).

Além disso, os ideais positivistas do século XIX, que utilizam as características das *ciências exatas e naturais* como único critério válido de fundamentação, com ênfase na realidade observável e não na especulação filosófica, acabaram por apartar o direito da moral, da ética e dos valores da sociedade, apoiando-se em juízos de fato e não em juízos de valor.[80]

O paradoxal é que a autonomia da dignidade humana em face da metafísica tenha coincidindo com recuos tremendos desta dignidade. É o que se dá com o pensamento ocidental a admitir o conceito de raças superiores e inferiores (que pode remontar a Nietzsche com seu übermensch – super-homem).

Veremos na próxima seção como o exacerbamento dessa postura de esquecimento de raízes mais sólidas para a dignidade da pessoa humana levou a uma retomada de bases valorativas após a Segunda Guerra Mundial.

3.8 O PÓS-SEGUNDA GUERRA MUNDIAL E OS TRATADOS DE DIREITOS HUMANOS

No século passado, em especial nos anos 1930, a questão da raça, dentro duma lógica racionalista, justificou a prática de extermínio

---

[79] SOLARTE, Roberto. Los derechos del ciudadano en Hegel. *Universitas Philosophica*, n. 25-26, dic. 1995/jun. 1996. p. 185-186.
[80] BARROSO, Luis Roberto. Fundamentos Teóricos e Filosóficos do novo Direito Constitucional Brasileiro – Pós-modernidade, Teoria Crítica e Pós-positivismo. In: BARROSO, Luis Roberto (Org.). *Temas de Direito Constitucional*. Tomo II. Renovar: Rio de Janeiro, 2003. p. 25-26.

genocida, especialmente contra aqueles identificados como judeus. Como reação à barbárie ocorrida durante a Segunda Guerra Mundial, iniciou-se um movimento de forte preocupação com a retomada dos valores no mundo jurídico (como se viu ao se tratar do *neoconstitucionalismo* e do *pós-positivismo*), tendo como chave do sistema a consagração dos direitos humanos como irradiações concretas da dignidade da pessoa humana.

Até o presente momento, podemos qualificar nosso tempo, desde o ponto de vista político, institucional e jurídico, como uma "era dos direitos humanos". Assim, logo após encerrada a Segunda Guerra Mundial, entrou em vigor a Carta (ou Estatuto) das Nações Unidas (internalizada no Brasil por meio do Decreto nº 19.841, de 22 de outubro de 1945, do então presidente Getúlio Vargas). Esta Carta, em seu preâmbulo, já estabelece um verdadeiro programa teórico para as futuras gerações, buscando evitar o "flagelo da guerra", que "trouxe sofrimentos indizíveis à humanidade", e faz uma profissão de fé nos direitos fundamentais do homem, na dignidade e no valor do ser humano. Logo em seu artigo 1º, afirma ser propósito da ONU "conseguir uma cooperação internacional para resolver os problemas internacionais de caráter econômico, social, cultural ou humanitário, e para promover e estimular o respeito aos direitos humanos e às liberdades fundamentais para todos".

Em 1948, a mesma Organização das Nações Unidas proclama a Declaração Universal dos Direitos Humanos, em 10 de dezembro de 1948, por meio da Resolução 217 A (III) da Assembleia Geral, com pretensão universalista de reconhecimento de um catálogo ou rol mínimo de direitos a serem assegurados a todos os seres humanos.

Tal documento, principal marco fundacional da era dos direitos humanos, serviu de inspiração para uma série de Constituições nacionais que a sucederam e, juntamente com outros tratados internacionais de direitos humanos (como o Pacto Internacional sobre Direitos Civis e Políticos e o Pacto Internacional sobre os Direitos Econômicos, Sociais e Culturais, ambos de 1966), constitui a base do atual sistema internacional de custódia dos direitos humanos.

Realizado este percurso sumário sobre o sobreprincípio da dignidade humana como eixo principal que tangencia todos os valores éticos, iremos no próximo capítulo nos debruçar sobre outros princípios jurídicos que podem ser encontrados no texto da lei mosaica.

4
OS PRINCÍPIOS JURÍDICOS NA LEI MOSAICA

Feita a exposição sobre a dignidade da pessoa humana (realizada em capítulo apartado por sua extrema relevância), entendida como um sobreprincípio que perpassa todos os valores, passamos a analisar mais quatro princípios jurídicos presentes ao longo de diversos versículos da Torá, a saber: 1) o princípio do devido processo legal; 2) o princípio da boa-fé; 3) o princípio da proporcionalidade; 4) o princípio da igualdade.

4.1 PRINCÍPIO DO DEVIDO PROCESSO LEGAL

A formulação do princípio do devido processo legal, em sua matriz histórica ocidental, é geralmente situada pela doutrina especializada no período medieval na Inglaterra, tendo por marco a *Magna Carta Libertatum* (Grande Carta das Liberdades) de 1215. Em seu artigo 39 (*Clause 39*), o texto normativo estatui:

> Nenhum homem livre será de forma alguma detido ou aprisionado, privado de seus direitos ou propriedades, considerado fora da lei ou exilado, privado de seu *status*, nem procederemos por meio da força contra ele, nem enviaremos outros para fazê-lo, a não ser pelo julgamento legítimo de seus pares ou pelas leis do país.[1] (tradução livre)

Esta norma deixava claro que, para atingir a esfera de interesses pessoais de alguém, era necessário seguir os ditames e procedimentos

---

[1] "No free man shall be seized or imprisoned, or stripped of his rights or possessions, or outlawed or exiled, or deprived of his standing in any other way, nor will we proceed with force against him, or send others to do so, except by the lawful judgment of his equals or by the law of the land."

previstos em lei, bem como a necessidade de submissão ao julgamento adequado pelos pares.

Mas foi nos Estados Unidos que tal princípio tomou maior corpo e se desenvolveu, merecendo lugar de destaque no próprio texto constitucional norte-americano. A 5ª Emenda à Constituição estabelece que "ninguém será privado da vida, liberdade, ou bens, sem o devido processo legal"[2], e a 14ª Emenda determina aos Estados-membros da federação americana que nenhum deles "poderá fazer ou executar leis restringindo os privilégios ou as imunidades dos cidadãos dos Estados Unidos; nem poderá privar qualquer pessoa de sua vida, liberdade, ou bens sem o devido processo legal"[3].

A Suprema Corte dos EUA interpreta estas normas de modo amplo e, em termos procedimentais, o *due process of law* abarca uma série de requisitos e prerrogativas que devem ser garantidos às partes em litígio, dentre as quais destacam-se, nas palavras de Henry Friendly[4]: 1) direito a um magistrado imparcial; 2) ter ciência da ação proposta e de seus fundamentos; 3) a oportunidade de apresentar as razões pelas quais entende indevida a propositura da ação; 4) o direito de produzir provas, incluindo-se o direito de apresentar testemunhas; 5) o direito de conhecer as provas produzidas pela outra parte; 6) o direito de inquirir as testemunhas; 7) direito a uma decisão tomada com base nas provas produzidas nos autos; 8) direito de ser representado por defesa técnica (advogado); 9) direito a que o magistrado faça um relatório das provas apresentadas; 10) direito a que o magistrado fundamente sua decisão com base nos fatos provados e no direito aplicável.

Por influência da experiência constitucional norte-americana, o princípio do devido processo legal espraiou-se pelo mundo, sendo

---

[2] "No person shall be [...] deprived of life, liberty, or property, without due process of law".

[3] "No State shall make or enforce any law which shall abridge the privileges or immunities of citizens of the United States; nor shall any State deprive any person of life, liberty, or property, without due process of law".

[4] A lista aqui apresentada com esses corolários básicos do devido processo legal em matéria processual pode ser encontrada em FRIENDLY, Henry J. Some kind of hearing. *University of Pennsylvania Law Review*, Vol. 123, pp. 1267-1317, 1975.

inclusive consagrado na atual Constituição brasileira de 1988, no rol dos direitos e garantias fundamentais:

> Art. 5º. (...) LIV – ninguém será privado da liberdade ou de seus bens sem o devido processo legal.
>
> LV – aos litigantes, em processo judicial ou administrativo, e aos acusados em geral são assegurados o contraditório e ampla defesa, com os meios de recurso a ela inerentes.

Já quanto à aproximação na Torá do fenômeno jurídico, esta revela uma peculiaridade: embora se trate de um direito pré-moderno, existe uma insistente ênfase na regular constituição de um sistema de direito e de administração da justiça para se garantir a justificação ou legitimidade das decisões pela via de um processo dialético.

A prova cabal se encontra no fato de que a Torá, ao narrar o pacto de D'us com Noé (anterior ao pacto do Sinai por intermédio de Moisés), apresenta como uma de suas cláusulas a sétima lei de Noé, qual seja, a de "instituir normas e tribunais". Ora, para o Talmude e estudiosos que nele se baseiam (como o inglês John Selden, no século XVII), as leis de Noé, precisamente por serem uma aliança feita entre D'us e Noé previamente à constituição do povo hebreu, obrigariam toda a humanidade. Poderia parecer estranho que, em meio a normas de caráter universalista, houvesse a menção justamente à constituição de sistemas de leis e tribunais encarregados de sua aplicação em casos concretos.

Na verdade, uma análise mais profunda revela que a pretensão universalista desta sétima lei de Noé encontra eco na realidade empiricamente observável da organização dos povos ao longo da história. A ideia deste princípio do devido processo legal parte de uma constatação ampla do modo como está estruturada a vida em sociedade. É necessário que se exerça autoridade na convivência entre os homens, sob pena de uma anarquia geral. Essa autoridade, em que um sistema de normas é aplicado, pode até ser rudimentar, como é comum nos chamados tribunais tribais. Mas em nenhuma sociedade se consegue escapar do inexorável fato de que é necessário estabelecer direitos e deveres entre as pessoas (que podem assumir as mais diferentes configurações em cada povo) e que, muitas vezes, será necessário garantir sua eficácia por meio de um grupo organizado (tribunais) que possa ordenar o uso da força ou coerção (a característica da coercibilidade do direito).

Deixando de lado a secular discussão se é da essência do conceito de direito a nota característica da coercibilidade, fato é que, em todas as culturas, quando ocorre a transgressão da norma, é necessário que um grupo de membros daquela sociedade seja designado como responsável pela restauração ou manutenção da ordem. É a isso que se refere a sétima lei de Noé: seria impensável uma sociedade subsistir sem essa função, por mais rudimentares que fossem seu sistema de normas e de sua aplicação via tribunais (ou qualquer outro nome que se quisesse dar a um grupo organizado de membros da sociedade dotados desta missão). Encarada desta forma mais básica, compreende-se a razoabilidade e universalidade da formulação presente na sétima lei de Noé.

Contudo, o pensamento da Torá sobre o tema não se detém nesta esfera mais basilar, mas se alça a formas mais sofisticadas que nos fazem chegar a um conceito de garantia do devido processo, naquilo que, em termos europeus, viria a ser alcunhado séculos depois da composição da Torá de *due process of law*, por obra do gênio jurídico anglo-saxão.

Em verdade, a dimensão dialética típica dos debates em um tribunal permeiam a Torá (e a interpretação rabínica dela feita) desde as primeiras páginas. Mais ainda: a relação entre D'us e o povo é frequentemente descrita e retratada em termos que muito se assemelham à dinâmica processual de contraditório e ampla defesa, de modo a pintar, de forma alegórica, um quadro de como também deveriam se passar as relações dos seres humanos entre si sempre que estivesse em causa a noção de responsabilização de alguém.

Primeiramente, vemos em Gênesis/*Bereshit* o relato da expulsão do primeiro casal, Adão e Eva, do Paraíso, após terem comido do fruto proibido, que lhes havia sido interditado por D'us. Eva, contudo, incitada pela serpente – prometendo a Eva que, caso comesse, seria como D'us – resolve alimentar-se do fruto da chamada árvore do conhecimento do bem e do mal. A seguir, dá de comer a Adão do mesmo fruto. A partir da ingestão do fruto interdito, ambos se deram conta de que estavam nus e costuraram roupas para si com folhas de figueira.

A Torá segue com o relato dizendo que, ao final do dia, quando D'us passeava pelo jardim, busca o homem para com ele falar (alegoricamente indicando o estado de pureza do primeiro casal humano, que teria o privilégio de conversar diretamente com D'us). Contudo, Adão e Eva estavam deliberadamente escondidos entre as árvores do jardim. D'us então os chama à sua presença, e se desenrola o seguinte diálogo, que vale a pena ser transcrito:

> E chamou o Senhor D'us a Adão, e disse-lhe: Onde estás?
>
> E ele disse: Ouvi a tua voz soar no jardim, e temi, porque estava nu, e escondi-me.
>
> E D'us disse: Quem te mostrou que estavas nu? Comeste tu da árvore de que te ordenei que não comesses?
>
> Então disse Adão: A mulher que me deste por companheira, ela me deu da árvore, e comi.
>
> E disse o Senhor D'us à mulher: Por que fizeste isto?
>
> E disse a mulher: A serpente me enganou, e eu comi.
>
> Então o Senhor D'us disse à serpente: Porquanto fizeste isto, maldita serás mais que toda a fera, e mais que todos os animais do campo; sobre o teu ventre andarás, e pó comerás todos os dias da tua vida. E porei inimizade entre ti e a mulher, e entre a tua semente e a sua semente; esta te ferirá a cabeça, e tu lhe ferirás o calcanhar.
>
> E à mulher disse: Multiplicarei grandemente a tua dor, e a tua concepção; com dor darás à luz filhos; e o teu desejo será para o teu marido, e ele te dominará.
>
> E a Adão disse: Porquanto deste ouvidos à voz de tua mulher, e comeste da árvore de que te ordenei, dizendo: Não comerás dela, maldita é a terra por causa de ti; com dor comerás dela todos os dias da tua vida. Espinhos, e cardos também, te produzirá; e comerás a erva do campo. No suor do teu rosto comerás o teu pão, até que te tornes à terra; porque dela foste tomado; porquanto és pó e em pó te tornarás. (Gênesis 3,9-19)

Nesta interação, se vê uma dialética que se assemelha a um processo judicial, posto que rudimentar. Existe a figura daquele que tem poder para julgar (D'us) e que convoca a juízo o réu ou demandado (Adão), ao perguntar onde este estava. Na interpretação do rabino medieval Rashi, D'us teria perguntado a Adão onde ele estava não pelo fato de que não soubesse, mas exatamente para iniciar um diálogo de modo que Adão não fosse surpreendido com a decretação de uma punição subitamente[5], ou seja, garantindo ao primeiro ancestral do gênero humano o direito de contraditório e ampla defesa.

Adão, tentando se eximir ou, ao menos, mitigar a sua culpa, por sua vez chama ao processo aquela que reputa ter uma responsabilidade maior (ou, ao menos, compartilhada), sua esposa Eva, que lhe dera de comer do fruto, recordando institutos processuais em que o acusado pode indicar outras pessoas para responderem juntamente consigo.

Eva, por outro lado, também chama ao processo a serpente, que a teria enganado (ou seja, teria atuado com dolo para levar a erro a primeira mulher), levando-a a comer do fruto. Após indicadas as culpas, e dada a oportunidade para que Adão e Eva dessem a sua explicação para a falta cometida, o juiz (D'us) estabelece e aplica as penas a cada um dos envolvidos no infausto episódio, sendo tal narrativa a justificativa escriturística para a inserção da maior das penas que recai sobre todo e qualquer ser humano: a morte.

Seja como for interpretada essa passagem – que ao longo do tempo sofreu as mais variadas exegeses no judaísmo e no cristianismo, desde as mais literais até as mais alegóricas e simbólicas –, é inegável que ela se presta bem a ilustrar uma dinâmica procedimental e dialética, típica de processos judiciais, no limiar da Torá escrita.

Após este relato, também em Gênesis 4, 1-16, vemos a história de Caim e Abel, os dois irmãos que seriam filhos do casal original Adão e Eva. Caim era lavrador, e Abel pastor de ovelhas, a indicar os dois tipos mais comuns de atividades presentes nos povos do Mundo Antigo: o cultivo da terra e o pastoreio de animais.

Ambos fazem uma oferta a D'us: Caim os frutos da terra por ele cultivada, e Abel os primogênitos das suas ovelhas. Sem que a Torá

---

[5] RASHI. Comentário ao Gênesis 3, 9. Disponível em: <https://www.sefaria.org/Genesis.3.9?lang=bi&with=Rashi&lang2=en>. Acesso em: 30 jul. 2019.

escrita deixe claro a razão, a oferta de Abel é aceita por D'us, enquanto a de Caim é rejeitada. Relata a Torá que, em razão disso, Caim teria se enciumado e irado contra seu irmão. Consumido por dentro por esta inveja, Caim resolve matar seu irmão Abel, naquilo que inauguraria o primeiro fratricídio da história, segundo o relato bíblico.

Aqui também a dimensão dialética de tipo processual está presente. Como acontecera com seus pais, D'us aparece e convoca Caim a juízo, para dar suas explicações. Caim responde ao chamado, mas não tem explicação para seu ato, nem outra pessoa em quem colocar a culpa ou chamar para responder conjuntamente. Então, devolve a pergunta a D'us:

> E disse o Senhor a Caim: Onde está Abel, teu irmão?
> E ele disse: Não sei; sou eu guardador do meu irmão? (Gênesis 4,9).

Com tal resposta, Caim parece querer indicar que era D'us o responsável pela guarda dos seres humanos em geral, e não ele. Novamente aqui, vê-se uma tentativa de fugir à responsabilização pela falta cometida, mas, desta vez, tentando lançar sobre o próprio D'us a responsabilidade. É o modo que Caim busca para se defender da pergunta divina.

D'us então, conhecedor do que fizera Caim, revela a este sua própria culpa e, ato contínuo, aplica-lhe a pena:

> E disse D'us: Que fizeste? A voz do sangue do teu irmão clama a mim desde a terra. E agora maldito és tu desde a terra, que abriu a sua boca para receber da tua mão o sangue do teu irmão. Quando lavrares a terra, não te dará mais a sua força; fugitivo e vagabundo serás na terra" (Gênesis 4, 10-11).[6]

---

[6] O rabino Meir Leibush ben Yehiel Michel Wisser, mais conhecido como Malbim (1809-1879), assim comenta a pergunta "Que fizeste?" desse trecho: "D'us informou a Caim que ele estava dotado de livre arbítrio e, portanto, seus atos eram atribuíveis a ele". Disponível em: <https://www.sefaria.org/Genesis.4.10?lang=bi&aliyot=0&p2=Malbim_on_Genesis.4.11&lang2=bi>. Acesso em: 5 ago. 2019.

Em outro episódio de Gênesis que vale menção, por sua força dialética expressiva da figura do defensor, D'us permite que o patriarca Abraão entre em debate com Ele para defender a não destruição da cidade de Sodoma, o que demonstra uma interessante característica do modo como o povo judeu representa o seu próprio D'us: como um D'us que dialoga com o ser humano, dentro de um panorama relacional.

D'us comunica a Abraão a sua intenção de destruir a cidade de Sodoma, em razão dos crimes e graves faltas cometidos por sua população. Abraão, porém, "ficando ainda em pé diante da face do Senhor", objetou:

> Destruirás também o justo com o ímpio? Se porventura houver cinquenta justos na cidade, destruirás também, e não pouparás o lugar por causa dos cinquenta justos que estão dentro dela? Longe de ti que faças tal coisa, que mates o justo com o ímpio; que o justo seja como o ímpio, longe de ti. Não faria justiça o Juiz de toda a terra? (Gênesis 18, 23-25)

Perceba-se a expressão corporal de Abraão, que está de pé diante de D'us, e não prostrado, como é tão comum nas relações entre os homens e a divindade nas mais diversas religiões. Dessa posição, assume a defesa, recordando a D'us precisamente sua função de Juiz de toda a terra, ou seja, aquele que é chamado a fazer a justiça[7], a mostrar como a dimensão jurídica e processualística é bastante presente na cosmovisão judaica.

D'us cede ao argumento defensivo de Abraão e afirma:

> Se eu em Sodoma achar cinquenta justos dentro da cidade, pouparei a todo o lugar por amor deles (Gênesis 18,26).

Mas Abraão sabia que tal número não podia ser encontrado. Então, não sem antes atestar o próprio atrevimento, faz uma série de

---

[7] RASHI. Comentário sobre Gênesis 18,25. Disponível em: <https://www.sefaria.org/Genesis.18.25?lang=bi&with=Commentary&lang2=en>. Acesso em: 30 jul. 2019.

novas propostas ao justo Juiz: se houvesse apenas 45, D'us mudaria de ideia? E 40, 30, 20 ou 10? A cada nova tentativa, Abraão rebaixa o número. E, a todas as novas propostas, D'us responde que não destruiria a cidade. Mas, ao fim, o próprio Abraão capitula, pois nem mesmo dez justos poderiam ser achados.

Tendo lançado as bases dessa cosmovisão da Torá sobre a importância do devido processo legal, podemos agora descer a normas concretas que consagram tal princípio. A Torá escrita confere destaque especial à constituição de órgão responsáveis pela administração da justiça, o que se pode ver no relato da constituição dos primeiros magistrados do povo de Israel em Êxodo/*Shemot*.

Tendo o povo sido conduzido para fora do Egito, a função de julgar os conflitos entre os hebreus era ainda centralizada na pessoa de Moisés, como aquele que não apenas liderava, mas que era também o principal conhecedor das leis de D'us para discernir o justo em meio ao povo.

Contudo, esta atividade era excessiva para Moisés sozinho, causando longa espera de quem necessitava da intermediação de um único magistrado para todas as lides, a ponto de a Torá descrever que "o povo estava em pé diante de Moisés desde a manhã até à tarde" (Êxodo 18, 13).

Entra em cena então Jetro, o sogro de Moisés, que o adverte de que a condução da resolução de conflitos somente por ele acabaria fazendo com que Moisés e o próprio povo desfalecessem, sendo esta tarefa muito difícil para um único homem (Êxodo 18, 17-18). Em seguida, Jetro o aconselha acerca de uma forma de garantir uma prestação jurisdicional mais célere e menos estafante para Moisés e para as partes da lide:

> E tu dentre todo o povo procura homens capazes, tementes a D'us, homens de verdade, que odeiem a avareza; e põe-nos sobre eles por chefes de mil, chefes de cem, chefes de cinquenta, e chefes de dez. Para que julguem este povo em todo o tempo; e seja que todo o negócio grave tragam a ti, mas todo o negócio pequeno eles o julguem; assim a ti mesmo te aliviarás da carga, e eles a levarão contigo. (Êxodo 18, 21-22)

Moisés segue o conselho de seu sogro e institui lideranças para grupos de mil, cem, cinquenta e dez pessoas, com autoridade para julgar as causas sobre aqueles que lhe foram confiados, salvo nos temas de maior relevância, que ainda deveriam ser dirimidos pessoalmente por Moisés (Êxodo 18, 24-26), naquilo que recorda um conceito rudimentar de *distribuição de competências jurisdicionais*.

Essa sistemática de estabelecimento de juízes para julgar as contendas, já presente na sétima lei de Noé em relação a toda a humanidade, é reforçada na aliança com o povo hebreu, como se pode ver nas seguintes passagens da Torá escrita:

> Juízes e oficiais porás em todas as tuas portas, que o Senhor teu D'us te der, entre tuas tribos, para que julguem o povo com a devida Justiça. (Deuteronômio/*Devarim* 16,18)
>
> E no mesmo tempo mandei a vossos juízes, dizendo: Ouvi a causa entre vossos irmãos, e julgai justamente entre o homem e seu irmão, e entre o estrangeiro que está com ele. (Deuteronômio/*Devarim* 1,16)

Conforme esclarece a Mishná, o sistema de tribunais no Antigo Israel era relativamente complexo para uma sociedade pré-moderna. Nas localidades com menos de 120 habitantes, era constituída uma corte local chamada *Bet Din* (em hebraico, *casa do julgamento*), formada por três juízes. Sua competência se estendia sobre casos envolvendo direito de propriedade, roubos, lesões corporais, indenizações civis, estupro, sedução e casos criminais cuja punição fosse o açoitamento.[8]

Por sua vez, o *Pequeno Sinédrio* (*Sanhedrin Katan*, em hebraico) era órgão colegiado composto por vinte e três juízes, presente nas principais cidades ou mesmo em cidades com mais de 120 habitantes. Este órgão, além de poder conhecer das causas atribuídas ao *Bet Din*, também era competente para aplicar sentenças cuja punição era a morte.[9]

Acima de todos os tribunais de Israel estava o *Grande Sinédrio*, órgão de cúpula situado em Jerusalém, composto por setenta e um juízes, escolhidos dentre os principais sábios do povo, e que possuía

---

[8] MISHNÁ. Tratado *Sanhedrin*, I, 1. Disponível em hebraico e inglês em: <https://www.sefaria.org/Mishnah_Sanhedrin.1?lang=en>. Acesso em: 20 ago. 2019.

[9] Ibidem. I, 4.

competência em todas as matérias, bem como competência recursal em relação aos tribunais de graus inferiores. Havia também a reserva de julgamento a esse tribunal de alguns casos de relevância capital, como o julgamento de uma tribo, de um falso profeta ou do Sumo Sacerdote (*Cohen Gadol*).[10] Também a declaração de toda uma cidade como idólatra era reservada a este tribunal, bem como a aplicação de pena a um juiz recalcitrante (isto é, aquele que obstinadamente se recusasse a seguir as decisões do Grande Sinédrio).[11]

Destas informações, algumas analogias podem ser traçadas com o direito ocidental moderno e inclusive com o direito brasileiro. Em primeiro lugar, verifica-se que havia três graus de jurisdição hierarquicamente dispostos no antigo Israel, bem como se consagrava o princípio da recorribilidade das sentenças a instâncias superiores (modernamente, se convenciona chamar de *princípio do duplo grau de jurisdição*). Tal sistemática permitia uma ampla revisão das decisões de cortes hierarquicamente inferiores, afiançando a busca por soluções mais justas diante da falibilidade humana (embora não seja impossível que vários juízes consagrem uma injustiça, a chance diminui quando são vários os magistrados apreciando um mesmo caso).[12]

É interessante perceber também a dimensão dialética típica do sistema jurídico da Torá: mesmo nas localidades mais pequenas, a corte era composta por três membros, de modo a possibilitar o debate de ideias entre seus integrantes, ou seja, o exercício da função judicial se dava em regra por meio de órgãos colegiados e não monocraticamente (*princípio da colegialidade*, só existente no direito ocidental moderno, em geral, a partir do segundo grau de jurisdição).[13]

---

[10] Ibidem. I, 5.

[11] Ibidem. XI, 2-4.

[12] Havia um complexo sistema recursal admitindo seis procedimentos diferentes para a interposição de recursos no ordenamento jurídico judaico. Maiores detalhes sobre essas seis formas de interposição de recursos podem ser conferidos em SILVERSTEIN, Arthur Jay. The Right of Appeal in Talmudic Law, *Case Western Reserve Journal of International Law*, vol. 6, n. 33, 1974. p. 37-41.

[13] Arthur Jay Silverstein (Ibidem. p. 34) registra que, em casos civis de menor importância, seria possível ser julgado por juiz único. Contudo, os rabinos

Ademais, em matérias de relevância nacional ou envolvendo elevadas autoridades, estava presente a reserva de jurisdição ao órgão de cúpula, tal como acontece em diversos países ocidentais. No Brasil, temos o chamado *foro privilegiado* ou *foro por prerrogativa de função*, bem como a reserva do controle abstrato de constitucionalidade de leis federais ao Supremo Tribunal Federal. Por fim, havia mecanismo para obrigar o juiz de corte inferior a dar cumprimento às decisões da corte suprema, o que, no direito anglo-americano e, mais recentemente no Brasil, se reflete na técnica de precedentes vinculantes e de decisão com eficácia *erga omnes*.

A Torá escrita também revela grande preocupação com a imparcialidade dos juízes em uma série de passagens:

> Não serás parcial no julgamento; ouvirás assim o pequeno como o grande. Não temas homem algum porque o julgamento é de D'us. (Deuteronômio/*Devarim* 1,17)
>
> Não torcerás o juízo, não mostrarás parcialidade nem tomarás suborno, porque o suborno cega os olhos dos sábios e perverte as palavras dos justos. (Deuteronômio/*Devarim* 16,19)
>
> Não farás injustiça no juízo, não favorecerás o pobre ou demonstrarás deferência ao rico; com justiça julgará o teu próximo. (Levítico/*Vayikra* 19,16)

Dos trechos acima, percebe-se um libelo à independência judicial, que não deveria "temer homem algum", pois o juiz tinha diante de si o próprio D'us, atuando como causa instrumental para que a justiça desejada por D'us fosse efetivada entre os homens. Seria o próprio D'us que se valeria da contribuição humana do juiz para fazer justiça.

Nem mesmo a condição de hipossuficiência de uma das partes deveria ser pretexto para que o juiz a ela reconhecesse um direito que não possuía, ou que a favorecesse pela mera situação de pobreza. Por outro lado, não deveria o magistrado se deixar levar pelo poder ou condição abastada dos ricos, nem receber suborno, tanto pelo aspecto

---

não viam com bons olhos essa exceção, pois "somente D'us seria o juiz único". Mesmo com essa possibilidade, o réu não poderia ser obrigado a se submeter à jurisdição de um juiz único.

de corrupção moral do próprio juiz, como pelo impacto social que perverte a percepção do povo acerca das decisões, solapando as bases da respeitabilidade do próprio sistema judiciário.

Além disso, o juiz, deveria ouvir as razões de ambas as partes, tanto o "pequeno como o grande", a demonstrar também a chance de cada parte buscar convencer o magistrado da justeza de seu pleito (o que, modernamente, está intimamente relacionado ao contraditório e ampla defesa, na vertente da possibilidade de contribuir efetivamente para formar o convencimento do juiz).

Quanto à produção de prova, estabelece a Torá a exigência, para que se dê crédito ao testemunho de alguém como base para uma condenação, que ao menos duas pessoas o atestem:

> Uma só testemunha não será suficiente para julgar delitos e pecados de alguém: serão necessários os depoimentos de duas ou três testemunhas. (Deuteronômio/*Devarim* 19,15)

Em Deuteronômio/*Devarim* 13,14, ressalta-se a necessidade de "investigar, interrogar, inquirir rigorosamente", antes de se concluir que uma cidade praticara a idolatria, o que acarretava a condenação de seus habitantes à morte (sendo tal julgamento reservado apenas ao Grande Sinédrio).

Por sua vez, no 9º mandamento dos Dez Mandamentos, previstos em Êxodo *Shemot* 20, vê-se a proibição de falso testemunho, a sinalizar a relevância que os judeus dão à busca de um julgamento justo e a grave reprovação que recai sobre uma testemunha que faltasse com a verdade:

> Não dirás falso testemunho contra o teu próximo. (Êxodo/*Shemot* 20,13)
>
> Não admitirás falso boato, e não porás a tua mão com o ímpio, para seres testemunha falsa. (Êxodo/*Shemot* 23,1)[14]

---

[14] A preocupação com boatos e a divulgação de informações falsas, com as graves consequências sociais que tais condutas poderiam gerar, estava presente no antigo Israel, sendo também um problema contemporâneo

Além disso, o Talmude babilônico, buscando interpretar os textos da Torá escrita sobre juízes e testemunhas, traz algumas outras normas a serem aplicadas nos processos judiciais, sendo algumas delas até hoje presentes nos sistemas processuais civis modernos.[15]

Assim, o juiz estaria proibido de escutar os argumentos de uma parte se a outra estivesse ausente (uma forma de garantir o direito à ampla defesa e contraditório do ausente).[16] Quanto à forma de se aferir o resultado de um julgamento, a decisão final é dada por maioria dos votos dos julgadores[17], razão pela qual o número de componentes de qualquer tribunal deveria ser sempre um número ímpar.[18] Para a absolvição em casos em que se poderia aplicar a pena capital, bastaria maioria de um voto. Mas para a condenação à morte, seria necessária uma maioria de dois votos ao menos.[19]

---

por meio das chamadas *fake news*, sobretudo em um mundo em que as comunicações atingiram um patamar nunca antes visto.

[15] Uma lista simplificada destas interpretações pode ser encontrada em WEISSMAN, Moshe. *El Midrash dice*: el libro de Shemot – Exodo. Buenos Aires: Bnei Sholem, 2009. p. 201-202.

[16] Esta interpretação é feita tanto a partir de Êxodo 23, 1 ("Não admitirás falso boato [relato]"), como de textos mais explícitos nesse sentido: "Sobre todo o negócio fraudulento, sobre boi, sobre jumento, sobre gado miúdo, sobre roupa, sobre toda a coisa perdida, de que alguém disser que é sua, *a causa de ambos* será levada perante os juízes" (Êxodo 22,8 [9]); "Então *aqueles dois homens, que tiverem a demanda*, se apresentarão perante o Senhor, diante dos sacerdotes e dos juízes que houver naqueles dias" (Deuteronômio 19,17). Pode ser encontrada no comentário ao capítulo 23, versículo 1 do livro de Êxodo/Shemot, na *Mekhilta d'Rabbi Yishmael*, obra de autoria desconhecida composta no mesmo período do Talmude, mas não fazendo parte integrante dele. Disponível em hebraico e inglês em: <https://www.sefaria.org/Mekhilta_d'Rabbi_Yishmael.23.1?lang=bi >. Acesso em: 20 ago. 2019.

[17] TALMUDE BABILÔNICO. Tratado *Chullin*, 11a. Disponível em hebraico e inglês em: <https://www.sefaria.org/Chullin.11a?lang=bi>. Acesso em: 20 ago. 2019.

[18] TALMUDE BABILÔNICO. Tratado *Sanhedrin*, 2b. Disponível em hebraico e inglês em: < https://www.sefaria.org/Sanhedrin.2b?lang=bi>. Acesso em: 20 ago. 2019.

[19] TALMUDE BABILÔNICO. Tratado *Sanhedrin*, 32a. Disponível em hebraico e inglês em: <https://www.sefaria.org/Sanhedrin.32a.1-17?lang=bi>. Acesso em: 20 ago. 2019.

Considerados os principais contornos do devido processo legal presentes na Torá, tanto em matéria de sistema judicial e composição dos tribunais, como na dimensão de contraditório, ampla defesa, possibilidade recursal, produção lícita de provas e imparcialidade judicial, passamos agora à análise do princípio da boa-fé.

4.2 PRINCÍPIO DA BOA-FÉ

O princípio jurídico da boa-fé, com essa nomenclatura específica, encontra-se presente no mundo ocidental desde a fórmula romana da *bona fides*.[20] Dessas fontes romanas, pode-se haurir em primeiro lugar um sentido *subjetivo* ou *psicológico* de boa-fé, ou seja, a crença pessoal, íntima e subjetiva do agente de que estaria atuando corretamente e de acordo com o ordenamento jurídico.

Contudo, mais modernamente, colocou-se acento também sobre a dimensão social dos comportamentos humanos, e de como são capazes de gerar expectativas nas outras pessoas. Trata-se da dimensão *objetiva* da boa-fé, em que se faz abstração do aspecto psicológico (ou seja, se a pessoa cria ou não que estava atuando corretamente) para se centrar na conduta objetivamente externalizada pelo agente. Se esta conduta contrariar um padrão ou *standard* considerado esperado (legítima expectativa) no âmbito das relações sociais, haverá uma violação da boa-fé objetiva (independentemente de a pessoa acreditar que estava atuando corretamente).

---

[20] "A noção de boa-fé no Direito provém do mundo romano [...]. Nascida com o mundo romano, a ideia de *fides* o dominou, ali recebendo notável expansão e largo espectro de significados. Expressão polissêmica, a *fides* será entendida, amplamente, como *confiança*, mas, igualmente, como *colaboração* e *auxílio mútuo* (na relação entre iguais) e como *amparo* ou *proteção* (na relação entre desiguais); como *lealdade* e *respeito à palavra dada*; como fundamento da *justiça* e da *virtude cívica*; como o liame que une entre si os membros da *societas inter ipsos*, e, ainda, como instrumento técnico-jurídico, de modo especial os *iudicia ex fide bona*, sua vigência se manifestando 'de maneira fluida e elástica em todos os níveis jurídicos, políticos e sociológicos' da cultura romana, constituindo o seu valor ético fundante." (MARTINS-COSTA, Judith. *A boa-fé no direito privado*. São Paulo: Marcial Pons, 2015. p. 49-50).

A distinção tem sido acolhida na doutrina jurídica mais recente, iniciando pelo ramo do direito privado[21], mas hoje já plenamente aplicada no direito público.[22] No atual Código Civil brasileiro, a boa--fé é consagrada no art. 113, asseverando que "os negócios jurídicos devem ser interpretados conforme a boa-fé e os usos do lugar de sua celebração", bem como no art. 422, ao estatuir que: "os contratantes são obrigados a guardar, assim na conclusão do contrato, como em sua execução, os princípios de probidade e boa-fé".

O comportamento que contraria a legítima confiança ou expectativa despertada em outrem é vedado pelo ordenamento não apenas entre os particulares, mas também nas relações com o Estado, do qual se espera uma conduta íntegra. Na lição de Jesús González Pérez, os requisitos para a aplicação do princípio da confiança legítima nas relações entre Estado e cidadão seriam: 1) um ato que gere confiança do administrado de que a Administração atua corretamente, de que é lícita a conduta que o administrado mantém em sua relação com a Administração e de que suas expectativas como interessado são razoáveis; 2) a Administração gera sinais externos que orientem o administrado a realizar certa conduta; 3) um ato da administração que reconhece ou constitui uma situação jurídica individualizada em cuja perdurabilidade o administrado possa confiar; 4) causa idônea para provocar a confiança do administrado, a qual não pode advir de negligência, ignorância ou mera tolerância da Administração; 5) o administrado tenha cumprido os deveres e obrigações que lhe incumbiam no caso concreto.

A realidade expressa pelo princípio da boa-fé também é indicada na Torá (embora não com a nomenclatura romana de *bona fides*) e com um elevado acento na perspectiva subjetiva. Neste sentido, os povos antigos que demonstraram acentuada capacidade jurídica, como judeus e romanos, não foram capazes de chegar a delinear mais precisamente aquilo que hoje chamamos de boa-fé objetiva. Salientava-se

---

[21] CORDEIRO, António Manuel da Rocha e Menezes. *Da boa-fé no direito civil*. Coimbra: Coimbra, 2001.

[22] Veja-se, por todos, PÉREZ, Jesús González. *El principio general de la buena fe en el derecho administrativo*. Madrid: Civitas, 2009.

sobretudo o aspecto moral íntimo da boa-fé, isto é, a percepção ou não pelo agente de estar agindo de modo imoral ou ilícito.

Os primeiros trechos que vale a pena mencionar dizem respeito ao uso devido das unidades de medida:

> Não enganareis nas medidas de comprimento, peso ou volume. Balanças justas, escalas justas. (Levítico/*Vayikra* 19,35).
> Na tua bolsa, não terás pesos diversos, um grande e um pequeno. (Deuteronômio/*Devarim* 25,13)

Aqui, o apelo é principalmente à consciência do vendedor (boa-fé subjetiva), para que, ao entabular relações negociais, não alterasse as medidas daquilo que deveria ser fornecido ao comprador, levando a outra parte ao erro por meio de prática dolosa ou enganadora.

No Talmude babilônico, tais versículos envolvendo a correção nas medidas são interpretados de modo bastante prático:

> Os Sábios ensinaram: "Não farás injustiça no juízo, no comprimento [*bammidda*], no peso ou em volume [*uvamesura*]" (Levítico 19:35). [...] "No comprimento [*bammidda*]", refere-se à medição da terra, ensinando que para medir a terra de uma maneira justa, não se pode medir para uma pessoa no verão, quando a corda de medição fica seca e curta, e para um outro indivíduo na estação chuvosa, quando a corda de medição fica molhada e mole e, portanto, estica mais. "Em peso" significa que não se pode cobrir os pesos com sal, pois o sal corrói os pesos, levando a uma perda para o comprador. "Ou em volume [*bamesura*]" significa que não se pode fazer com que o líquido seja despejado rapidamente formando espuma, pois isso resulta em uma perda para o comprador, que recebe menos do líquido do que o valor pelo qual pagou.[23] (tradução livre)

O Talmude inclusive compara o engano nas medidas a uma forma de furto propriamente dito, e sua reprovabilidade moral se daria não

---

[23] TALMUDE BABILÔNICO. Tratado *Bava Batra*, 89b:8. Disponível em hebraico e inglês em: <https://www.sefaria.org/Bava_Batra.89b?lang=bi>. Acesso em: 21 ago. 2019.

apenas no ato da compra e venda, mas já em momento anterior: a mera alteração da medida, com o intuito de, no futuro, enganar alguém, já seria uma violação da lei presente na Torá[24], a demonstrar a característica do direito pré-moderno de não separar claramente o ato imoral interno do ato ilícito exteriormente manifestado na vida de relação social.

Condena-se assim o vício de consentimento conhecido entre os romanos como *dolus* (dolo), isto é, valer-se de um ardil ou artifício para enganar terceiros.[25] De modo mais genérico, o engano doloso também é condenado em outras passagens da Torá:

> Não furtareis, nem mentireis, nem usareis de falsidade cada um com o seu próximo. (Levítico/*Vayikra* 19,11)
>
> Ninguém, pois, engane ao seu próximo; mas terás temor do teu D'us; porque eu sou o Senhor vosso D'us. (Levítico 25,17)
>
> E quando venderdes alguma coisa ao vosso próximo, ou a comprardes da mão do vosso próximo, ninguém engane a seu irmão (Levítico 25,14)
>
> Vendo extraviado o boi ou ovelha de teu irmão, não te desviarás deles; restitui-los-ás sem falta a teu irmão. (Deuteronômio/*Devarim* 22,1)

Por se tratar também de uma sociedade muito ligada à terra (após assentar-se no território do antigo Israel), buscava-se tutelar também o trato honesto na fixação dos limites da propriedade imobiliária:

> Não mudes os marcos do teu próximo, que os antigos fixaram na tua herança, na terra que o Senhor, teu D'us, te dá para a possuíres (Deuteronômio/*Devarim* 19,14).

---

[24] TALMUDE BABILÔNICO. Tratado *Bava Metzia*, 61b:3. Disponível em hebraico e inglês em: <https://www.sefaria.org/Bava_Metzia.61b?lang=bi>. Acesso em: 21 ago. 2019.

[25] Na tradição judaica, há inclusive a previsão de maldições para quem engana os demais valendo-se de medidas falsas, como a maldição de empobrecer e de sofrer ataques de inimigos. Ao revés, D'us abençoaria com fartura material àqueles que prezassem pela honestidade nesse campo, cf. WEISSMAN, Moshe. *El Midrash dice*: el libro de Devarim – Deuteronomio. Buenos Aires: Bnei Sholem, 2006. p. 256-257.

Por fim, exalta-se o valor da palavra empenhada, sobretudo quando reforçada por um voto ou compromisso feito a D'us:

> Quando um homem fizer voto ao Senhor ou juramento para obrigar-se... não violará a sua palavra; segundo tudo o que prometeu, fará. (Números/*Bamidbar* 30,3).

Esta passagem, para além de demonstrar um compromisso ético daquele que deu sua palavra, pode atuar como uma forma de abertura para a boa-fé em sentido objetivo: a expectativa criada pela manifestação do compromisso gera nas outras pessoas uma confiança de que o agente atuará tal como ele mesmo enunciou, evitando ir contra a sua própria conduta prévia de se obrigar (naquilo que, contemporaneamente, chamamos de teoria dos atos próprios ou proibição do *venire contra factum proprium*).

No antigo Israel, a questão do voto feito a D'us se revestia de grande seriedade, não se devendo fazê-lo de forma precipitada e havendo regras específicas para anular o voto, caso fosse demasiado duro ou difícil de cumprir, desde que com a permissão de um sábio ou de um tribunal. Ou seja, a própria anulação de um voto não poderia ser feita livremente pela parte que fizera o juramento, mas necessitava da autorização de um terceiro dotado de autoridade moral e/ou jurídica.[26]

Analisada a ideia de boa-fé que se revela nos versículos da Torá, e a insistência neles presente de sua conexão essencial com a moralidade e no trato com os demais membros da comunidade, agora iremos expor o princípio da proporcionalidade.

4.3 PRINCÍPIO DA PROPORCIONALIDADE

O princípio da proporcionalidade nas penas e também na reparação de danos tem um importante lastro no direito judaico, o qual é visto como uma evolução, mesmo entre os povos antigos, em relação a vinganças privadas totalmente desproporcionais e desarrazoadas.

---

[26] Para as regras sobre os tipos de votos e requisitos para sua anulação, cf. WEISSMAN, Moshe. *El Midrash dice*: el libro de Bamidbar – Números. Buenos Aires: Bnei Sholem, 1999. p. 369-373.

Revela-se, pois, o anseio pelo equilíbrio e moderação. Percebe-se, assim, que o ideal de ponderação e razoabilidade já estava presente na Lei Mosaica como parâmetros de balanceamento para a adequação entre os meios empregados e os fins pretendidos, rechaçando o agir discricionário e meramente subjetivo, dentro de um modelo de controle da arbitrariedade.

Aqui, destaca-se sobretudo a famosa *lei de talião*[27], também conhecida pela expressão "olho por olho, dente por dente", a partir de textos literais da Torá:

> Mas se houver morte, então darás vida por vida. Olho por olho, dente por dente, mão por mão, pé por pé. Queimadura por queimadura, ferida por ferida, golpe por golpe. (Êxodo/*Shemot* 21, 23-25)
>
> Quando também alguém desfigurar o seu próximo, como ele fez, assim lhe será feito: Quebradura por quebradura, olho por olho, dente por dente; como ele tiver desfigurado a algum homem, assim se lhe fará. (Levítico/*Vayikra* 24, 19-20)

Contudo, os textos acima sobre a chamada lei de talião não recebem interpretação literal no judaísmo rabínico, mas sim a de um dever de indenizar proporcionalmente ao dano efetuado. Não se entende, portanto, como um dever de furar o olho de alguém que furou o olho de outrem, ou de cortar a mão ou pé de quem cortou a mão ou pé de outrem, mas sim como o dever nascido do dano de repará-lo com compensação financeira adequada e proporcional.

A esse respeito, veja-se a interpretação rabínica presente no Talmude babilônico (Tratado *Bava Kamma*, 83b):

> O Misericordioso afirma na Torá: "Olho por olho" (Êxodo 21,24). Poderias dizer que isso significa que aquele que causou a lesão

---

[27] A palavra "talião" não indica o nome da lei, mas é apenas uma palavra portuguesa derivada de "*lex talionis*", do latim *talio, talionis*, isto é, "tal qual, idêntico, do mesmo modo". Portanto, a palavra *talião* significa simplesmente "tal qual", ou seja, a resposta à ofensa se dará *do mesmo modo* que a ofensa feita.

perderá um olho seu em vez de pagar uma indenização. A Guemará responde: Essa interpretação não deve entrar em sua mente. O princípio implícito na Mishná é derivado de uma analogia verbal na Torá: [...] Baseado no verso: "Olho por olho, dente por dente, mão por mão, pé por pé (Êxodo 21,24), alguém poderia pensar que se alguém cegasse o olho de outrem, o tribunal cegaria seu olho como castigo; ou se alguém cortasse a mão de outrem, o tribunal cortaria a sua mão; ou se alguém quebrasse a perna de outrem, o tribunal quebraria sua perna. Portanto, o versículo declara: "Aquele que golpeia uma pessoa", e o verso também declara: "E quem golpeia um animal", para ensinar que assim como alguém que golpeia um animal está sujeito a pagar uma compensação monetária, também quem golpeia uma pessoa é obrigado a pagar uma compensação monetária. (tradução livre)[28]

Este dever de indenizar presente nos textos da Torá escrita que enunciam a lei de talião se subdivide, na interpretação rabínica, em cinco modalidades distintas de indenização. A primeira trata-se do chamado *nezek*, isto é, compensação pelo *dano físico*. Nesses casos, o tribunal calculava o valor do membro perdido, levando em consideração inclusive a ocupação da vítima, o que levava a valores variáveis de indenização. A segunda era a indenização específica decorrente da dor física causada pela lesão (*tzaar*), variável de acordo com a intensidade da dor.[29]

Outro importantíssimo instituto é o da reparação por perdas e danos materiais (terceira modalidade), mas também os decorrentes de lucros cessantes (quarta modalidade), extraídos mais diretamente do seguinte texto da Torá escrita:

> Se dois homens brigam e um deles atinge o outro e a vítima fica acamada, deverá pagar pela perda do trabalho da vítima e prover a sua cura completa. (Êxodo/*Shemot* 21, 19).

---

[28] TALMUDE BABILÔNICO. Tratado *Bava Kamma*, 83b. Disponível em hebraico e inglês em: <https://www.sefaria.org/Bava_Kamma.83b.1-­22?lang=bi>. Acesso em: 1 ago. 2019.

[29] WEISSMAN, Moshe. *El Midrash dice*: el libro de Shemot – Exodo. Buenos Aires: Bnei Sholem, 2009. p. 192.

Numa época em que não existiam instrumentos de previdência social, a perda, ainda que temporária, da capacidade de laborar poderia significar extrema penúria para aquele que não fosse capaz de prover o seu sustento e de sua família pelo desempenho de seu trabalho. Era o dano conhecido como *shevet*, decorrente da ausência do trabalho.[30] Portanto, seria adequado e razoável que o perpetrador do dano fosse responsabilizado por prover o sustento da vítima. Ademais, os gastos incorridos com o tratamento da vítima, até sua recuperação, também eram objeto de indenização, em razão do dano causado (conhecido como *ripui*).[31]

De tais textos acima mencionados, também por interpretação rabínica, se deriva a possibilidade de indenização por dano moral decorrente da humilhação sofrida por ter sido insultado ou golpeado, ainda que não houvesse lesão. Era a quinta modalidade de dano, conhecida como *boshet*, em razão da vergonha ou humilhação sofrida.[32]

Mais adiante encontramos a seguinte previsão acerca da proporcional reparação por atos realizados por animais:

> Se alguém fizer pastar o seu animal num campo ou numa vinha e o largar para comer em campo de outrem, pagará com o melhor do seu próprio campo e o melhor da sua própria vinha. (Êxodo/*Shemot* 22,5)
>
> Se o boi chifrar um escravo ou uma escrava, dar-se-ão trinta siclos de prata ao senhor destes. (Êxodo/*Shemot* 21,32)

Portanto, aquele que é proprietário de um animal, e que aufere os benefícios que este animal lhe pode proporcionar (para além do valor de servir para alimentação, os animais de carga serviam para auxiliar no trabalho de arar a terra, transporte e carregar pesados fardos), deve também ser responsável por pagar indenização proporcional ao dano causado.

---

[30] Ibidem. p. 193.
[31] Ibidem. p. 192.
[32] Ibidem. p. 193. Para todos os cinco tipos de indenização, cf. MISHNÁ. Tratado *Bava Kamma*, 8, 1. Disponível em hebraico e inglês em: <https://www.sefaria.org/Mishnah_Bava_Kamma.8?lang=bi>. Acesso em: 20 ago. 2019.

Em matéria de punição, também se salienta que a Torá já proibia a desproporcionalidade de que a pena por um delito fosse aplicada aos parentes do agente delituoso:

> Os pais não serão mortos em lugar dos filhos, nem os filhos, em lugar dos pais; cada qual será morto pelo seu pecado. (Deuteronômio/*Devarim* 24,16)

Embora tal norma nos pareça óbvia atualmente, sendo inclusive consagrada com o nome de *princípio da pessoalidade* ou da *intranscendência da pena*, era comum entre outros povos do Mundo Antigo a total desproporcionalidade na aplicação da vingança pela morte. Não apenas o homicida, mas também parentes seus eram mortos como forma de punir o clã familiar pelo homicídio praticado por um de seus membros.

Este aspecto denota já um avanço civilizacional no modo como Israel lidava com o tema. Ainda que se admitisse a pena de morte, ou mesmo a vingança privada (o chamado *vingador do sangue* ou, em hebraico, *goel hadam*, membro da família de quem tinha sido morto que poderia perseguir e matar o homicida), esta não poderia passar da pessoa do condenado, indicando um princípio intimamente conectado com a proporcionalidade e a razoabilidade.

Tendo visto o papel da proporcionalidade, e como a lei mosaica representou um progresso nesse campo relativo ao ambiente em que havia sido forjada, inclusive formulando modalidades distintas de danos e sua respectiva reparação, e impedindo que a pena passasse da pessoa do condenado, agora analisaremos o princípio da igualdade.

4.4 PRINCÍPIO DA IGUALDADE

O princípio da igualdade é uma das características mais salientes da teoria política e jurídica contemporânea, com raízes mais diretas e imediatas oriunda do Iluminismo. Não à toa, está presente em dois dos principais monumentos políticos do século XVIII, a Declaração de Independência Americana de 1776 e a Declaração Universal dos Direitos do Homem e do Cidadão de 1789:

> **Declaração de Independência Americana (1776) – Preâmbulo**
> Afirmamos que estas verdades são autoevidentes: que todos os homens são criados iguais, que são dotados por seu Criador com

certos direitos inalienáveis, que dentre eles estão o direito à vida, à liberdade e à busca da felicidade.³³ (tradução livre)

Declaração dos Direitos do Homem e do Cidadão (1789)
Art.1.º Os homens nascem e permanecem livres e iguais em direitos. As distinções sociais somente podem fundamentar-se na utilidade comum.³⁴ (tradução livre)

O princípio político-jurídico da igualdade como formulado neste momento revela-se uma tentativa de rompimento com a estruturação estamental da sociedade presente tanto no passado absolutista como medieval europeu. Nestas estruturas anteriores da história ocidental, os membros do povo eram vistos como inseridos em estamentos ou categorias sociais, sendo emblemática a divisão presente no *Ancien Régime* francês de clero (Primeiro Estado), nobreza (Segundo Estado) e membros do Terceiro Estado (composto por comerciantes, mercadores, artesãos, camponeses).

A noção liberal de igualdade simplesmente era inexistente, pois as próprias sociedades absolutistas e medievais possuíam uma autocompreensão estamental. A cada estamento social (estratificação) cabiam funções precisas e determinadas. Ao clero cabia cuidar dos assuntos espirituais e de salvação da alma. A nobreza se ocupava da tarefa de administrar o reino, bem como de assumir o encargo de liderar a nação nas campanhas militares. Já os camponeses e a burguesia arcavam com a maior parte dos trabalhos cotidianos e da geração de riquezas, com o respectivo pagamento de tributos.

É característica do período a instituição de privilégios e imunidades de acordo com a categoria social e hierarquia a que pertencia um indivíduo. Para que se tenha uma noção concreta desta visão de mundo, o partido regalista e absolutista francês, por exemplo, criticava duramente a Carta Constitucional francesa de

---

[33] "We hold these truths to be self-evident, that all men are created equal, that they are endowed by their Creator with certain unalienable Rights, that among these are Life, Liberty and the pursuit of Happiness."

[34] "Art. 1er. Les hommes naissent et demeurent libres et égaux en droits. Les distinctions sociales ne peuvent être fondées que sur l'utilité commune."

1814 por esta consagrar a igualdade de direitos, em contraposição aos privilégios de classe.[35]

A distinção fica clara na obra do jurista Friedrich von Gentz, escrita em princípios do século XIX. Este autor desenvolveu uma diferenciação entre dois tipos de Constituição: as Constituições baseadas em estamentos (*landständische Verfassungen*) e as Constituições com fundamento na representação popular. Nas primeiras, os membros do Parlamento votariam de acordo com os interesses das corporações ou estamentos a que pertencessem. Nas segundas, os parlamentares não representariam os privilégios e interesses de cada estamento, mas sim a integralidade do povo.[36]

Ainda no pensamento de Gentz, a cada tipo de Constituição corresponderia uma tendência em relação à ordem social. A Constituição estamental tenderia a estabilizar e proteger a ordem social e política tradicional, com base na reta ordem natural existente entre as classes e corporações entre si e nos direitos adequados a cada uma delas. Já as Constituições representativas conduziriam à revolução e ao caos, pois perverteriam a ordem natural da sociedade ao tomar como fundamento aquilo que Gentz via como sendo o "conceito corrupto" de soberania popular.[37]

Para esse autor germânico, as Constituições representativas instalariam verdadeiras ilusões abstrusas, tais como o conceito de *liberdade individual* (que desembocaria em arbítrio universal) no lugar do princípio de subordinação dos inferiores aos superiores e da ordem civil; da *igualdade de direitos* e da *igualdade de todos perante a lei*, que intentariam apagar artificialmente as desigualdades naturais entre os membros de cada classe ou estamento, diferenças

---

[35] CAPEFIGUE, Jean-Baptiste Honoré Raymond. *Histoire de la Restauration et des causes qui ont amené la chute de la branche ainée des Bourbons*. Bruxelles: Société Belge de Librairie, 1837. p. 101.

[36] LEVINGER, Matthew. *Enlightened nationalism*: the transformation of Prussian political culture, 1806-1848. Oxford: Oxford University, 2000. p. 150. Cf. também SWEET, Paul R. *Friedrich von Gentz*: defender of the old order. Madison: Wisconsin University, 1941. p. 225-226; SHEEHAN, James J. *German History* (1770-1866). Oxford: Oxford University, 1994. p. 425.

[37] LEVINGER, Matthew. op. cit. p. 150.

essas estabelecidas pelo próprio D'us. Elas também solapariam diretamente a autoridade do monarca, ao estatuir a separação de poderes, enquanto as Constituições estamentais preservavam a figura do rei como supremo legislador e órgão máximo de representação estatal.[38]

Ao voltarmos os olhos para a lei mosaica, tampouco podemos buscar um conceito de igualdade em termos contemporâneos. Seria uma visão anacrônica, como já expusemos ao tratar da questão da escravidão e desigualdade (no capítulo 3) sobre a dignidade da pessoa humana. Não se tinha a igualdade em termos atuais em relação a mulheres, crianças e escravos, característica essa de todo o Mundo Antigo.

Contudo, a pergunta remanesce: apesar da inarredável distinção entre classes ou categorias de pessoas como características das sociedades pré-modernas, é possível retirar um substrato ou semente que depois seria aproveitado para fazer nascer o princípio da igualdade de forma mais intensa? Ou, como expusemos (no capítulo 2), se é admissível a vivência de certos valores em graus distintos de profundidade de acordo com cada momento histórico, é possível falarmos em "igualdade" na lei mosaica? Cremos que sim.

Como já visto (no capítulo 3), a visão da Torá sobre uma igualdade de base entre os seres humanos decorre da noção fundamental do ser humano como "Imagem de D'us" (*Tzelem Elohim*), esteio para um conceito de dignidade da pessoa humana tanto no judaísmo como no cristianismo. A partir dessa afirmação básica, a Torá enunciará princípios ou corolários de convivência, sob a forma de normas concretas, que passaremos a analisar nessa seção.

Em primeiro lugar, citemos a regra áurea, depois retomada pelo cristianismo com bastante ênfase, mas que está presente já no texto da Torá escrita:

> Não te vingarás nem guardarás ira contra os filhos do teu povo; mas amarás o teu próximo como a ti mesmo. Eu sou o Senhor. (Levítico/*Vayikra* 19,18)

A regra de "amar ao próximo como a si mesmo" relembra a dimensão ética de que o próximo, por ser imagem de D'us, é merecedor

---

[38] Ibidem. p. 151.

de tratamento digno, respeitoso e igualitário. Não à toa, logo após o mandamento de amar o próximo, vem a afirmação: "Eu sou o Senhor", como a afiançar que é em razão dessa referência do ser humano como imagem de D'us que tal mandamento se torna imperativo. Já vimos inclusive (no capítulo 3) como esse mandamento visava também a garantir o *mínimo existencial* aos membros socialmente mais vulneráveis do povo (o órfão, a viúva, o estrangeiro), consagrando a ideia de uma mínima igualdade social substancial (como, por exemplo, em Deuteronômio/*Devarim* 24, 19-22).

Mas o chamamento à igualdade fica mais claro em diversos textos da Torá quanto à figura do estrangeiro.[39] No contexto da Torá, fica óbvio que o estrangeiro era um "outro", isto é, alguém não ligado por laços de sangue e de religião com o povo de Israel. Não obstante isso, a Torá reclama para ele um tratamento igualitário, inclusive com aplicação das mesmas leis que não fossem exclusivamente de natureza religiosa (certo conceito de *igualdade perante a lei*):

> Pois o Senhor vosso D'us é o D'us dos deuses, e o Senhor dos senhores, o D'us grande, poderoso e terrível, que não faz diferenciação de pessoas, nem aceita recompensas; Que faz justiça ao órfão e à viúva, e ama o estrangeiro, dando-lhe pão e roupa. Por isso amareis o estrangeiro, pois fostes estrangeiros na terra do Egito. (Deuteronômio/*Devarim* 10, 17-19)
>
> Não abominarás o edomeu, pois é teu irmão; nem abominarás o egípcio, pois estrangeiro foste na sua terra. (Deuteronômio/*Devarim* 23, 7)
>
> Não oprimirás o diarista pobre e necessitado de teus irmãos, ou de teus estrangeiros, que está na tua terra e nas tuas portas. (Deuteronômio/*Devarim* 24, 14)
>
> E quando o estrangeiro peregrinar convosco na vossa terra, não o oprimireis. Como um natural entre vós será o estrangeiro que

---

[39] Segundo o livro bíblico de II Crônicas, 2, 17, o número de estrangeiros vivendo em Israel, ao tempo do rei Salomão, era expressivo: cento e cinquenta e três mil e seiscentos. Portanto, era um contingente de pessoas que não poderia simplesmente ser ignorado, bem como devia a ele se aplicar também as leis de Israel (ainda que não aquelas de caráter estritamente religioso, caso não houvessem se convertido à fé no D'us de Israel).

peregrina convosco; amá-lo-ás como a ti mesmo, pois estrangeiros fostes na terra do Egito. Eu sou o Senhor vosso D'us. (Levítico/ *Vayikra* 19, 33-34)

Uma mesma lei tereis; assim será para o estrangeiro como para o natural; pois eu sou o Senhor vosso D'us. (Levítico/*Vayikra* 24, 22)

Nesse particular, vê-se que a Torá faz memória a todo momento das ocasiões históricas em que o próprio povo de Israel era estrangeiro em terra alheia. As experiências dos patriarcas, que habitaram em terras de outros povos, bem como aquelas do próprio povo – e dos abusos sofridos, como a escravidão no Egito narrada no livro de Êxodo – imprimiram nos hebreus uma forte consciência acerca da reciprocidade de tratamento adequado mesmo para com os não judeus, expresso de maneira lapidar na norma de Levítico/*Vayikra* 24, 22: "a mesma lei tereis; assim será para o estrangeiro como para o natural".

A igualdade, como já anteriormente mencionado, também assumia contornos processuais:

Não serás parcial no julgamento; ouvirás assim o pequeno como o grande. (Deuteronômio/*Devarim* 1,17)

Não torcerás o juízo, não mostrarás parcialidade nem tomarás suborno. (Deuteronômio/*Devarim* 16,19)

Não farás injustiça no juízo, não favorecerás o pobre ou demonstrarás deferência ao rico; com justiça julgará o teu próximo. (Levítico/*Vayikra* 19,16)

Existe aí um verdadeiro libelo pela *igualdade das partes em litígio*, sem considerações de ordem econômica ou social, evitando-se inclusive um conceito equivocado de misericórdia para com o pobre que levasse o magistrado a condenar o rico pelo simples fato de sua opulência (ou, ao revés, de condenar o pobre por sua pobreza). No processo judicial pensado pela lei mosaica (tanto escrita como oral), a igualdade se revelava de maneira patente e, em certos pontos, bastante próxima de uma visão moderna, como mencionado ao analisarmos o princípio do devido processo legal.

Contudo, para além dos textos explícitos acima mencionados, podemos fazer uma reflexão de como a igualdade também se encarnava no antigo Israel da perspectiva de sua organização política original, que apresentava alguns traços de uma sociedade sem grandes diferenças sociais.

Deve-se atentar para o fato de que as tribos de Israel, quando da saída do Egito, não estavam organizadas em castas ou em estruturas nobiliárquicas, como era tão comum na experiência dos povos antigos vizinhos, conforme ressaltado por Joshua Berman[40]:

> O conceito bíblico de autoridade também é distintamente igualitário em relação à mobilidade social. A alocação de cargos políticos por classe e parentesco foi generalizada em quase todas as sociedades pré-modernas, e continua hoje *de facto* em muitos lugares. A Torá, no entanto, talvez pela primeira vez na história, recomenda uma distribuição de poder – ou uma parte substancial dela, pelo menos – por meio de linhas institucionais e instrumentais sem levar em consideração a posição social (a exceção mais importante sendo, é claro, o sacerdócio). Lendo a passagem relevante de Deuteronômio, é possível deduzir que qualquer pessoa que esteja "entre seus irmãos" é elegível, em princípio, para ser nomeado rei. O mesmo acontece com o Judiciário: teoricamente, a Torá permite que qualquer israelita se torne juiz; e não menos importante, parece esperar que todos os membros da comunidade participem do processo de indicação de juízes. (tradução livre)

Havia uma única distinção fundamental, não de natureza primariamente social, mas de caráter eminentemente funcional: a tribo de Levi, que possuía direitos e deveres específicos (principalmente deveres) em razão do ministério ou função sacerdotal a que eram chamados seus membros.

Contudo, mesmo essa diferenciação trazia consigo ônus e responsabilidades consideráveis para a casta sacerdotal: além de deveres

---

[40] BERMAN, Joshua. The Biblical Origins of Equality: The Torah as the constitution of an egalitarian polity. *Azure Online*, 37, 2009. Disponível em; <http://azure.org.il/include/print.php?id=503>. Acesso em: 22 ago. 2019.

religiosos mais rigorosos que não obrigavam ao restante do povo, a tribo sacerdotal não possuía território próprio na divisão de terras entre as tribos de Israel e não podia exercer as mesmas atividades econômicas que o restante do povo. Por isso, dependia de ofertas para manter sua subsistência[41], sendo às vezes colocada ao lado do pobre, da viúva, do órfão e do estrangeiro – os mais vulneráveis socialmente – como objeto da caridade alheia.[42]

Mas, excluída a dimensão ritual, não havia neste momento subdivisões ulteriores em razão de nascimento ou *status* econômico ou social. Como salienta Martin Sicker, a estrutura tribal original de Israel, quando da sua constituição, após a saída do deserto (que é exatamente aquela retratada nos cinco livros da Torá escrita), configurava uma sociedade em que as distinções de classe eram minimamente existentes. Com exceção de mulheres, crianças e outros que padeciam de desigualdades sociais tradicionais no Mundo Antigo, todos os membros das tribos israelitas eram intrinsicamente iguais.[43] Ademais, neste momento da história de Israel, a propriedade imobiliária era disseminada de forma mais equânime entre os membros do povo,

---

[41] "Disse também o Senhor a Arão: Na sua terra herança nenhuma terás, e no meio deles, nenhuma parte terás; eu sou a tua parte e a tua herança no meio dos filhos de Israel. [...] E eis que aos filhos de Levi tenho dado todos os dízimos em Israel por herança, pelo ministério que executam, o ministério da tenda da congregação. [...] Mas os levitas executarão o ministério da tenda da congregação, e eles levarão sobre si a sua iniquidade; pelas vossas gerações estatuto perpétuo será; e no meio dos filhos de Israel nenhuma herança terão". (Números/*Bemidbar* 18, 20-21 e 23)

[42] "Ao fim de três anos tirarás todos os dízimos da tua colheita no mesmo ano, e os recolherás dentro das tuas portas; Então virá o levita (pois nem parte nem herança tem contigo), e o estrangeiro, e o órfão, e a viúva, que estão dentro das tuas portas, e comerão, e fartar-se-ão; para que o Senhor teu D'us te abençoe em toda a obra que as tuas mãos fizerem". (Deuteronômio/*Devarim* 14, 28-29). Cf. também: "Quando acabares de separar todos os dízimos da tua colheita no ano terceiro, que é o ano dos dízimos, então os darás ao levita, ao estrangeiro, ao órfão e à viúva, para que comam dentro das tuas portas, e se fartem". (Deuteronômio/*Devarim* 26,12)

[43] SICKER, Martin. Democracy and judaism: the question of equality. *Jewish Political Studies Review* 5:1-2, Spring 1993. p. 62.

pois se entendia que a terra pertencia a D'us, tendo sido dada por Ele ao povo coletivamente.[44]

Indo além: no momento inicial de formação do povo de Israel, antes da ocupação de Canaã, a liderança sequer era exercida por um rei, mas somente por Moisés e seu irmão Aarão (com este último cumprindo funções sacerdotais). Apenas posteriormente é que, por necessidades práticas, como mencionado anteriormente, foram estabelecidas chefias sobre porções menores do povo.

Contudo, mesmo quando da instituição da monarquia, as limitações ao poder real eram claramente previstas na Torá:

> Quando entrares na terra que te dá o Senhor teu D'us, e a possuíres, e nela habitares, e disseres: Porei sobre mim um rei, assim como têm todas as nações que estão em redor de mim. Porás certamente sobre ti como rei aquele que escolher o Senhor teu D'us; dentre teus irmãos porás rei sobre ti; não poderás pôr homem estranho sobre ti, que não seja de teus irmãos. Porém ele não multiplicará para si cavalos, nem fará voltar o povo ao Egito para multiplicar cavalos; pois o Senhor vos tem dito: Nunca mais voltareis por este caminho. Tampouco para si multiplicará mulheres, para que o seu coração não se desvie; nem prata nem ouro multiplicará muito para si. Será também que, quando se assentar sobre o trono do seu reino, então escreverá para si num livro, um traslado desta lei, do original que está diante dos sacerdotes levitas. E o terá consigo, e nele lerá todos os dias da sua vida, para que aprenda a temer ao Senhor seu D'us, para guardar todas as palavras desta lei, e estes estatutos, para cumpri-los; para que o seu coração não se levante sobre os seus irmãos, e não se aparte

---

[44] "In contrast to the systems that served the narrow interests of an elite, biblical law placed a premium on strengthening social bonds. The Torah's economic laws encourage an egalitarian agenda in several ways. The first concerns the distribution of land – the main source of income in ancient times. In other parts of the ancient world, most of the land was the property of the palace and the temple. The Pentateuch, in contrast, posits that the ultimate owner of the land is God, and he has turned it over to the people as a whole. The idea that broad expanses of available land should be divided among the commoners was unprecedented." (BERMAN, Joshua. op. cit).

do mandamento, nem para a direita nem para a esquerda; para que prolongue os seus dias no seu reino, ele e seus filhos no meio de Israel. (Deuteronômio/*Devarim* 17, 14-20)

Percebe-se da leitura de tal texto que havia uma diferença cabal em relação aos reis dos povos vizinhos: o rei não era visto como um semideus – como já mencionado (no capítulo 3) –, mas tão somente como um membro do povo, escolhido para a função governativa, estando submetido às mesmas leis da Torá vigentes para todos.

A Torá também enuncia que seria o próprio povo a optar por instituir a monarquia, numa espécie de representação popular na escolha do sistema de governo. Ademais, expressamente limita o poder real, buscando evitar que o monarca se tornasse excessivamente poderoso e oprimisse o povo em favor de quem foi constituído.[45]

---

[45] Embora, na história concreta de Israel, os reis nem sempre tenham se atido a essas normas de limitação, como, de resto, acontece com o exercício do poder político em qualquer sociedade, que nem sempre obedece os limites postos pelas leis. Veja-se, por exemplo, a crítica social de Jeffrey Fager: "On the one hand is the centralized monarchic structure which tends to maintain the status quo and to legitimize the authoritarian rule of the state. Such a power structure benefited the urban classes and the wealthy creditors who were able to accumulate large landholdings and keep the peasants in a dependent status. This system was characteristic of Canaan and was a constant temptation to Israel; David took the first steps toward such a system and Solomon completed the move. On the other hand is the prophetic movement of protest against institutions of power, a movement rooted in the Mosaic tradition of liberation from oppressive monarchy. This movement tended to diffuse power and prevent the central authorities from usurping rights and privileges that properly belonged to Yahweh. The second level of this clash involves the understanding of land itself. In the story of Meribaal's estate (2 Sam. 18-19), land that was once considered a paternal inheritance is transferred to royal ownership, reinforcing the privilege of the monarch to confiscate land and use it as reward or punishment for the subjects. Brueggemann labels this concept of land 'royal/urban', since it rests on the power of the monarchy and benefits the urban class. In this concept of land, possession implies legitimacy, while the landless have no rights, and the king has the power to grant or withdraw possession in accordance with an individual's loyalty. In opposition to such a system was a 'covenantal/prophetic' model for property ownership which stresses respect for the

Além disso, observa-se também que as instituições públicas no Israel antigo – como o judiciário, a instituição sacerdotal e profética e a própria monarquia – possuíam certas atribuições e limites de atuação e conduta básicos definidos nas normas da Torá[46], o que nos

---

poor and restraint on the rich. In this model, no one has special privileges of ownership, and land is not understood as a commodity that can be confiscated or purchased, but as a birthright that is inalienable." (FAGER, Jeffrey A. *Land Tenure and the Biblical Jubilee*: Uncovering Hebrew Ethics Through the Sociology of Knowledge. Sheffield: Journal for the Study of the Old Testament Press, 1993. p. 85-86).

[46] "Rejecting the conventional royal ideology, the Law of the King might, more appropriately, be described as the blueprint for a constitutional monarchy that radically curtailed precisely the normal hallmarks of power that characterized the monarch. That blueprint for a reconceived monarchy finds its place within a broader draft constitution in which the key judicial, administrative, and cultic branches of government have their separate spheres of authority defined and allocated by a single, sovereign authoritative text (Deut. xvi 18-xviii 22). The key idea of this charter is that no one branch of public office is superior to the other; rather, each is equally subordinate to Deuteronomy's 'Torah.' It is the legal corpus of Deuteronomy that assigns each branch its function and specific sphere of influence; that brings each branch of the administration into relation to one another as part of a broadly conceived whole; that grants each judicial, executive, cultic, and prophetic institution its legitimacy; and that assigns it a standard of performance. No single public institution is self-legitimating: neither the monarchy, the priesthood, nor even prophecy itself. Such a systematic subordination of king, indeed of all public authorities, to a sovereign legal text that defines the powers of each and to which each is accountable, has no counterpart in the ancient Near East where, rather, under the standard royal ideology, it was the king who promulgated law. It is equally absent from the Greek ideology of kingship as reflected in epic and hero cult. This blueprint for a 'Torah monarchy' arguably lays the conceptual foundations for the later idea of a constitutional monarchy. Since Deut. xvi 18-xviii 22 promotes the idea of a public text as what defines the institutional structure of government, and permits no single institution to emerge as superior either to the other branches of government or to the charter to which all are accountable, it may well be that Deuteronomy here also lays the foundation for western constitutional thought more broadly." (LEVINSON, Bernard M. The reconceptualization of kingship in Deuteronomy and the deuteronomistic history's transformation of Torah. *Vetus Testamentum* LI, 4, 2001. p. 531-532).

recorda o moderno princípio da legalidade como reitor das ações da Administração Pública:

> Juízes e oficiais porás em todas as tuas cidades que o Senhor teu D'us te der entre as tuas tribos, para que julguem o povo com juízo de justiça. Não torcerás o juízo, não farás acepção de pessoas, nem receberás subornos; porquanto o suborno cega os olhos dos sábios, e perverte as palavras dos justos. A justiça, somente a justiça seguirás; para que vivas, e possuas em herança a terra que te dará o Senhor teu D'us. (Deuteronômio/*Devarim* 16,18-20)
>
> Eis lhes suscitarei um profeta do meio de seus irmãos, como tu, e porei as minhas palavras na sua boca, e ele lhes falará tudo o que eu lhe ordenar. E será que qualquer que não ouvir as minhas palavras, que ele falar em meu nome, eu o requererei dele. Porém o profeta que tiver a presunção de falar alguma palavra em meu nome, que eu não lhe tenha mandado falar, ou o que falar em nome de outros deuses, esse profeta morrerá. E, se disseres no teu coração: Como conhecerei a palavra que o Senhor não falou? Quando o profeta falar em nome do Senhor, e essa palavra não se cumprir, nem suceder assim; esta é palavra que o Senhor não falou; com soberba a falou aquele profeta; não tenhas temor dele. (Deuteronômio/ *Devarim* 18,18-22)
>
> Depois disse D'us a Moisés: [Os sacerdotes] não rasparão a sua cabeça, e não rasparão as extremidades da sua barba, nem darão golpes na sua carne. Santos serão a seu D'us, e não profanarão o nome do seu D'us, porque oferecem as ofertas queimadas do Senhor, e o pão do seu D'us; portanto serão santos. [...] E o sumo sacerdote entre seus irmãos, sobre cuja cabeça foi derramado o azeite da unção, e que for consagrado para vestir as vestes, não descobrirá a sua cabeça nem rasgará as suas vestes. (Levítico/ *Vayikra* 21, 5-6,10)

Em resumo, pode-se dizer que o princípio da igualdade, tal como cunhado pelas revoluções liberais modernas, e pelos anseios de igualdade substancial social que começaram a aparecer ao longo do século XIX, não se encontra formulado na Torá. Mas seus germes ou sementes, esses sim parecem estar presentes tanto na visão de todos os seres humanos como criados igualmente à imagem de D'us, como nas normas concretas da Torá acima expostas, a povoar o imaginário político e jurídico ocidental que somente viria a florescer vários séculos depois.

Contudo, vimos que se exigia um trato adequado com a pessoa do próximo, com especial atenção aos mais vulneráveis e com destaque para a figura do estrangeiro, por rememoração da própria experiência de Israel como peregrino nas terras de outros povos. Além disso, no período inicial da formação do povo de Israel, as distinções de classe eram mínimas, havendo apenas a diferenciação funcional sagrada.

Tendo exposto e comentado estes quatro princípios jurídicos mais relevantes presentes na Torá, como concretizadores de valores éticos fundamentais ao adequado funcionamento da sociedade judaica – mas também de qualquer outra sociedade que deseje ordenar devidamente a vida social –, passemos agora às conclusões finais.

5
CONCLUSÃO

A influência da religião no direito é inequívoca, fenômeno que ocorre desde as primeiras civilizações há, ao menos, cinco milênios. Normas de conduta e religiosas se confundiam e ao mesmo tempo se complementavam amalgamadas, tal como um corpo dotado de uma alma. Isso porque a vida em uma comunidade organizada sempre exigiu um conjunto de preceitos morais valorativos necessários para sustentar a harmonia na convivência social, cuja apreensão decorre tanto de um esforço da razão humana como de uma obediência oriunda da fé em uma divindade. Ambas as fontes, com muita frequência, atuam simbioticamente na formação cultural, ética e moral do indivíduo e dos povos.

A herança da cosmovisão judaico-cristã, originária dos preceitos da Lei Mosaica (Torá), na cultura ocidental e na formação de instituições modernas, sobretudo no direito, foi demonstrada como algo que fica evidente, estando fortemente enraizada e presente até os dias de hoje.

Essa constatação se realizou ao longo do trabalho não a partir de um olhar religioso fundado na crença em um Ser superior – seja na religião judaica ou na cristã –, mas sim pelos efeitos concretos que estas religiões e seus dogmas provocaram nos diversos povos e civilizações que as absorveram, e que se evidenciam, hodiernamente, através de manifestações e elementos fáticos, sociológicos, históricos e culturais, apreciados na presente obra a partir de uma visão multidisciplinar de ciências sociais.

Investigamos também como o conceito de valor – entendido como ideal a ser aspirado e seguido (como algo moralmente bom e valioso), materializado no ordenamento pelos princípios jurídicos (mandados de otimização) – foi transplantado para a realidade jurídica contemporânea, gerando um movimento de resgate da função jurídico-valorativa conhecido como *pós-positivismo*. Tais valores e princípios foram encontrados no texto da Lei Mosaica a partir da identificação de regras emanadas dos versículos analisados.

Vimos, portanto, a forte influência ético-valorativa e principiológica que a Lei Mosaica proporcionou ao direito ocidental, fenômeno que, no Brasil, nos foi trazido pelo direito português (fortemente canonizado) a partir da difusão de diversos preceitos judaicos incorporados pelo cristianismo, religião que espalhou por boa parte do globo terrestre, ao longo da Idade Média até a Modernidade, as bases culturais e morais que forjaram as instituições jurídicas atuais.

Tal assertiva não exclui o reconhecimento da existência e importância de outros ordenamentos jurídicos anteriores, como os Códigos de Hamurabi e Ur-Nammu. Porém, estes tiveram o seu protagonismo circunscrito ao seu tempo e região de vigência, não tendo sido capazes de transmitir suas normas para além dessas estreitas fronteiras territoriais e temporais, com exceção de algumas poucas regras específicas e pontuais, aqui e acolá ainda visíveis.

É, aliás, exatamente nesse ponto que reside a diferença entre esses outros ordenamentos e o que ocorreu com a Lei Mosaica, uma vez que o cristianismo propagou e manteve muitos dos seus valores até os dias de hoje, materializados nas Escrituras cristãs (Velho e Novo Testamento), permitindo, assim, o ingresso de um código ético--valorativo e principiológico comum em diversos sistemas jurídicos, inclusive no direito brasileiro.

Não obstante, é recorrente nas salas de aula e em manuais de introdução ao estudo do direito nos depararmos com a afirmação – que para nós ficou evidenciado ser, ao menos, incompleta ou imprecisa – de que o ordenamento jurídico brasileiro tem a sua fonte jurígena e raiz no direito romano-germânico. Se, de fato essas duas fontes são muito relevantes, a terceira matriz, originária da Lei Mosaica – pelo influxo do direito canônico medieval –, não pode ser desprezada.

Assim é que o Código Teodosiano – que também foi base jurídica para o subsequente direito escrito dos povos germânicos, e que fora editado já tendo o Império Romano adotado o cristianismo como religião oficial – estava prenhe dos valores e da ética cristã, esta tecida com raízes judaicas, procedentes da Lei Mosaica. E, mesmo após o fim do domínio romano no vasto território que havia conquistado e comandado, já estava consolidada a posição da Igreja como instituição religiosa e com forte ascendência política, imprimindo seus dogmas e crenças também aos povos bárbaros – germânicos, suevos, alanos, visigodos e *vikings*.

Daí porque a mesma influência da Torá também pôde ser vista na região da península ibérica pelo Código Visigótico, legislação dos bárbaros germânicos, assim como pela legislação islâmica (*sharia*) dos muçulmanos que invadiram a mesma região, a partir do Alcorão, escritura sagrada dos muçulmanos, que possui certa identidade e mesmo matiz da Lei Mosaica, se analisadas as similitudes nas suas respectivas narrativas.

Além disso, verificou-se uma convergência inter-religiosa que se deu na Idade Média pela interlocução filosófica entre o teólogo Tomás de Aquino e as ideias do rabino Moisés Maimônides, as quais renovaram, aprofundaram e difundiram as concepções éticas e morais que herdamos de ambas as religiões e que nos foram trazidas especialmente pela legislação portuguesa, a saber, pelas Ordenações Afonsinas, Manuelinas e Filipinas, estas últimas em vigor no Brasil até a edição do Código Civil brasileiro de 1916.

Impressiona também identificar, no celebrado livro *"Leviatã"*, de Thomas Hobbes, assim como no primeiro tratado da obra *"Dois Tratados sobre o Governo"*, de John Locke, a utilização da Lei Mosaica para apreciar questões de filosofia política e de teoria do Estado.

É igualmente emblemático ver Jean-Jacques Rousseau afirmar contundentemente a influência judaico-cristã na visão do mundo ocidental e enaltecer o povo de Israel, sua história e seu sistema de leis, tendo perseverado apesar de todas as adversidades, no que adjetivou como "um espetáculo surpreendente e verdadeiramente único".

Até mesmo o filósofo Immanuel Kant chegou a admitir a função prática – não a teórica – da crença em D'us para impor ao ser humano concreto a obrigação de cumprir os deveres morais. Por sua vez, Karl Marx e Friedrich Nietzsche, mesmo cultivando visões fortemente antissemitas – as quais, em regra, seriam desmerecedoras de qualquer menção – não conseguem se furtar a reconhecer, em meio ao ódio destilado contra o povo judeu, a influência judaico-cristã legada ao mundo ocidental.

Também Georg Jellinek, um dos pais do direito público contemporâneo, considera que, dos povos do Mundo Antigo, o legado de maior predomínio sobre o pensamento moderno teria sido justamente o dos israelitas.

Apesar de a Lei Mosaica – para além de narrar passagens históricas do povo judeu (ainda que consideradas apenas como metáforas úteis) – nos apresentar uma gama imensa de preceitos sobre diversos aspectos da vida (comércio, matrimônio, propriedade etc.), nosso objetivo foi o de identificar nela, a partir de regras estabelecidas em diversos versículos, o conjunto de normas ético-valorativas e principiológicas que foram trazidas desde a Antiguidade, passando pela Idade Média até a modernidade, e que hoje permeiam o direito brasileiro.

A propósito, não ficam de fora do contexto da Lei Mosaica as prescrições das Sete Leis de Noé, originárias da narrativa da Torá do pacto de D'us com Noé após o dilúvio, aplicável a todos os seres humanos e não apenas ao povo israelita, já que, cronologicamente, este relato se deu antes mesmo da formação do povo hebreu e do judaísmo.

Ao longo da leitura dos cinco livros que compõem a Torá, através das passagens que revelam a relação de D'us com os homens e destes entre si, observamos diversas narrativas e dezenas de comandos imperativos cujo conteúdo representa deveres de agir corretamente, orientando o comportamento humano e social dentro de parâmetros éticos e morais, distinguindo o certo do errado, revelando o bem e o mal, apartando o bom do mau, e destacando virtudes como bondade, honestidade, justiça e respeito pelo próximo, todos eles espraiados em distintas circunstâncias.

Nesse sentido, foi possível agrupar as histórias e os versículos analisados em cinco grupos principiológicos, cada qual revelador de valores intrínsecos, a saber: a *dignidade da pessoa humana* como ponto fulcral do qual decorrem os direitos humanos (e que tangencia todos os mais relevantes valores éticos), o *devido processo legal* como *iter* ou caminho para a solução de conflitos (revelando os valores de segurança e justiça), o dever de *boa-fé* nas relações interpessoais (concretizando o valor da segurança jurídica), a *proporcionalidade* nas reparações e penas como emanação da razoabilidade (emanação do valor justiça) e a *igualdade* na condição humana (princípio revelador de uma modalização especial do valor *justiça*).

Por óbvio que devemos apreciar o conjunto de valores e princípios aqui analisados e decompostos com a consciência de que a sua existência se materializa em graus distintos, conforme a respectiva época e local, sobretudo segundo se observa o progresso civilizacional na história humana. Não há como transportá-los e implantá-los na sua literalidade ou narrativa para o contexto moderno, sem que se utilize uma lente de conformação.

Foi exatamente o que observamos quando, por exemplo, identificamos o sobreprincípio da *dignidade da pessoa humana* presente na Torá em diversas passagens, cada qual com seus próprios contornos, dimensão e gradação no modo de concretização, não se revelando nos mesmos termos como conhecemos hoje, tal como expresso na Declaração Universal dos Direitos Humanos de 1948.

A ideia do devido respeito aos seres humanos no tratamento intersubjetivo (extensível também aos animais, guardadas as devidas proporções), como decorrência de terem sido feitos à imagem e semelhança de D'us, se observou, dentre outros, no comando relativo ao descanso semanal (*Shabbat*); na vedação à retenção do salário do trabalhador; na obrigação de reservar parcela dos frutos e da colheita aos pobres, órfãos, viúvas e estrangeiros (considerados hipossuficientes); no dever de caridade e doação aos necessitados; na impenhorabilidade de alguns bens do devedor; no especial respeito ao idoso e na não opressão ao estrangeiro; na proibição do tratamento desumano aos cativos de guerra; e, inclusive, nos cuidados dos animais e ainda na forma do seu abate. Até mesmo a delicada questão da escravidão, aceita até pouco mais de um século atrás, contemplava o dever de não crueldade do senhor no trato para com o seu servo.

Na mesma linha, pudemos perceber a existência do *princípio do devido processo legal* de maneira inconteste na Torá, através de narrativas dialéticas tipicamente processuais, como aquelas travadas entre D'us e Adão e Eva no ato de expulsão do paraíso, e também com Caim sobre o fratricídio que cometera, e com Abraão no episódio da destruição da cidade de Sodoma; além de um conjunto de normas prescritivas de construção de um sistema de justiça, legitimador das decisões nas soluções de conflitos de interesses, e da maneira como os julgamentos deveriam ser praticados. Assim está na obrigação de estabelecer tribunais de justiça, contemplando juízes e oficiais; o dever de julgamento independente e imparcial; o tratamento isonômico entre os litigantes (pobres ou ricos), com a possibilidade de contraditório e ampla defesa; a proibição do recebimento de suborno; a justa apreciação das provas, seja a testemunhal, seja pela necessidade de investigar, interrogar, inquirir rigorosamente; e a proibição do falso testemunho.

Já a presença do *princípio da boa-fé* se manifesta na Torá através de comandos imperativos que condicionam a conduta do homem nas relações com seu semelhante, de maneira a reforçar a ideia de honestidade, moralidade, eticidade e licitude dos seus atos, como naquelas passagens relativas ao uso de pesos, comprimentos e medidas justas nos negócios ("balanças justas"); na probidade na marcação dos limites territoriais das propriedades; na proibição do furto, da mentira e da falsidade; na obrigação de honrar a palavra dada e no cumprimento das promessas feitas.

Por sua vez, o *princípio da proporcionalidade*, como emanação da razoabilidade e da ponderação (vinculado ao valor *justiça*), aparece em diversas passagens da Torá, ao impor o dever de reparação e da aplicação de penalidades de maneira justa, proporcional e razoável. É fácil perceber nela presentes institutos como os de perdas e danos e de lucros cessantes, decorrentes da imposição de reparação por atos humanos danosos e também pelos de seus animais; as passagens que contêm a metáfora do "olho por olho, dente por dente" como dever de indenizar ou de penalizar proporcionalmente ao dano causado; e, por fim, a consagração da ideia da intranscendência da pena.

Já a noção do *princípio da igualdade* na Torá (materializando seu próprio valor, como modalização específica do valor *justiça*), com base no trato e qualidade natural dos seres humanos, se lastreia não apenas na afirmação de que todos os seres humanos foram feitos à "Imagem de D'us" e, portanto, iguais entre si, mas também no comando expresso de "amar ao próximo como a si mesmo", impondo a reciprocidade como propriedade de um tratamento isonômico. Percebe-se, também, o apelo à igualdade no trato e aplicação das leis para com a figura do estrangeiro; assim como pela igualdade processual entre as partes em litígio, sem apreços de ordem econômica ou social; e, por fim, pode-se notar em toda a narrativa bíblica, desde a saída das tribos de Israel do Egito e ao longo de sua estada no deserto do Sinai, não haver qualquer distinção de classes ou castas, seja de natureza econômica ou social, não se revelando qualquer espécie de estrutura nobiliárquica (apenas havendo diferenciação funcional em razão das específicas atividades sacerdotais).

Pois bem, seja escondida pelas areias do deserto do Sinai, ou apenas pelas tintas das penas que registraram as Escrituras judaica e cristã, a Lei Mosaica nos deixou um legado inquestionável. É difícil não aceitar as conexões que foram aqui expostas, ainda que como meras faíscas valorativas que foram capazes de iluminar a construção e o desenvolvimento das instituições jurídicas modernas, manancial onde o próprio direito brasileiro se banhou.

POSFÁCIO

Incumbiu-me o emérito professor, desembargador e palestrante MARCUS ABRAHAM de compor o posfácio de sua obra, *Raízes Judaicas do Direito: Princípios Jurídicos da Lei Mosaica*.

O trabalho, permeado de ineditismo no direito brasileiro, busca resgatar a verdadeira origem dos princípios basilares da moral e do direito no âmbito universal.

Embora seja inegável a influência do direito talmúdico ou mosaico na cultura e no direito propriamente dito, fato é que pouco se difundiram na sociedade moderna as verdadeiras origens e concepções éticas e morais advindas da lei mosaica e que permeiam todo o direito ocidental moderno.

E não passaram despercebidas pelo autor as manifestações de grandes filósofos como Rousseau ao "louvar a presença constante do povo de Israel e da lei mosaica através da história mundial", chamando-o de um "espetáculo surpreendente e verdadeiramente único, e que embora perseguido, conservou seus ritos, suas leis..."

Não se trata apenas de uma obra de direito comparado, mas de uma pesquisa profunda, verdadeiro trabalho investigativo que buscou a gênesis de princípios e valores que acabaram por se incorporar ao direito ocidental tais como os da dignidade da pessoa humana, da boa-fé, da proporcionalidade, da igualdade e de tantos outros vigentes nos ordenamentos jurídicos do mundo ocidental.

O livro é conciso, mas repleto de curiosidades. Chama a atenção, dentre outros, o destaque dado ao filósofo e jurista de considerável importância no século XVII, John Selden, cujos escritos sobre as leis de casamento e divórcio entre os judeus auxiliaram a justificar teoricamente a questão da separação do rei Henrique VIII de sua esposa Catarina de Aragão, gerando a modalidade da igreja protestante anglicana.

A leitura desse trabalho chega a provocar uma certa inquietação ao retornarmos aos manuais de introdução ao estudo do direito e vermos praticamente desprezada a verdadeira matriz que originou toda a base jurídica universal e que acabou por se constituir a partir da lei mosaica.

Versátil, um dos maiores tributaristas e professores de direito da UERJ, Pós-doutor pela Universidade de Lisboa e autor de diversos livros de direito financeiro e tributário, o Professor e Desembargador Federal Marcus Abraham lança luzes sobre uma nova face do direito e, como de hábito, fazendo justiça ao demonstrar, cientificamente, a real importância da matriz hebraica nas instituições ocidentais.

Messod Azulay Neto
Desembargador Federal
Tribunal Regional Federal da 2ª Região

TABELA DE VERSÍCULOS DA TORÁ E PRINCÍPIOS JURÍDICOS

Versículos	Texto (português e hebraico)	Princípio Jurídico	Explicações no livro
Gênesis (*Bereshit*) 1,27	E criou D'us o homem à sua imagem; à imagem de D'us o criou; homem e mulher os criou. וַיִּבְרָ֨א אֱלֹהִ֤ים ׀ אֶת־הָֽאָדָם֙ בְּצַלְמ֔וֹ בְּצֶ֥לֶם אֱלֹהִ֖ים בָּרָ֣א אֹת֑וֹ זָכָ֥ר וּנְקֵבָ֖ה בָּרָ֥א אֹתָֽם׃	Dignidade da pessoa humana	p. 113-117
Gênesis (*Bereshit*) 9,6	Quem derramar o sangue do homem, pelo homem o seu sangue será derramado; porque D'us fez o homem conforme a sua imagem. שֹׁפֵךְ֙ דַּ֣ם הָֽאָדָ֔ם בָּֽאָדָ֖ם דָּמ֣וֹ יִשָּׁפֵ֑ךְ כִּ֚י בְּצֶ֣לֶם אֱלֹהִ֔ים עָשָׂ֖ה אֶת־הָאָדָֽם׃	Dignidade da pessoa humana	p. 118-120
Êxodo (*Shemot*) 20,8-10	Lembra-te do dia de Shabbat, para o santificar. Por seis dias deverás trabalhar e cumprir todas tuas tarefas, mas o sétimo dia é Shabbat de teu D'us; não deves fazer nenhum trabalho, nem tu, nem teu filho, nem tua filha, nem o teu servo, nem a tua serva, nem o teu animal, nem o teu estrangeiro, que está dentro das tuas portas. זָכ֛וֹר אֶת־י֥וֹם הַשַּׁבָּ֖ת לְקַדְּשֽׁוֹ׃ שֵׁ֤שֶׁת יָמִים֙ תַּֽעֲבֹ֔ד וְעָשִׂ֖יתָ כָּל־מְלַאכְתֶּֽךָ׃ וְי֙וֹם֙ הַשְּׁבִיעִ֔י שַׁבָּ֖ת ׀ לַיהוָ֣ה אֱלֹהֶ֑יךָ לֹֽא־תַעֲשֶׂ֣ה כָל־מְלָאכָ֡ה אַתָּ֣ה ׀ וּבִנְךָֽ־וּבִתֶּ֜ךָ עַבְדְּךָ֤ וַאֲמָֽתְךָ֙ וּבְהֶמְתֶּ֔ךָ וְגֵרְךָ֖ אֲשֶׁ֥ר בִּשְׁעָרֶֽיךָ׃	Dignidade da pessoa humana	p. 123
Levítico (*Vayikra*) 19,13	Não oprimirás o teu próximo, nem o roubarás; a paga do diarista não ficará contigo até a manhã do dia seguinte. לֹֽא־תַעֲשֹׁ֥ק אֶת־רֵֽעֲךָ֖ וְלֹ֣א תִגְזֹ֑ל לֹֽא־תָלִ֞ין פְּעֻלַּ֥ת שָׂכִ֛יר אִתְּךָ֖ עַד־בֹּֽקֶר׃	Dignidade da pessoa humana	p. 123
Levítico (*Vayikra*) 19,9-10	Quando também fizerdes a colheita da vossa terra, o canto do teu campo não ceifarás totalmente, nem as espigas caídas colherás da tua plantação. Semelhantemente não visitarás duas vezes a tua vinha, nem colherás os bagos caídos da tua vinha; deixá-los-ás ao pobre e ao estrangeiro. וּֽבְקֻצְרְכֶם֙ אֶת־קְצִ֣יר אַרְצְכֶ֔ם לֹ֧א תְכַלֶּ֛ה פְּאַ֥ת שָׂדְךָ֖ לִקְצֹ֑ר וְלֶ֥קֶט קְצִֽירְךָ֖ לֹ֥א תְלַקֵּֽט׃ וְכַרְמְךָ֙ לֹ֣א תְעוֹלֵ֔ל וּפֶ֥רֶט כַּרְמְךָ֖ לֹ֣א תְלַקֵּ֑ט לֶֽעָנִ֤י וְלַגֵּר֙ תַּעֲזֹ֣ב אֹתָ֔ם אֲנִ֖י יְהוָ֥ה אֱלֹֽהֵיכֶֽם׃	Dignidade da pessoa humana	p. 123

Versículos	Texto (português e hebraico)	Princípio Jurídico	Explicações no livro
Deuteronômio (*Devarim*) 24,19-22	Quando no teu campo colheres a tua colheita, e esqueceres um feixe no campo, não tornarás a tomá-lo; para o estrangeiro, para o órfão, e para a viúva será; para que o Senhor teu Deus te abençoe em toda a obra das tuas mãos, Quando sacudires a tua oliveira, não voltarás para colher o fruto dos ramos; para o estrangeiro, para o órfão, e para a viúva será. Quando vindimares a tua vinha, não voltarás para rebuscá-la; para o estrangeiro, para o órfão, e para a viúva será. E lembrar-te-ás de que foste servo na terra do Egito; portanto te ordeno que faças isso. כִּי תִקְצֹר קְצִירְךָ בְשָׂדֶךָ וְשָׁכַחְתָּ עֹמֶר בַּשָּׂדֶה לֹא תָשׁוּב לְקַחְתּוֹ לַגֵּר לַיָּתוֹם וְלָאַלְמָנָה יִהְיֶה לְמַעַן יְבָרֶכְךָ יְהוָה אֱלֹהֶיךָ בְּכֹל מַעֲשֵׂה יָדֶיךָ: כִּי תַחְבֹּט זֵיתְךָ לֹא תְפָאֵר אַחֲרֶיךָ לַגֵּר לַיָּתוֹם וְלָאַלְמָנָה יִהְיֶה: כִּי תִבְצֹר כַּרְמְךָ לֹא תְעוֹלֵל אַחֲרֶיךָ לַגֵּר לַיָּתוֹם וְלָאַלְמָנָה יִהְיֶה: וְזָכַרְתָּ כִּי עֶבֶד הָיִיתָ בְּאֶרֶץ מִצְרָיִם עַל־כֵּן אָנֹכִי מְצַוְּךָ לַעֲשׂוֹת אֶת־הַדָּבָר הַזֶּה:	Dignidade da pessoa humana	p. 124
Êxodo (*Shemot*) 22,25-27 [22,24-26]	Se emprestares dinheiro ao meu povo, ao pobre que está contigo, não te haverás com ele como um usurário; não lhe imporeis usura. Se tomares em penhor a roupa do teu próximo, lho restituirás antes do pôr do sol, porque aquela é a sua cobertura, e o vestido da sua pele; em que se deitaria? Será pois que, quando clamar a mim, eu o ouvirei, porque sou misericordioso. אִם־כֶּסֶף ׀ תַּלְוֶה אֶת־עַמִּי אֶת־הֶעָנִי עִמָּךְ לֹא־תִהְיֶה לוֹ כְּנֹשֶׁה לֹא־תְשִׂימוּן עָלָיו נֶשֶׁךְ: אִם־חָבֹל תַּחְבֹּל שַׂלְמַת רֵעֶךָ עַד־בֹּא הַשֶּׁמֶשׁ תְּשִׁיבֶנּוּ לוֹ: כִּי הִוא כְסוּתֹה [כְסוּתוֹ] לְבַדָּהּ הִוא שִׂמְלָתוֹ לְעֹרוֹ בַּמֶּה יִשְׁכָּב וְהָיָה כִּי־יִצְעַק אֵלַי וְשָׁמַעְתִּי כִּי־חַנּוּן אָנִי:	Dignidade da pessoa humana	p. 124
Deuteronômio (*Devarim*) 24,17	Não perverterás o direito do estrangeiro e do órfão; nem tomarás em penhor a roupa da viúva. לֹא תַטֶּה מִשְׁפַּט גֵּר יָתוֹם וְלֹא תַחֲבֹל בֶּגֶד אַלְמָנָה:	Dignidade da pessoa humana	p. 124
Deuteronômio (*Devarim*) 24,6	Não se tomarão em penhor as duas pedras de moinho para moer grãos, nem apenas a de cima, pois se penhoraria, assim, a vida. לֹא־יַחֲבֹל רֵחַיִם וָרָכֶב כִּי־נֶפֶשׁ הוּא חֹבֵל:	Dignidade da pessoa humana	p. 124

TABELA DE VERSÍCULOS DA TORÁ E PRINCÍPIOS JURÍDICOS | 203

Versículos	Texto (português e hebraico)	Princípio Jurídico	Explicações no livro
Levítico (*Vayikra*) 19,18	Não te vingarás nem guardarás ira contra os filhos do teu povo; mas amarás o teu próximo como a ti mesmo. Eu sou o Senhor. לֹא־תִקֹּם וְלֹא־תִטֹּר אֶת־בְּנֵי עַמֶּךָ וְאָהַבְתָּ לְרֵעֲךָ כָּמוֹךָ אֲנִי יְהוָה:	Dignidade da pessoa humana	p. 125
Levítico (*Vayikra*) 19,33-34	E quando o estrangeiro peregrinar convosco na vossa terra, não o oprimireis. Como um natural entre vós será o estrangeiro que peregrina convosco; amá-lo-ás como a ti mesmo, pois estrangeiros fostes na terra do Egito. Eu sou o Senhor vosso D'us. וְכִי־יָגוּר אִתְּךָ גֵּר בְּאַרְצְכֶם לֹא תוֹנוּ אֹתוֹ: כְּאֶזְרָח מִכֶּם יִהְיֶה לָכֶם הַגֵּר הַגָּר אִתְּכֶם וְאָהַבְתָּ לוֹ כָּמוֹךָ כִּי־גֵרִים הֱיִיתֶם בְּאֶרֶץ מִצְרָיִם אֲנִי יְהוָה אֱלֹהֵיכֶם:	Dignidade da pessoa humana	p. 125
Êxodo (*Shemot*) 23,12	Seis dias farás os teus trabalhos, mas ao sétimo dia descansarás; para que descanse o teu boi, e o teu jumento; e para que tome alento o filho da tua escrava, e o estrangeiro. שֵׁשֶׁת יָמִים תַּעֲשֶׂה מַעֲשֶׂיךָ וּבַיּוֹם הַשְּׁבִיעִי תִּשְׁבֹּת לְמַעַן יָנוּחַ שׁוֹרְךָ וַחֲמֹרֶךָ וְיִנָּפֵשׁ בֶּן־אֲמָתְךָ וְהַגֵּר:	Dignidade das criaturas	p. 126
Êxodo (*Shemot*) 23,5	Se vires o jumento, daquele que te odeia, caído debaixo da sua carga, deixarás pois de ajudá-lo? Certamente o ajudarás a levantá-lo. כִּי־תִרְאֶה חֲמוֹר שֹׂנַאֲךָ רֹבֵץ תַּחַת מַשָּׂאוֹ וְחָדַלְתָּ מֵעֲזֹב לוֹ עָזֹב תַּעֲזֹב עִמּוֹ:	Dignidade das criaturas	p. 126
Deuteronômio (*Devarim*) 25,4	Não atarás a boca ao boi quando ele pisar o grão. לֹא־תַחְסֹם שׁוֹר בְּדִישׁוֹ:	Dignidade das criaturas	p. 126
Deuteronômio (*Devarim*) 12,23-24	Somente esforça-te para que não comas o sangue; pois o sangue é vida; pelo que não comerás a vida com a carne; Não o comerás; na terra o derramarás como água. רַק חֲזַק לְבִלְתִּי אֲכֹל הַדָּם כִּי הַדָּם הוּא הַנָּפֶשׁ וְלֹא־תֹאכַל הַנֶּפֶשׁ עִם־הַבָּשָׂר: לֹא תֹּאכְלֶנּוּ עַל־הָאָרֶץ תִּשְׁפְּכֶנּוּ כַּמָּיִם:	Dignidade das criaturas	p. 126-127

Versículos	Texto (português e hebraico)	Princípio Jurídico	Explicações no livro
Levítico (*Vayikra*) 17,13-14	Também qualquer homem dos filhos de Israel, ou dos estrangeiros que peregrinam entre eles, que caçar animal ou ave que se come, derramará o seu sangue, e o cobrirá com pó; Porquanto a vida de toda a carne é o seu sangue; por isso tenho dito aos filhos de Israel: Não comereis o sangue de nenhuma carne, porque a vida de toda a carne é o seu sangue; qualquer que o comer será extirpado. וְאִישׁ אִישׁ מִבְּנֵי יִשְׂרָאֵל וּמִן־הַגֵּר הַגָּר בְּתוֹכָם אֲשֶׁר יָצוּד צֵיד חַיָּה אוֹ־עוֹף אֲשֶׁר יֵאָכֵל וְשָׁפַךְ אֶת־דָּמוֹ וְכִסָּהוּ בֶּעָפָר: כִּי־נֶפֶשׁ כָּל־בָּשָׂר דָּמוֹ בְנַפְשׁוֹ הוּא וָאֹמַר לִבְנֵי יִשְׂרָאֵל דַּם כָּל־בָּשָׂר לֹא תֹאכֵלוּ כִּי נֶפֶשׁ כָּל־בָּשָׂר דָּמוֹ הִוא כָּל־אֹכְלָיו יִכָּרֵת:	Dignidade das criaturas	p. 126-127
Êxodo (*Shemot*) 18,21-22	E tu dentre todo o povo procura homens capazes, tementes a D'us, homens de verdade, que odeiem a avareza; e põe-nos sobre eles por chefes de mil, chefes de cem, chefes de cinquenta, e chefes de dez. Para que julguem este povo em todo o tempo; e seja que todo o negócio grave tragam a ti, mas todo o negócio pequeno eles o julguem; assim a ti mesmo te aliviarás da carga, e eles a levarão contigo. וְאַתָּה תֶחֱזֶה מִכָּל־הָעָם אַנְשֵׁי־חַיִל יִרְאֵי אֱלֹהִים אַנְשֵׁי אֱמֶת שֹׂנְאֵי בָצַע וְשַׂמְתָּ עֲלֵהֶם שָׂרֵי אֲלָפִים שָׂרֵי מֵאוֹת שָׂרֵי חֲמִשִּׁים וְשָׂרֵי עֲשָׂרֹת: וְשָׁפְטוּ אֶת־הָעָם בְּכָל־עֵת וְהָיָה כָּל־הַדָּבָר הַגָּדֹל יָבִיאוּ אֵלֶיךָ וְכָל־הַדָּבָר הַקָּטֹן יִשְׁפְּטוּ־הֵם וְהָקֵל מֵעָלֶיךָ וְנָשְׂאוּ אִתָּךְ:	Devido processo legal	p. 163-164
Deuteronômio (*Devarim*) 16,18	Juízes e oficiais porás em todas as tuas portas, que o Senhor teu D'us te der, entre tuas tribos, para que julguem o povo com a devida Justiça. שֹׁפְטִים וְשֹׁטְרִים תִּתֶּן־לְךָ בְּכָל־שְׁעָרֶיךָ אֲשֶׁר יְהוָה אֱלֹהֶיךָ נֹתֵן לְךָ לִשְׁבָטֶיךָ וְשָׁפְטוּ אֶת־הָעָם מִשְׁפַּט־צֶדֶק:	Devido processo legal	p. 163-164
Deuteronômio (*Devarim*) 1,16	E no mesmo tempo mandei a vossos juízes, dizendo: Ouvi a causa entre vossos irmãos, e julgai justamente entre o homem e seu irmão, e entre o estrangeiro que está com ele. וָאֲצַוֶּה אֶת־שֹׁפְטֵיכֶם בָּעֵת הַהִוא לֵאמֹר שָׁמֹעַ בֵּין־אֲחֵיכֶם וּשְׁפַטְתֶּם צֶדֶק בֵּין־אִישׁ וּבֵין־אָחִיו וּבֵין גֵּרוֹ:	Devido processo legal	p. 163-164

TABELA DE VERSÍCULOS DA TORÁ E PRINCÍPIOS JURÍDICOS | 205

Versículos	Texto (português e hebraico)	Princípio Jurídico	Explicações no livro
Deuteronômio (*Devarim*) 1,17	Não serás parcial no julgamento; ouvirás assim o pequeno como o grande. Não temas homem algum porque o julgamento é de D'us. לֹא־תַכִּירוּ פָנִים בַּמִּשְׁפָּט כַּקָּטֹן כַּגָּדֹל תִּשְׁמָעוּן לֹא תָגוּרוּ מִפְּנֵי־אִישׁ כִּי הַמִּשְׁפָּט לֵאלֹהִים הוּא וְהַדָּבָר אֲשֶׁר יִקְשֶׁה מִכֶּם תַּקְרִבוּן אֵלַי וּשְׁמַעְתִּיו׃	Devido processo legal	p. 166-167
Deuteronômio (*Devarim*) 16,19	Não torcerás o juízo, não mostrarás parcialidade nem tomarás suborno, porque o suborno cega os olhos dos sábios e perverte as palavras dos justos. לֹא־תַטֶּה מִשְׁפָּט לֹא תַכִּיר פָּנִים וְלֹא־תִקַּח שֹׁחַד כִּי הַשֹּׁחַד יְעַוֵּר עֵינֵי חֲכָמִים וִיסַלֵּף דִּבְרֵי צַדִּיקִם׃	Devido processo legal	p. 166-167
Levítico (*Vayikra*) 19,16 [15]	Não farás injustiça no juízo, não favorecerás o pobre ou demonstrarás deferência ao rico; com justiça julgará o teu próximo. לֹא־תַעֲשׂוּ עָוֶל בַּמִּשְׁפָּט לֹא־תִשָּׂא פְנֵי־דָל וְלֹא תֶהְדַּר פְּנֵי גָדוֹל בְּצֶדֶק תִּשְׁפֹּט עֲמִיתֶךָ׃	Devido processo legal	p. 166-167
Deuteronômio (*Devarim*) 19,15-19	Uma só testemunha contra alguém não se levantará por qualquer iniquidade, ou por qualquer pecado, seja qual for o pecado que cometeu; pela boca de duas testemunhas, ou pela boca de três testemunhas, se estabelecerá o fato. Quando se levantar testemunha falsa contra alguém, para testificar contra ele acerca de transgressão, então aqueles dois homens, que tiverem a demanda, se apresentarão perante o Senhor, diante dos sacerdotes e dos juízes que houver naqueles dias. E os juízes inquirirão bem; e eis que, sendo a testemunha falsa, que testificou falsamente contra seu irmão, far--lhe-eis como cuidou fazer a seu irmão; e assim tirarás o mal do meio de ti. לֹא־יָקוּם עֵד אֶחָד בְּאִישׁ לְכָל־עָוֹן וּלְכָל־חַטָּאת בְּכָל־חֵטְא אֲשֶׁר יֶחֱטָא עַל־פִּי שְׁנֵי עֵדִים אוֹ עַל־פִּי שְׁלֹשָׁה־עֵדִים יָקוּם דָּבָר׃ כִּי־יָקוּם עֵד־חָמָס בְּאִישׁ לַעֲנוֹת בּוֹ סָרָה׃ וְעָמְדוּ שְׁנֵי־הָאֲנָשִׁים אֲשֶׁר־לָהֶם הָרִיב לִפְנֵי יְהוָה לִפְנֵי הַכֹּהֲנִים וְהַשֹּׁפְטִים אֲשֶׁר יִהְיוּ בַּיָּמִים הָהֵם׃ וְדָרְשׁוּ הַשֹּׁפְטִים הֵיטֵב וְהִנֵּה עֵד־שֶׁקֶר הָעֵד שֶׁקֶר עָנָה בְאָחִיו׃ וַעֲשִׂיתֶם לוֹ כַּאֲשֶׁר זָמַם לַעֲשׂוֹת לְאָחִיו וּבִעַרְתָּ הָרָע מִקִּרְבֶּךָ׃	Devido processo legal	p. 167
Êxodo (*Shemot*) 20,13	Não dirás falso testemunho contra o teu próximo. לֹא־תַעֲנֶה בְרֵעֲךָ עֵד שָׁקֶר׃	Devido processo legal	p. 167

Versículos	Texto (português e hebraico)	Princípio Jurídico	Explicações no livro
Êxodo (*Shemot*) 23,1	Não admitirás falso boato, e não porás a tua mão com o ímpio, para seres testemunha falsa. לֹא תִשָּׂא שֵׁמַע שָׁוְא אַל־תָּשֶׁת יָדְךָ עִם־רָשָׁע לִהְיֹת עֵד חָמָס:	Devido processo legal	p. 167
Levítico (*Vayikra*) 19,35-36	Não enganareis nas medidas de comprimento, peso ou volume. Balanças justas, escalas justas. לֹא־תַעֲשׂוּ עָוֶל בַּמִּשְׁפָּט בַּמִּדָּה בַּמִּשְׁקָל וּבַמְּשׂוּרָה: מֹאזְנֵי צֶדֶק אַבְנֵי־צֶדֶק אֵיפַת צֶדֶק וְהִין צֶדֶק יִהְיֶה לָכֶם אֲנִי	Boa-fé	p. 171-172
Deuteronômio (*Devarim*) 25,13	Na tua bolsa, não terás pesos diversos, um grande e um pequeno. לֹא־יִהְיֶה לְךָ בְּכִיסְךָ אֶבֶן וָאָבֶן גְּדוֹלָה וּקְטַנָּה:	Boa-fé	p. 171-172
Levítico (*Vayikra*) 19,11	Não furtareis, nem mentireis, nem usareis de falsidade cada um com o seu próximo. לֹא תִּגְנֹבוּ וְלֹא־תְכַחֲשׁוּ וְלֹא־תְשַׁקְּרוּ אִישׁ בַּעֲמִיתוֹ:	Boa-fé	p. 171-172
Levítico (*Vayikra*) 25,17	Ninguém, pois, engane ao seu próximo; mas terás temor do teu D'us; porque eu sou o Senhor vosso D'us. וְלֹא תוֹנוּ אִישׁ אֶת־עֲמִיתוֹ וְיָרֵאתָ מֵאֱלֹהֶיךָ כִּי אֲנִי יְהוָה אֱלֹהֵיכֶם:	Boa-fé	p. 171-172
Levítico (*Vayikra*) 25,14	E quando venderdes alguma coisa ao vosso próximo, ou a comprardes da mão do vosso próximo, ninguém engane a seu irmão. וְכִי־תִמְכְּרוּ מִמְכָּר לַעֲמִיתֶךָ אוֹ קָנֹה מִיַּד עֲמִיתֶךָ אַל־תּוֹנוּ אִישׁ אֶת־אָחִיו:	Boa-fé	p. 171-172
Deuteronômio (*Devarim*) 22,1	Vendo extraviado o boi ou ovelha de teu irmão, não te desviarás deles; restituí-los-ás sem falta a teu irmão. לֹא־תִרְאֶה אֶת־שׁוֹר אָחִיךָ אוֹ אֶת־שֵׂיוֹ נִדָּחִים וְהִתְעַלַּמְתָּ מֵהֶם הָשֵׁב תְּשִׁיבֵם לְאָחִיךָ:	Boa-fé	p. 171-172
Deuteronômio (*Devarim*) 19,14	Não mudes os marcos do teu próximo, que os antigos fixaram na tua herança, na terra que o Senhor, teu D'us, te dá para a possuíres. לֹא תַסִּיג גְּבוּל רֵעֲךָ אֲשֶׁר גָּבְלוּ רִאשֹׁנִים בְּנַחֲלָתְךָ אֲשֶׁר תִּנְחַל בָּאָרֶץ אֲשֶׁר יְהוָה אֱלֹהֶיךָ נֹתֵן לְךָ לְרִשְׁתָּהּ:	Boa-fé	p. 172

TABELA DE VERSÍCULOS DA TORÁ E PRINCÍPIOS JURÍDICOS | 207

Versículos	Texto (português e hebraico)	Princípio Jurídico	Explicações no livro
Números (*Bamidbar*) 30,2 [3]	Quando um homem fizer voto ao Senhor, ou fizer juramento, ligando a sua alma com obrigação, não violará a sua palavra: segundo tudo o que saiu da sua boca, fará. אִישׁ כִּי־יִדֹּר נֶדֶר לַיהוָה אוֹ־הִשָּׁבַע שְׁבֻעָה לֶאְסֹר אִסָּר עַל־נַפְשׁוֹ לֹא יַחֵל דְּבָרוֹ כְּכָל־הַיֹּצֵא מִפִּיו יַעֲשֶׂה׃	Boa-fé	p. 173
Êxodo (*Shemot*) 21,23-25	Mas se houver morte, então darás vida por vida. Olho por olho, dente por dente, mão por mão, pé por pé. Queimadura por queimadura, ferida por ferida, golpe por golpe. וְאִם־אָסוֹן יִהְיֶה וְנָתַתָּה נֶפֶשׁ תַּחַת נָפֶשׁ׃ עַיִן תַּחַת עַיִן שֵׁן תַּחַת שֵׁן יָד תַּחַת יָד רֶגֶל תַּחַת רָגֶל׃ כְּוִיָּה תַּחַת כְּוִיָּה פֶּצַע תַּחַת פָּצַע חַבּוּרָה תַּחַת חַבּוּרָה׃	Proporcionalidade	p. 174-175
Levítico (*Vayikra*) 24,19-20	Quando também alguém desfigurar o seu próximo, como ele fez, assim lhe será feito: Quebradura por quebradura, olho por olho, dente por dente; como ele tiver desfigurado a algum homem, assim se lhe fará. וְאִישׁ כִּי־יִתֵּן מוּם בַּעֲמִיתוֹ כַּאֲשֶׁר עָשָׂה כֵּן יֵעָשֶׂה לּוֹ׃ שֶׁבֶר תַּחַת שֶׁבֶר עַיִן תַּחַת עַיִן שֵׁן תַּחַת שֵׁן כַּאֲשֶׁר יִתֵּן מוּם בָּאָדָם כֵּן יִנָּתֶן בּוֹ׃	Proporcionalidade	p. 174-175
Êxodo (*Shemot*) 21,18-19	E se dois homens pelejarem, ferindo-se um ao outro com pedra ou com o punho, e este não morrer, mas cair na cama; se ele tornar a levantar-se e andar fora, sobre o seu cajado, então aquele que o feriu será absolvido; somente lhe pagará o tempo que perdera e o fará curar totalmente. וְכִי־יְרִיבֻן אֲנָשִׁים וְהִכָּה־אִישׁ אֶת־רֵעֵהוּ בְּאֶבֶן אוֹ בְאֶגְרֹף וְלֹא יָמוּת וְנָפַל לְמִשְׁכָּב׃ אִם־יָקוּם וְהִתְהַלֵּךְ בַּחוּץ עַל־מִשְׁעַנְתּוֹ וְנִקָּה הַמַּכֶּה רַק שִׁבְתּוֹ יִתֵּן וְרַפֹּא יְרַפֵּא׃	Proporcionalidade	p. 175-176
Êxodo (*Shemot*) 22,5 [4]	Se alguém fizer pastar o seu animal num campo ou numa vinha e o largar para comer em campo de outrem, pagará com o melhor do seu próprio campo e o melhor da sua própria vinha. כִּי יַבְעֶר־אִישׁ שָׂדֶה אוֹ־כֶרֶם וְשִׁלַּח אֶת־בְּעִירֹה [בְּעִירוֹ] וּבִעֵר בִּשְׂדֵה אַחֵר מֵיטַב שָׂדֵהוּ וּמֵיטַב כַּרְמוֹ יְשַׁלֵּם׃	Proporcionalidade	p. 176

Versículos	Texto (português e hebraico)	Princípio Jurídico	Explicações no livro
Deuteronômio (*Devarim*) 24,16	Os pais não serão mortos em lugar dos filhos, nem os filhos, em lugar dos pais; cada qual será morto pelo seu pecado. לֹא־יוּמְתוּ אָבוֹת עַל־בָּנִים וּבָנִים לֹא־יוּמְתוּ עַל־אָבוֹת אִישׁ בְּחֶטְאוֹ יוּמָתוּ׃	Proporcionalidade	p. 177
Deuteronômio (*Devarim*) 10,17-19	Pois o Senhor vosso D'us é o D'us dos deuses, e o Senhor dos senhores, o D'us grande, poderoso e terrível, que não faz diferenciação de pessoas, nem aceita recompensas; Que faz justiça ao órfão e à viúva, e ama o estrangeiro, dando-lhe pão e roupa. Por isso amareis o estrangeiro, pois fostes estrangeiros na terra do Egito. כִּי יְהוָה אֱלֹהֵיכֶם הוּא אֱלֹהֵי הָאֱלֹהִים וַאֲדֹנֵי הָאֲדֹנִים הָאֵל הַגָּדֹל הַגִּבֹּר וְהַנּוֹרָא אֲשֶׁר לֹא־יִשָּׂא פָנִים וְלֹא יִקַּח שֹׁחַד׃ עֹשֶׂה מִשְׁפַּט יָתוֹם וְאַלְמָנָה וְאֹהֵב גֵּר לָתֶת לוֹ לֶחֶם וְשִׂמְלָה׃ וַאֲהַבְתֶּם אֶת־הַגֵּר כִּי־גֵרִים הֱיִיתֶם בְּאֶרֶץ מִצְרָיִם׃	Igualdade	p. 181-182
Deuteronômio (*Devarim*) 23,7 [8]	Não abominarás o edomeu, pois é teu irmão; nem abominarás o egípcio, pois estrangeiro foste na sua terra. לֹא־תְתַעֵב אֲדֹמִי כִּי אָחִיךָ הוּא (ס) לֹא־תְתַעֵב מִצְרִי כִּי־גֵר הָיִיתָ בְאַרְצוֹ׃	Igualdade	p. 181-182
Deuteronômio (*Devarim*) 24,14	Não oprimirás o trabalhador pobre e necessitado de teus irmãos, ou de teus estrangeiros, que está na tua terra e nas tuas portas. לֹא־תַעֲשֹׁק שָׂכִיר עָנִי וְאֶבְיוֹן מֵאַחֶיךָ אוֹ מִגֵּרְךָ אֲשֶׁר בְּאַרְצְךָ בִּשְׁעָרֶיךָ׃	Igualdade	p. 181-182
Levítico (*Vayikra*) 19,33-34	E quando o estrangeiro peregrinar convosco na vossa terra, não o oprimireis. Como um natural entre vós será o estrangeiro que peregrina convosco; amá-lo-ás como a ti mesmo, pois estrangeiros fostes na terra do Egito. Eu sou o Senhor vosso D'us. וְכִי־יָגוּר אִתְּךָ גֵּר בְּאַרְצְכֶם לֹא תוֹנוּ אֹתוֹ׃ כְּאֶזְרָח מִכֶּם יִהְיֶה לָכֶם הַגֵּר ׀ הַגָּר אִתְּכֶם וְאָהַבְתָּ לוֹ כָּמוֹךָ כִּי־גֵרִים הֱיִיתֶם בְּאֶרֶץ מִצְרָיִם אֲנִי יְהוָה אֱלֹהֵיכֶם׃	Igualdade	p. 181-182
Levítico (*Vayikra*) 24,22	Uma mesma lei tereis; assim será para o estrangeiro como para o natural; pois eu sou o Senhor vosso D'us. מִשְׁפַּט אֶחָד יִהְיֶה לָכֶם כַּגֵּר כָּאֶזְרָח יִהְיֶה כִּי אֲנִי יְהוָה אֱלֹהֵיכֶם׃	Igualdade	p. 181-182

TABELA DE VERSÍCULOS DA TORÁ E PRINCÍPIOS JURÍDICOS | 209

Versículos	Texto (português e hebraico)	Princípio Jurídico	Explicações no livro
Deuteronômio (*Devarim*) 16,19	Não torcerás o juízo, não mostrarás parcialidade nem tomarás suborno, porque o suborno cega os olhos dos sábios e perverte as palavras dos justos. לֹא־תַטֶּה מִשְׁפָּט לֹא תַכִּיר פָּנִים וְלֹא־תִקַּח שֹׁחַד כִּי הַשֹּׁחַד יְעַוֵּר עֵינֵי חֲכָמִים וִיסַלֵּף דִּבְרֵי צַדִּיקִם:	Igualdade	p. 182
Levítico (*Vayikra*) 19,16 [15]	Não farás injustiça no juízo, não favorecerás o pobre ou demonstrarás deferência ao rico; com justiça julgará o teu próximo. לֹא־תַעֲשׂוּ עָוֶל בַּמִּשְׁפָּט לֹא־תִשָּׂא פְנֵי־דָל וְלֹא תֶהְדַּר פְּנֵי גָדוֹל בְּצֶדֶק תִּשְׁפֹּט עֲמִיתֶךָ:	Igualdade	p. 182
Deuteronômio (*Devarim*) 17,15-17;20	Porás certamente sobre ti como rei aquele que escolher o Senhor teu D'us; dentre teus irmãos porás rei sobre ti; não poderás pôr homem estranho sobre ti, que não seja de teus irmãos. Porém ele não multiplicará para si cavalos, nem fará voltar o povo ao Egito para multiplicar cavalos; pois o Senhor vos tem dito: Nunca mais voltareis por este caminho. Tampouco para si multiplicará mulheres, para que o seu coração não se desvie; nem prata nem ouro multiplicará muito para si. [...] para que o seu coração não se levante sobre os seus irmãos, e não se aparte do mandamento, nem para a direita nem para a esquerda; para que prolongue os seus dias no seu reino, ele e seus filhos no meio de Israel. שׂוֹם תָּשִׂים עָלֶיךָ מֶלֶךְ אֲשֶׁר יִבְחַר יְהוָה אֱלֹהֶיךָ בּוֹ מִקֶּרֶב אַחֶיךָ תָּשִׂים עָלֶיךָ מֶלֶךְ לֹא תוּכַל לָתֵת עָלֶיךָ אִישׁ נָכְרִי אֲשֶׁר לֹא־אָחִיךָ הוּא: רַק לֹא־יַרְבֶּה־לּוֹ סוּסִים וְלֹא־יָשִׁיב אֶת־הָעָם מִצְרַיְמָה לְמַעַן הַרְבּוֹת סוּס וַיהוָה אָמַר לָכֶם לֹא תֹסִפוּן לָשׁוּב בַּדֶּרֶךְ הַזֶּה עוֹד: וְלֹא יַרְבֶּה־לּוֹ נָשִׁים וְלֹא יָסוּר לְבָבוֹ וְכֶסֶף וְזָהָב לֹא יַרְבֶּה־לּוֹ מְאֹד: לְבִלְתִּי רוּם־לְבָבוֹ מֵאֶחָיו וּלְבִלְתִּי סוּר מִן־הַמִּצְוָה יָמִין וּשְׂמֹאול לְמַעַן יַאֲרִיךְ יָמִים עַל־מַמְלַכְתּוֹ הוּא וּבָנָיו בְּקֶרֶב יִשְׂרָאֵל:	Igualdade	p. 183-186

GLOSSÁRIO

Abraão: Patriarca do povo hebreu, que habitava a cidade de Ur dos Caldeus, na região da Mesopotâmia. Teria recebido de D'us uma ordem para sair da terra em que habitava e da casa de seu pai, para se dirigir na direção sudeste, à terra de Canaã. D'us fez um pacto com Abraão, prometendo que a terra de Canaã seria dada à sua descendência, e que esta constituiria uma grande nação (Gênesis 12,1-7). Dedicava-se sobretudo ao pastoreio de gado e casou-se com Sara, com quem teve um único filho, Isaque (Gênesis 17,19). Contudo, anos antes da concepção de Isaque, Sara pediu a Abraão que gerasse um filho de sua serva egípcia Agar, uma vez que era estéril até aquele momento e reputava que não poderia mais ter filhos por conta de sua idade. Da união de Abraão com Agar nasceu um filho chamado Ismael (Gênesis 16), a quem se atribui ser o pai dos povos que, muitos séculos depois, adeririam à fé islâmica (razão pela qual Abraão é considerado patriarca tanto do judaísmo como do Islã).

Agadá: parcela da literatura rabínica não normativa, que veicula apenas contos e parábolas que buscam transmitir os principais valores e crenças judaicas por meio de histórias, e não de regras. A palavra hebraica *agadá* significa, literalmente, conto ou narrativa. Não se deve confundir com *halachá*, que significa o conjunto das regras ou prescrições legais sobre os mais diversos aspectos da vida judaica.

Alcorão: Livro sagrado do Islamismo, que teria sido ditado por D'us a Maomé, fundador do Islã.

Amoraim (ou amoraítas): *amoraim* (em hebraico, *intérpretes*) são os rabinos que se dedicaram a estudar o texto da *Mishná*, comentando-o e interpretando-o, desde aproximadamente o terceiro século da era cristã até 500 d.C., tanto nas academias de estudo da Torá da região de Israel como da Babilônia. Estas interpretações sobre a *Mishná*, por sua vez, geraram uma nova obra escrita conhecida como *Guemará* (em hebraico, "estudar").

Antigo Testamento (ou Velho Testamento): nome tradicional dado entre os cristãos à Bíblia hebraica. Em hebraico, é também chamado de *TaNaKh* ou TNK, uma abreviatura que remete às três primeiras letras dos três grupos de livros que compõem a Bíblia hebraica: **T** (*Torah*), **N** (*Nevi'im*) e **K** (*Ketuvim*). Todos estes 24 livros (cinco livros da Torá escrita, oito livros dos Profetas e onze livros dos Escritos) compõem a Bíblia hebraica. A palavra "testamento", no sentido aqui invocado, provém de *"testamentum"*, que, no latim eclesiástico cristão, pode significar "pacto" ou "aliança". Alguns estudiosos afirmam que o uso de *"testamentum"* no lugar da palavra latina *"foedus"* (literalmente, *aliança* ou *pacto*) quer ressaltar o caráter de disposição unilateral, tal qual aquela feita pelo testador em favor de seus herdeiros. Assim, a iniciativa da aliança partiria em primeiro lugar de D'us, que estabelece unilateralmente as cláusulas do pacto com o homem.

Bíblia: termo que provém do grego *"biblion"*, isto é, "rolo" ou "livro" (no plural grego, *"biblia"*, ou seja, "rolos" ou "livros"), por ser uma compilação dos livros considerados sagrados no judaísmo e no cristianismo. Divide-se em Bíblia hebraica (livros do Antigo Testamento) e Bíblia Cristã (livros do Novo Testamento).

Deuteronômio/*Devarim*: Quinto livro da Torá A palavra hebraica *"Devarim"* é traduzida por "palavras", pois o livro tem seu início apresentando *as palavras* que Moisés falou a todo o Israel depois de passarem pelo rio Jordão. O quinto livro é chamado em português de *Deuteronômio*, do grego *deuteros* (isto é, *segunda*), e *nomos* (isto é, *lei*), a indicar que Moisés relembra o povo, antes de que entre na Terra Prometida, o conteúdo da lei mosaica recebida, segundo o relato bíblico, no Monte Sinai.

Escolástica: escola ou corrente filosófica e teológica medieval cristã, entre os séculos XI e XVI da era cristã, caracterizada pela aplicação do método dialético na investigação da realidade, pelo rigor conceitual e por fazer distinções as mais claras possíveis. Iniciou-se o movimento nas escolas monásticas e de catedrais (daí o nome *escolástica*), mas logo deu-se origem às primeiras e mais antigas universidades do mundo. Seu maior expoente foi o filósofo e teólogo Tomás de Aquino (1225-1274).

Êxodo/*Shemot*: Segundo livro da Torá. A palavra hebraica *"Shemot"* significa "nomes", já que o livro começa apresentando os nomes dos doze filhos do patriarca bíblico Jacó (Israel). O título do segundo livro em português é Êxodo (do grego *exodos*, saída, partida), pois narra a *saída* do povo hebreu da escravidão no Egito.

Gênesis/Bereshit: Primeiro livro da Torá. A palavra hebraica "*Bereshit*" é traduzida por "No princípio", as primeiras palavras de abertura da Bíblia hebraica que iniciam a narrativa da criação do mundo. Em português, é chamado Gênesis (do grego *genesis*, ou seja, origem, princípio, começo) por tratar da narrativa bíblica da gênese ou origem do Universo e do mundo.

Guemará: escritos de interpretações sobre a *Mishná*, realizados pelos rabinos amoraítas desde aproximadamente o terceiro século da era cristã até 500 d.C., tanto nas academias de estudo da Torá da região de Israel como da Babilônia. Em hebraico, *Guemará* significa "estudar".

Halachá: conjunto das normas ou prescrições legais sobre os mais diversos âmbitos da vida do povo judaico, tais como regras sobre a organização e estruturação social e familiar, sexualidade, alimentação, habitação, propriedade e herança e até aspectos do comércio e da economia. Em hebraico, a palavra *halachá* significa, em tradução literal, *caminho* ou *modo de conduzir-se*.

Isaque: Patriarca do povo hebreu, filho de Abraão com Sara, casou-se com Rebeca, com quem teve dois filhos gêmeos, Esaú e Jacó (Gênesis 20,26).

Jacó (Israel): Patriarca do povo hebreu, filho de Isaque e neto de Abraão. Jacó teria lutado a noite inteira com um anjo (mensageiro de D'us), sendo renomeado para Israel, que significa "aquele que lutou com [o anjo de] D'us e com homens e venceu" (Gênesis 32, 28). Seus doze filhos homens dão origem às doze tribos do povo de Israel, ou seja, o povo que descende do patriarca Jacó (que também atende pelo nome de Israel).

Ketuvim: Trata-se do conjunto de onze livros da Bíblia hebraica que apresentam gêneros literários distintos entre si, razão pela qual foram agrupados sob o nome genérico de *Ketuvim* (em hebraico, *Escritos*). Estão presentes livros com narrativas históricas (como os livros de Reis e Crônicas), com conselhos sapienciais (como os livros de Jó,

Provérbios e Eclesiastes), com poemas e orações (como os Salmos) e com literatura apocalíptica sobre os fins dos tempos (como o livro de Daniel).

Levítico/*Vayikra*: Terceiro livro da Torá. A palavra hebraica "*Vayikra*" significa "Ele [D'us] chamou", pois o livro começa narrando que D'us chamou a Moisés para lhe transmitir normas sobre os sacrifícios rituais. O título do terceiro livro em português é *Levítico*, do grego *levitikon*, em referência à tribo israelita sacerdotal de Levi, responsável pelo serviço do Templo, pois traz uma série de normas a serem aplicadas pelos *levitas* (sacerdotes) na realização das atividades do Templo de Jerusalém, sobretudo os sacrifícios a D'us.

Mishná: compilação escrita da tradição da Torá oral, numa obra em vários volumes, preparada pelo Rabi Iehúda Ha-Nasi por volta do ano 189 d.C., com base em trabalhos preparatórios do Rabi Akiva. A palavra hebraica *Mishná* significa "estudo por repetição", justamente por ser a consagração em texto do *estudo oral por repetição* dos séculos anteriores.

Moisés: líder do povo de Israel responsável por conduzir o povo de Israel para fora do Egito, em direção à terra prometida de Canaã. Teria sido criado na corte faraônica – havia sido colocado em um cesto quando bebê e lançado no rio Nilo, sendo encontrado e criado por uma filha do faraó. Segundo a tradição judaica, a Torá em sua integralidade teria sido recebida diretamente por Moisés a partir de revelação divina no alto do Monte Sinai, o qual a repassou ao povo hebreu.

Nevi'im: A palavra significa "*profetas*", em hebraico, e se refere aos oito livros da Bíblia hebraica que cobrem um período histórico que se inicia com a saída do Egito, passando pela entrada na Terra Prometida e terminando com o cativeiro ou exílio do povo hebreu na Babilônia. Nestes livros, há um destaque da figura dos profetas, homens escolhidos e enviados por D'us para falar ao povo de Israel, recordando-lhes as leis dadas por D'us e exortando à observância das mesmas. Os oito livros são: 1. *Yehoshua* – Josué; 2. *Shofetim* – Juízes; 3. *Shmuel* – Samuel; 4. *Melakhim* – Reis; 5. Yeshayahu – Isaías; 6. Yirmeyahu – Jeremias; 7. Yekhezqiel – Ezequiel; 8. *Trei Asar* – Os Doze

(Doze Profetas menores: Oseias, Joel, Amós, Obadias, Jonas, Miqueias, Naum, Habacuque, Sofonias, Livro de Ageu, Zacarias, Malaquias).

Novo Testamento: Para a religião cristã, Jesus de Nazaré, seu fundador, teria iniciado uma nova aliança com os seres humanos. Assim, nessa perspectiva, a aliança original feita com o povo de Israel seria a "antiga aliança", da qual veio o nome de Antigo ou Velho Testamento, sendo a narrativa da vida e ensinamentos de Jesus e de seus primeiros discípulos chamada de Novo Testamento ("nova aliança"). A Bíblia cristã, além de conter todos os 24 livros judaicos, acrescenta a eles, no Novo Testamento, mais 27 livros propriamente cristãos, e que marcam a diferença nas Escrituras de ambas as religiões. Os principais livros da Bíblia cristã são os quatro Evangelhos (do grego "*ev*", "bom, boa", e "*angelion*", "notícia") de Mateus, Marcos, Lucas e João, que apresentam os feitos e ensinamentos de Jesus, bem como a narrativa cristã da crucificação, morte e ressurreição de Jesus ao terceiro dia.

Números/*Bamidbar*: Quarto livro da Torá A palavra hebraica "*Bamidbar*" significa "no deserto", uma vez que o livro se inicia afirmando que D'us falou a Moisés no deserto do Sinai. O título do quarto livro em português é *Números* (do latim *numerus*), por trazer um censo do povo de Israel contendo os números de membros de cada tribo (excluída a tribo sacerdotal de Levi) aptos para a guerra (cerca de 600 mil homens acima de vinte anos que podiam pegar em armas).

Patrística: período que vai do final do século I da era cristã até o século VIII, marcado pelos escritos dos chamados *Padres da Igreja cristã* (*padres* no sentido de *pais da fé cristã*), teólogos cristãos que, tal como os rabinos do período clássico do judaísmo, forjaram com seu pensamento e obras a compreensão de fé do cristianismo. Dentre eles se destaca, como principal Padre da Igreja cristã do Ocidente, Agostinho de Hipona (354-430).

Pentateuco: do grego *penta* ("cinco"), e *teuco* ("rolo"), em razão de os cinco primeiros livros da Sagrada Escritura serem tradicionalmente redigidos em rolos de pergaminho.

Pessach (Páscoa): Páscoa judaica que recorda a saída do povo hebreu da escravidão no Egito em direção à terra prometida de Canaã.

Rabi Akiva: Akiva ben Yosef foi um sábio rabínico judeu que nasceu por volta do ano 40 d.C. e faleceu por volta do ano 135 d.C. É considerado um dos principais comentaristas da Torá de todos os tempos (chamado no Talmude de *Rosh la-Hakhamim*, "Chefe dos Sábios"), por ter sido um renovador do método de interpretação da Torá e o iniciador da classificação por matérias de cada uma das leis da Torá oral, lançando as bases para que, após ele, o Rabi Iehúda Ha-Nasi compilasse a *Mishná*. Foi morto pelos romanos pelo método de esfolamento (retirada da pele com a pessoa ainda viva) após a revolta judaica de Bar Kokhba, ocorrida por volta do ano 135 d.C., tendo sido sepultado em Tiberíades.

Rabi Gamaliel, o Ancião (ou Gamaliel I): nascido por volta da segunda metade do século I a.C. e falecido cerca do ano 50 d.C., era neto do rabino Hilel (fundador da "casa ou academia de Hilel", a principal escola de interpretação da Torá que lançou as bases para que fosse codificada a tradição oral da Torá na *Mishná*, por parte do Rabi Iehúda ha-Nasi, em 189 d.C.). Foi o primeiro sábio judeu a receber o título honorário de *Raban* (isto é, "Nosso Mestre"). Teria atuado como Presidente (chamado de *Nasi* ou Príncipe) do tribunal rabínico do Grande Sinédrio, em Jerusalém, principal instituição de governo e julgamento do povo judeu da época

Rabi Hilel, o Ancião (também chamado *Babilônico*): Hilel foi um líder e sábio religioso judeu do período proto-rabínico, nascido na Babilônia décadas antes do início da era cristã, e que teria falecido durante o reinado de Herodes, o Grande, rei judeu que governava a Judeia quando do nascimento de Jesus de Nazaré. É o fundador da "casa (ou academia) de Hilel", a principal escola de interpretação da Torá, a qual lançou as bases para que, mais de cem anos depois, fosse codificada a tradição oral da Torá na *Mishná*, por parte do Rabi Iehúda ha-Nasi, em 189 d.C.

Rabi Iehúda Ha-Nasi (ou Rabenu HaKadosh – em hebraico, *nosso Mestre Sagrado*): nascido por volta de 135 d.C. e falecido por volta de 217 d.C., foi líder do povo judeu no século II e início do século III d.C. Em razão de um contexto histórico dramático de perseguição contra o povo judeu – em que Jerusalém já havia sido destruída pelos romanos em 70 d.C. e uma revolta judaica contra o dominador romano fora duramente esmagada em 135 d.C. –, o Rabi Iehúda Ha-Nasi, temendo que os ensinamentos da Torá oral se perdessem e animado pelo firme propósito de preservá-los, violou a proibição de que a tradição oral da Torá fosse colocada por escrito. No ano 189 d.C., com base em trabalhos preparatórios do importante Rabi Akiva, compilou por escrito a tradição da Torá oral, numa obra em vários volumes que recebeu o nome de *Mishná* (em hebraico, *estudo por repetição*), justamente por ser a consagração em texto do *estudo oral por repetição* dos séculos anteriores.

Rabi Moisés ben Maimon (Rambam): nascido em 1135, em Córdoba, na Espanha (então reino muçulmano), reputado um dos maiores intérpretes da lei mosaica de todos os tempos e um "segundo Moisés".[1] *É conhecido também pelo acrônimo "Rambam" (formado a partir das iniciais de seu nome) ou pelo nome ocidentalizado Maimônides, decorrente da adição do sufixo grego "ides", que significa "filho de" (correspondente ao hebraico "ben").* Foi, além de rabino, médico e filósofo, tanto no Marrocos como no Egito, onde veio a falecer em 1204, tendo seu corpo sido trasladado para Tiberíades, no território de Israel. Sua obra magna, a *Misnhá Torá*, é a principal codificação e explanação do conjunto das normas legais judaicas (*halachá*) presentes na Torá escrita e no Talmude, valendo a seu autor o título de mais importante jurista do judaísmo. No campo da Filosofia, realizou a tarefa de adaptação da filosofia aristotélica ao judaísmo, sendo reputado um dos mais relevantes filósofos medievais das três religiões monoteístas. Foi precisamente sua utilização da base filosófica aristotélica, efetuando uma síntese com a fé judaica, que despertou o interesse do frade cristão Tomás de Aquino, o qual realizou uma síntese similar entre o aristotelismo e o cristianismo.

Rabi Tarfon: Tarfon foi um sábio rabínico judeu que nasceu por volta do ano 70 d.C. (ano da segunda destruição do Templo de Jerusalém) e faleceu por volta do ano 135 d.C. (ano do fim da revolta judaica de Bar Kokhba contra os romanos). Era membro de família sacerdotal

---

[1] Daí estar inscrita na lápide de seu túmulo, em Israel, a frase popular entre os judeus: "*De Moisés [da Torá] a Moisés [ben Maimon]*, não *houve outro igual a Moisés*".

(*Cohen*) e contemporâneo do Rabi Akiva, com quem manteve intensa discussão acerca dos preceitos da Torá.

Rashi (Rabi Shlomo Itzchaki): nascido na cidade de Troyes (França) em 1040 (daí ser chamado também em francês *Salomon de Troyes*) e falecido em 1105. As iniciais de seu nome formam o acrônimo "*Rashi*", pelo qual é mais conhecido. Notabilizou-se por ser um excelente comentarista de praticamente toda a Bíblia hebraica e do Talmude, ao mesmo tempo demonstrando extensão de conhecimentos e concisão nos comentários. Com isso, facilitou a compreensão e estudo das sagradas escrituras, sendo comum ainda hoje que edições de estudo da Torá tragam seus comentários. Sua obra granjeou prestígio inclusive entre estudiosos cristãos da Bíblia hebraica, dentre os quais se destaca o francês Nicolau de Lira (1270-1349), frade franciscano doutor pela Universidade de Paris especialista em interpretação bíblica. Nicolau de Lira era profundo conhecedor do hebraico e, ao compor seus próprios comentários bíblicos, fez uso extenso dos comentários de Rashi, reputados pelo frade cristão como um repositório oficial da tradição rabínica. Posteriormente, quando da Reforma protestante, a obra de Nicolau de Lira baseada em Rashi, *Postillae perpetuae in universam Sacram Scripturam* (*Notas de comentários à integralidade da Sagrada Escritura*) foi uma das grandes influências de Lutero, pai da Reforma protestante.

Shabbat (sábado): descanso semanal do sétimo dia. Encontramos a previsão do *descanso semanal* no 4º mandamento (3º mandamento, na numeração feita pela tradição cristã), com o comando de guardar o *Shabbat* (sábado). Nele está a seguinte declaração: "Lembra-te do dia de *Shabbat*, para o santificá-lo. Por seis dias deverás trabalhar e cumprir todas tuas tarefas, mas o sétimo dia é *Shabbat* de teu D'us; não deves fazer nenhum trabalho...". (Êxodo/*Shemot* 20,8-11). Na Torá, a prática de um dia de descanso tem como objetivo permitir a recuperação do desgaste causado pelo trabalho (cuidado com o corpo, para que a vida não se abreviasse pela exaustão), mas também propiciar a oportunidade de oração, reflexão e contato com a divindade (dimensão espiritual da pessoa). A guarda do *Shabbat* no sábado se dá por analogia com o 7º dia em que D'us descansou de toda a sua criação no relato bíblico do Gênesis.

Septuaginta: é a tradução da Bíblia hebraica feita a partir dos originais em hebraico e aramaico para o grego *koiné* (forma popular e menos sofisticada do grego utilizada a partir do século IV a.C. como principal língua de comunicação na região do Mediterrâneo, com função semelhante ao que seria o inglês nos dias atuais). A palavra *septuaginta* significa, em latim, "setenta", daí ser também chamada *versão dos Setenta* da Bíblia hebraica. Segundo a tradição constante do Talmude babilônico (Tratado *Megillah*, 9a), 72 sábios judeus (seis de cada uma das doze tribos de Israel) teriam sido reunidos pelo faraó egípcio Ptolomeu II Filadelfo (308 a.C.-246 a.C) e colocados em 72 salas separadas, com a missão de traduzirem ao grego a Torá, mas sem que um soubesse do trabalho do outro. Miraculosamente, todos os 72 sábios teriam traduzido de forma igual o texto. Abstraindo do caráter fantástico e implausível desta lenda, fato é que, segundo a historiografia, entre os séculos III e II a.C, foi elaborada a tradução da Bíblia hebraica para o grego, sobretudo em razão de que boa parte da comunidade judaica da diáspora já tinha certa dificuldade de ler no original hebraico.

Sura: Capítulo do Alcorão.

Talmude: *Talmude* (em hebraico, "instrução" ou "aprendizado") é o conjunto de livros formado pela reunião da *Mishná* e da *Guemará*, compondo a Torá oral e seus mais insignes comentadores. Neste, se encontram tanto as prescrições legais sobre os mais diversos âmbitos da vida (denominadas coletivamente em hebraico de *halachá*, que significa em tradução literal *caminho* ou *modo de conduzir-se*), como os contos e parábolas que buscam transmitir os principais valores e crenças judaicas por meio de histórias (chamados em hebraico de *agadá*, que significa *contos*). Existem duas versões distintas do Talmude: uma compilada nas academias do antigo território de Israel (Talmude de Jerusalém, compilado nos séculos III e IV d.C., completado por volta do ano 400 d.C.) e outra nas academias da Babilônia (Talmude babilônico, compilado por volta de 500 d.C.). A versão publicada por último é a mais utilizada e mais completa, de modo que, quando se faz menção ao Talmude sem especificar qual das duas versões, deve-se entender que se está a citar o Talmude da Babilônia. O Talmude constitui, até hoje, a principal fonte da Teologia e da interpretação da lei mosaica no judaísmo.

Tanaim (ou tanaítas): rabinos do período do século I d.C. até III d.C., cujas opiniões foram recolhidas na *Mishná*. Em hebraico, *tanaim* significa "repetidores".

Tanakh: *TaNaKh* ou TNK, uma abreviatura que remete às três primeiras letras dos três grupos de livros que compõem a Bíblia hebraica: **T** (*Torah*), **N** (*Nevi'im*) e **K** (*Ketuvim*). Todos estes 24 livros (cinco livros da Torá escrita, oito livros dos Profetas e onze livros dos Escritos) compõem a chamada Bíblia hebraica.

Torá: significa, em hebraico, *ensinamento, instrução, doutrina, guia* ou *lei*. É também conhecida como "lei mosaica" ou "lei de Moisés", pois, segundo as tradições clássicas judaica e cristã, a Torá em sua integralidade teria sido recebida diretamente por Moisés a partir de revelação divina no alto do Monte Sinai. Assim, parte da Torá teria sido ditada por D'us e codificada por escrito por Moisés (Torá Escrita), mas a outra parte teria sido recebida por Moisés de D'us de forma oral, sem que fosse consignada por escrito (Torá Oral), sendo também transmitida oralmente por Moisés ao Povo de Israel. Seu objetivo era guiar e ensinar o povo acerca dos desígnios e desejos de D'us, sobretudo por meio das normas ou leis que foram dadas a Moisés.

Torá escrita: parte da Torá que foi consignada por escrito (chamada em hebraico *Torá shebichtav*), composta pelos cinco primeiros livros daquela obra que ficaria conhecida no Ocidente pelo nome de *Bíblia*. O agrupamento desses cinco primeiros livros também recebeu a nomenclatura grega de *Pentateuco* (do grego *penta* – "cinco", e *teuco* – "rolo"), em razão de serem tradicionalmente redigidos em rolos de pergaminho. Os cinco primeiros livros da Torá escrita são: Gênesis (*Bereshit*), Êxodo (*Shemot*), Levítico (*Vayikra*), Números (*Bamidbar*) e Deuteronômio (*Devarim*). Em hebraico, o título de cada um dos livros é extraído das primeiras palavras que os iniciam.

Torá oral: parte da Torá que teria sido transmitida oralmente por D'us a Moisés (*Torá shebealpe*, em hebraico), e deste também oralmente ao Povo de Israel (tradição oral). A prática de ensinamento oral da Torá, passada de geração em geração, recebeu o nome de *Mishná* (em hebraico, "*estudo por repetição*").

REFERÊNCIAS BIBLIOGRÁFICAS

AGUSTÍN, San. *Escritos bíblicos*. Cuestiones sobre el Heptateuco. Madrid: BAC, 1989.

_____. *Obras de San Agustín*. Tomo XV: Del Génesis contra los maniqueos. Madrid: BAC, 1957.

AKIVA. Genesis Rabbah, XXXIV, 14. *Midrash Rabbah*. Genesis in two volumes. Vol. I. 3rd. ed. London: Soncino Press, 1961.

ALEXY, Robert. *Teoría de los Derechos Fundamentales*. Madrid: Centro de Estudios Políticos y Constitucionales, 2001.

_____. Sistema Jurídico, Princípios Jurídicos y Razón Prática. *Doxa*, Universidad de Alicante, n. 5, 1988.

AMRAM, David Werner; KOHLER, Kaufmann. Blasphemy. In: SINGER, Isidore (Ed.). *The Jewish Encyclopedia*. New York: Funk & Wagnalls, 1903.

AQUINO, Tomás de. *Suma de Teología*. Prima Pars, q. 93, a. 4. 4. ed. Madrid: BAC, 2001.

_____. *Suma Teológica*. Ia IIae, Questão 96, Artigo 4. Vol. IV. 2. ed. São Paulo: Loyola, 2010.

ASHER, Jacob ben. Commentary on Leviticus 19,32. In: *Tur on the Torah*: Vayikra-Bamidbar. v. 3. Brooklyn, NY; Jerusalem: Lamda, 2005.

ÁVILA, Humberto Bergmann. *Teoria dos princípios*. São Paulo: Malheiros, 2003.

AZAMBUJA, Darcy. *Teoria Geral do Estado*. 41. ed. São Paulo: Globo, 2001.

AZULAY NETO, Messod; AZULAY, David. In: FONTES, André; MELLO, Cleyson; GUERRA, Sônia (Coord.). *Diálogos em direitos humanos, Estado e cidadania*: estudos em homenagem ao Prof. Dr. Reis Friede. Rio de Janeiro: Processo, 2018.

BARCELLOS, Ana Paula de. Neoconstitucionalismo, Direitos Fundamentais e Controle das Políticas Públicas. In: QUARESMA, Regina; OLIVEIRA, Maria Lucia de Paula; OLIVEIRA, Farlei Martins Riccio de (Org.). *Neoconstitucionalismo*. Rio de Janeiro: Forense, 2009.

BARCLAY, John M. G. Paul, Philemon and the Dilemma of Christian Slave-Ownership. *New Testament Studies*, Vol. 37, Issue 02, April 1991.

BARILAN, Y. Michael. From *Imago Dei* in the Jewish-Christian Traditions to Human Dignity in Contemporary Jewish Law. *Kennedy Institute of Ethics Journal*, vol. 19, n. 3, Sept. 2009.

BARROSO, Luís Roberto. *A dignidade da pessoa humana no direito constitucional contemporâneo*: a construção de um conceito jurídico à luz da jurisprudência mundial. Trad. Humberto Laport de Mello. 3. reimp. Belo Horizonte: Fórum, 2014.

_____. Fundamentos teóricos e filosóficos do novo direito constitucional brasileiro: pós-modernidade, teoria crítica e pós-positivismo. In: BARROSO, Luís Roberto (Org.). *Temas de Direito Constitucional*. Tomo II. 2. ed. Renovar: Rio de Janeiro, 2009.

BEN AZZAI. Genesis Rabbah, XXIV, 7. *Midrash Rabbah*. Genesis in two volumes. Vol. I. 3rd. ed. London: Soncino Press, 1961.

BENEDETTO XIV, Papa. *Martirologio Romano*. 4. ed. italiana. Roma: Libreria Editrice Vaticana, 1955.

BERKHOF, Louis. *Systematic Theology*. 4th. ed. Grand Rapids: Eerdmans, 1949.

BERLIN, Adele; BRETTLER, Marc Zvi (Ed.). *The Jewish Study Bible*. New York: Oxford University Press, 2004.

BERMAN, Harold J. *Direito e revolução*: a formação da tradição jurídica ocidental. Trad. Eduardo Takemi Kataoka. São Leopoldo: Unisinos, 2006.

_____. *Law and Revolution II*: The Impact of the Protestant Reformations on the Western Legal Tradition. Cambridge, MT: Harvard University Press, 2003.

BERMAN, Joshua. The Biblical Origins of Equality: The Torah as the constitution of an egalitarian polity. *Azure Online*, 37, 2009. Disponível em; <http://azure.org.il/include/print.php?id=503>. Acesso em: 22 ago. 2019.

BLUMENFELD, Yaacov Israel. *Judaísmo*: visão do universo – a vida, o mundo e o homem segundo a Torah. Rio de Janeiro: Imago, 1989.

BOBBIO, Norberto. *O positivismo jurídico*: lições de filosofia do direito. Trad. Márcio Pugliesi. São Paulo: Ícone, 1995.

BOÉCIO. Contra Eutiques y Nestorio (Tratado sobre la persona y las dos naturalezas de Cristo). In: *Cinco opúsculos teológicos (Opuscula Sacra)*. Lima: Pontificia Universidad Católica del Perú, 2002.

BOLONHA, Carlos. O projeto kantiano de valores: moral, política e direito. *Revista de Estudos Constitucionais, Hermenêutica e Teoria do Direito* (RECHTD), 6 (1), jan./jun. 2014.

BONAVIDES, Paulo. *Curso de Direito Constitucional*. 13. ed. São Paulo: Malheiros, 2003.

BRASIL. Decreto de 3 de novembro de 1827: "Declara em effectiva observancia as disposições do Concilio Tridentino e da Constituição do Arcebispado da Bahia sobre matrimonio". *Collecção das leis do Imperio do Brazil*. Parte primeira. Rio de Janeiro: Typographia Nacional, 1878.

BUBER, Martin. *Eu e Tu*. Trad. Newton Aquiles von Zuben. 10. ed. rev. 3. reimp. São Paulo: Centauro, 2009.

BUNIM, Irving M. *A Ética do Sinai*. Trad. Dagoberto Mensch. 5. ed. São Paulo: Sêfer, 2012.

BURRELL, David. Aquinas and Jewish and Islamic Authors. In: DAVIES, B.; STUMP, E. (Ed.). *The Oxford Handbook of Aquinas*. New York: Oxford University, 2012. p. 68-72.

CAETANO, Marcello. *História do direito português*. Vol. I. Lisboa: Verbo, 1981.

CANARIS, Claus-Wilhelm. *Pensamento sistemático e conceito de sistema na ciência do Direito*. 3. ed. Lisboa: Calouste Gulbenkian, 2002.

CANOTILHO, José Joaquim Gomes. *Direito Constitucional e Teoria da Constituição*. 4. ed. Coimbra: Almedina, 1991.

CAPEFIGUE, Jean-Baptiste Honoré Raymond. *Histoire de la Restauration et des causes qui ont amené la chute de la branche ainée des Bourbons*. Bruxelles: Société Belge de Librairie, 1837.

CASSONE, Vittorio. *Interpretação no Direito Tributário* – Teoria e Prática. São Paulo: Atlas, 2004.

CICERÓN. *Sobre los deberes*. Trad. José Guillén. Madrid: Alianza, 2001.

COING, Helmut. *Fundamentos de filosofía del derecho*. Trad. Juan Manuel Mauri. Avellaneda: Asde, 1995.

COMANDUCCI, Paolo. Formas de neoconstitucionalismo: un análisis metateórico. *Isonomía*, n. 16, abr. 2002.

CORDEIRO, António Manuel da Rocha e Menezes. *Da boa-fé no direito civil*. Coimbra: Coimbra, 2001.

CRISAFULLI, Vezio. Le norme "programmatiche" della Costituzione. In: MANGIA, Alessandro (Org.). *Tutta Italia un giuro uni* – unità, pluralismo e principi costituzionali. Milano: Giuffrè, 2011.

DALLARI, Dalmo de Abreu. *Elementos de Teoria Geral do Estado*. 30. ed. São Paulo: Saraiva, 2011.

DE LIBERA, Alain. *A filosofia medieval*. Trad. Nicolás Campanário e Yvone Teixeira da Silva. 2. ed. São Paulo: Loyola, 2004.

DICIONÁRIO LATIM-PORTUGUÊS. 2. ed. Porto: Porto Editora, 2001.

DIO, Cassius. *Roman History*. Book 69, 12.1-14.3. Transl. Earnest Cary. London: William Heinemann, 1925.

DURANT, Will. *História da civilização*. 3ª. Parte. César e Cristo. Tomo 2º. Trad. Monteiro Lobato. 2. ed. São Paulo: Cia. Editora Nacional, 1957.

_____. *História da civilização*. 4ª. Parte. A Idade da fé. Tomo 1º. 2. ed. São Paulo: Cia. Editora Nacional, 1957.

DWORKIN, Ronald. *Levando os direitos a sério*. Trad. Nelson Boeira. São Paulo: Martins Fontes, 2002.

ELORDUY, Eleuterio. *El estoicismo*. Tomo II. Madrid: Gredos, 1972.

ERNOUT, Alfred; MEILLET, Alfred. *Dictionnaire* étymologique *de la langue latine*: histoire des mots. Paris: Klincksieck, 2001.

FAGER, Jeffrey A. *Land Tenure and the Biblical Jubilee*: Uncovering Hebrew Ethics Through the Sociology of Knowledge. Sheffield: Journal for the Study of the Old Testament Press, 1993.

FARBER, Rabbi Zev. The Mitzvah of Covering the Blood of Wild Animals. *The Torah*: a historical and contextual approach. Disponível em: <https://thetorah.com/covering-the-blood-of-wild-animals/>. Acesso em: 18 jun. 2019.

FARRUGIA, E. G. Verbete *Filioque*. In: *Dizionario Enciclopedico del Oriente Cristiano*. Roma: Pontificio Istituto Orientale, 2000.

FRIENDLY, Henry J. Some kind of hearing. *University of Pennsylvania Law Review*, Vol. 123, pp. 1267-1317, 1975.

GILISSEN, John. *Introdução histórica ao direito*. 2. ed. Lisboa: Fundação Calouste Gulbenkian, 1995.

GIOVANNI PAOLO II, Papa. *Martirologio Romano*. Roma: Libreria Editrice Vaticana, 2004.

GÓMEZ, Jesús Álvarez. *Historia de la Iglesia* – Edad Antigua. Tomo I. Madrid: Biblioteca de Autores Cristianos, 2001.

JEDIN, Hubert. *Manual de Historia de la Iglesia*. Tomo Primero. Trad. Daniel Ruiz Bueno. Barcelona: Herder, 1966.

GRAU, Eros Roberto. *A Ordem Econômica na Constituição de 1988*. 4. ed. São Paulo: Malheiros, 1998.

GREGORY OF NYSSA. *Homilies on Ecclesiastes*. Homily IV on Ecclesiastes 2, 7-11. New York: Walter de Gruyter, 1993.

HÄBERLE, Peter. *El Estado Constitucional*. Trad. Héctor Fix-Fierro. México, D.F.: UNAM, 2003.

HARARI, Yuval Noah. *21 lições para o século 21*. São Paulo: Companhia das Letras, 2018.

HART, Herbert. *O conceito de direito*. Trad. A. Ribeiro Mendes. Lisboa: Calouste Gulbenkian, 2007.

HAZONY, Yoram. La naissance de l'État modern: la contribution méconnue du judaïsme. *Controverses – Revue d'idées*, n. 2, juin 2006.

HERNÁNDEZ, Carlos Bretón Mora. Los derechos humanos en Francisco de Vitoria. *EN-CLAVES del pensamiento*, año VII, núm. 14, jul./dic. 2014.

HERVADA, Javier. *Historia de la ciencia del derecho natural*. 3. ed. Pamplona: EUNSA, 1996.

HIRST, John. *A mais breve história da Europa*. Trad. Paulo Geiger. Rio de Janeiro: Sextante, 2018.

HOBBES, Thomas. *Leviathan*. London: J. M. Dent & Sons, 1914.

HOFFMEIER, James K. *Israel in Egypt*: the evidence for the authenticity of the Exodus Tradition. Oxford: Oxford University Press, 1999.

JACOBS, Joseph; LIBER, Morris. Rashi (Solomon bar Isaac). In: SINGER, Isidore (Ed.). *The Jewish Encyclopedia*. New York: Funk & Wagnalls, 1905.

JANSSEN, Jean. *L'Allemagne et la réforme*. Vol. II. L'Allemagne depuis le commencement de la guerre politique et religieuse jusqu'a la fin de la révolution sociale (1525). Paris: E. Plon, Nourrit et Cie., 1889.

JELLINEK, Georg. *Teoría general del Estado*. Buenos Aires: Albatros, 1981.

JOHNSON, Paul. *História dos judeus*. Trad. Carlos Pavanelli. Rio de Janeiro: Imago, 1989.

JOSEFO, Flávio. *História dos hebreus*. Livro Sétimo. Capítulo 1, 501. Trad. Vicente Pedroso. Rio de Janeiro: CPAD, 2018.

KANT, Immanuel. *Critique of the power of judgment*. Trans. Paul Guyer; Eric Matthews. Cambridge: Cambridge University Press, 2000.

_____. *Religion within the boundaries of mere reason and other writings*. Trans. Allen Wood, George Di Giovanni. Cambridge: Cambridge University Press, 1998.

_____. *Critique of pure reason*. Trans. Paul Guyer; Allen Wood. Cambridge: Cambridge University Press, 1998.

_____. *Fundamentação da metafísica dos costumes*. Trad. Paulo Quintela. Lisboa: Edições 70, 1995.

KELSEN, Hans. *A New Science of Politics* – Hans Kelsen's Reply to Eric Voegelin's "New Science of Politics" – A Contribution to the Critique of Ideology. Frankfurt: Ontos, 2004.

_____. *Teoria Pura do Direito*. 6. ed. São Paulo: Martins Fontes, 1998.

KINZIG, Wolfram. Kaine diatheke: the title of the New Testament in the second and third centuries. *Journal of Theological Studies*, Vol. 45, Pt. 2, October 1994.

KIRCHSCHLAEGER, Peter G. Slavery and early Christianity: a reflection from a human rights perspective. *Acta Theologica*, Suppl. 23, 2016.

LARENZ, Karl. *Metodologia da ciência do direito*. Trad. José Lamego. 3. ed. Lisboa: Calouste Gulbenkian, 1997.

LASK, Emil. Rechtsphilosophie – Filosofia do direito (Trad. José de Resende Júnior). *Revista Direito e Práxis*, vol. 4, n. 7, 2003.

LEADBETTER, Bill. From Constantine to Theodosius (and beyond). In: ESLER, Philip F. (Ed.). *The Early Christian World*. Vol. I-II. London: Routledge, 2000.

LEBEN, Charles. Hebrew Sources in the Doctrine of the Law of Nature and Nations in Early Modern Europe. *The European Journal of International Law*, Vol. 27, n. 1, 2016.

LEVINGER, Matthew. *Enlightened nationalism*: the transformation of Prussian political culture, 1806-1848. Oxford: Oxford University, 2000.

LEVINSON, Bernard M. The reconceptualization of kingship in Deuteronomy and the deuteronomistic history's transformation of Torah. *Vetus Testamentum* LI, 4, 2001.

LIÃO, Irineu de. *Contra as heresias*: denúncia e refutação da falsa gnose. São Paulo: Paulus, 1995.

LIDDELL, Henry George; SCOTT, Robert. *Greek-English Lexicon*. Oxford; New York: Clarendon Press, 1996.

LIGHTFOOT, J. B. *Saint Paul's Epistles to the Colossians and to Philemon*. London: MacMillan, 1879.

LLORCA, Bernardino. *Historia de la Iglesia Católica*. Edad Antigua. Tomo I. 2. ed. Madrid: Biblioteca de Autores Cristianos, 1955.

LOCKE, John. *Dois tratados sobre o governo*. Trad. Julio Fischer. São Paulo: Martins Fontes, 1998.

LORBERBAUM, Yair. Human dignity in the Jewish tradition. In: DÜWELL, M. et al. (Ed.). *The Cambridge Handbook of Human Dignity*: Interdisciplinary Perspectives. Cambridge: Cambridge University Press, 2014.

LÖWITH, Karl. *Meaning in History*. Chicago: University of Chicago, 1949.

LUÑO, Antonio-Enrique Perez. *Derechos humanos, Estado de derecho y Constitución*. Madrid: Tecnos, 1999.

MAGNETTE, Paul. *Citizenship*: the history of an idea. Colchester: ECPR, 2005.

MAIMÓNIDES, Moisés. *Guía de perplejos*. 3. ed. Madrid: Trotta, 2001.

_____. *Gifts for the Poor*: Moses Maimonides' Treatise on *Tzedakah*. Disponível em: <https://www.sefaria.org/sheets/90233?lang=en>. Acesso em: 31 maio 2019.

_____. *Mishneh Torah*. Disponível em hebraico e inglês em: <https://www.sefaria.org/texts/Halakhah/Mishneh%20Torah>. Acesso em 25 jun. 2019.

MARITAIN, Jacques. *A filosofia moral*. Rio de Janeiro: Agir, 1973.

MARTÍNEZ, Carlos de la Torre. *La recepción de la filosofía de los valores en la filosofía del derecho*. México, D.F.: UNAM, 2005.

MARTINS-COSTA, Judith. *A boa-fé no direito privado*. São Paulo: Marcial Pons, 2015.

MARX, Karl. *Sobre a questão judaica*. São Paulo: Boitempo, 2010.

MILLER, Chaim. *Sefer Bereshit*: O Livro de Gênese. Trad. Miriam Pomeroy. São Paulo: Maayanot, 2008.

MIRANDOLA, Pico della. *De la dignidad del hombre*. Madrid: Editora Nacional, 1984.

NIETZSCHE, Friedrich. *Genealogia da moral*: uma polêmica. Trad. Paulo César de Souza. 10. reimp. São Paulo: Companhia das Letras, 1998.

NOVAK, David. *Covenantal Rights*: a study in Jewish political theory. Princeton: Princeton University Press, 2000.

_____. Maimonides and Aquinas on Natural Law. In: GOYETTE, J.; LATKOVIC, M.; MYERS, R. (Ed.). *St. Thomas Aquinas & the Natural Law Tradition*: contemporary perspectives. Washington, D.C.: Catholic University of America, 2004. p. 48-62.

OLIVEIRA, Oscar de. *Os dízimos eclesiásticos do Brasil nos períodos da Colônia e do Império*. Belo Horizonte: Universidade de Minas Gerais, 1964.

OXFORD LATIN DICTIONARY. Oxford: Clarendon Press, 1968.

PADOA-SCHIOPPA, Antonio. *A History of Law in Europe*: from the Early Middle Ages to the Twentieth Century. Cambridge: Cambridge University Press, 2017.

PALMA, Rodrigo Freitas. *Manual elementar do direito hebraico*. 4. reimpr. Curitiba: Juruá, 2011.

PASTERNACK, Lawrence; ROSSI, Philip, "Kant's Philosophy of Religion", *The Stanford Encyclopedia of Philosophy* (Fall 2014 Edition), Edward N. Zalta (ed.). Disponível em: <https://plato.stanford.edu/archives/fall2014/entries/kant-religion/>. Acesso em: 25 abr. 2019.

PERELMAN, Chaim. *La Lógica Jurídica y la Nueva Retórica*. Madrid: Civitas, 1979.

PÉREZ, Jesús González. *El principio general de la buena fe en el derecho administrativo*. Madrid: Civitas, 2009.

PHARR, C., DAVIDSON, T. S., PHARR, M. B. *The Theodosian code and novels and the Sirmondian constitutions*. Princeton: Princeton University, 1952.

PITARD, Wayne T. Before Israel: Syria-Palestine in the Bronze Age. In: COOGAN, Michael D. (Ed.). *The Oxford History of the Biblical World*. Oxford: Oxford University Press, 2001.

PLASSMANN, Thomas. Nicholas of Lyra. *The Catholic Encyclopedia*. Vol. 11. New York: Robert Appleton Company, 1911.

PORTUGAL. *Ordenações Afonsinas*. Coimbra: Real Imprensa da Universidade, 1792.

_____. *Ordenações Manuelinas*. Coimbra: Real Imprensa da Universidade, 1797.

_____. *Ordenações Filipinas*. Rio de Janeiro: Typografia do Instituto Philomathico, 1870.

PUFENDORF, Samuel. *Dos deveres do homem e do cidadão de acordo com a lei natural apud* LOPES, José Reinaldo de Lima. *Curso de História do Direito*. São Paulo: Método, 2006.

RADBRUCH, Gustav. *Filosofia do direito*. Trad. Luís Cabral de Moncada. 5. ed. Coimbra: Arménio Amado, 1974.

_____. Leyes que no son derecho y derecho por encima de las leyes. In: RADBRUCH, Gustav et al. (Coord.). *Derecho injusto y derecho nulo*. Trad. José María Rodríguez Paniagua. Madrid: Aguilar, 1971.

RASHI. Commentary Deuteronomy. In: *Pentateuch with Targum Onkelos, Haphtaroth and prayers for Sabbath and Rashi's commentary*. London: Shapiro, Vallentine and Co, 1934. v. 5.

RAWLS, John. *Uma Teoria da Justiça*. Trad. Lenita M. R. Esteves. São Paulo: Martins Fontes, 1997.

RECESVINTO. *Fuero Juzgo en latín y castellano*. Madrid: Real Academia Española, 1971.

RINTELEN, Fritz Joachim von. *Anuario Filosófico de la Universidad de Navarra*, Pamplona, 3, 1970.

_____. Valor y existencia. *Actas del Primer Congreso Nacional de Filosofía*, Universidad Nacional de Cuyo, Buenos Aires, 1950. Tomo III.

ROHRBACHER, René François. *Histoire Universelle de l'Église Catholique*. Tome 7. Paris: Gaume Frères, 1850.

ROUSSEAU, Jean-Jacques. Fragment "Des Juifs". *The political writings of Jean Jacques Rousseau*: edited from the original manuscripts and authentic editions. Vol. 1. Cambridge: Cambridge University, 1915.

SANDEL, Michael J. *Justiça*: o que é fazer a coisa certa. Rio de Janeiro: Civilização Brasileira, 2012.

SCHELER, Max. *Ética*: nuevo ensayo de fundamentación de un personalismo ético. Trad. Hilario Rodríguez Sanz. Madrid: Caparrós, 2001.

SÉNECA. *Epístolas morales a Lucilio*. Madrid: Gredos, 1986.

SELDEN, John. *Opera omnia, tam edita quam inedita*. Vol. I. Londini: Typ. Guil. Bowyer, 1726.

SHEEHAN, James J. *German History* (1770-1866). Oxford: Oxford University, 1994.

SHULTZINER, Doron. A Jewish conception of human dignity: philosophy and its ethical implications for Israeli Supreme Court Decisions. *Journal of Religious Ethics*, vol. 34, issue 4, 2006.

SICKER, Martin. Democracy and judaism: the question of equality. *Jewish Political Studies Review* 5:1-2, Spring 1993.

SIKER, Jeffrey S. Christianity in the second and third centuries. In: ESLER, Philip F. (Ed.). *The Early Christian World*. Vol. I. London: Routledge, 2000.

SILVERSTEIN, Arthur Jay. The Right of Appeal in Talmudic Law, *Case Western Reserve Journal of International Law*, vol. 6, n. 33, 1974.

SOLARTE, Roberto. Los derechos del ciudadano en Hegel. *Universitas Philosophica*, n. 25-26, dic. 1995/jun. 1996.

STRECK, Lenio Luiz; MORAIS, José Luis Bolzan de. *Ciência política e Teoria do Estado*. 5. ed. rev. atual. Porto Alegre: Livraria do Advogado, 2006.

SWEET, Paul R. *Friedrich von Gentz*: defender of the old order. Madison: Wisconsin University, 1941.

TÁCITO, Cornélio. *Os Annaes*. Livro Décimo Quarto, XLII-XLV. Trad. José Liberato Freire de Carvalho. Rio de Janeiro: Souza e Laemmert, 1830. Tomo II.

TALMUDE BABILÔNICO. Disponível em: <https://www.sefaria.org/texts/Talmud>. Acesso em: 15 jun. 2019.

TAMM, Ditlev. How Nordic are the Old Nordic laws? *Anuario de historia del derecho español*, n. 74, 2004.

TERTULLIEN. *Oeuvres de Tertullien*: traité du baptême. n. 5. Paris: M. Charpentier, 1844.

VALLIERE, Paul. Introduction to the Modern Orthodox Tradition. In: WITTE JR., John; ALEXANDER, Frank S. (Ed.). *The Teachings of Modern Orthodox Christianity on Law, Politics, and Human Nature*. New York: Columbia University, 2007.

VIDE, Sebastião Monteiro da. *Constituições primeiras do Arcebispado da Bahia* – feitas, e ordenadas pelo ilustríssimo e reverendíssimo D. Sebastião Monteiro da Vide. São Paulo: Typographia 2 de Dezembro, 1853.

VILLEY, Michel. *A formação do pensamento jurídico moderno*. Trad. Claudia Berliner. São Paulo: Martins Fontes, 2005.

_____. *Filosofia do Direito*. Trad. Márcia Valéria Martinez de Aguiar. São Paulo: Martins Fontes, 2003.

VIOLA, Francesco; ZACCARIA, Giuseppe. *Diritto e interpretazione*: lineamenti di teoria ermeneutica del diritto. 7. ed. Roma: Laterza, 2011.

WEGNER, Judith Romney. Islamic and Talmudic Jurisprudence: The Four Roots of Islamic Law and Their Talmudic Counterparts. *The American Journal of Legal History*, vol. 26, n. 1, jan. 1982.

WEISSMAN, Moshe. *El Midrash dice*: el libro de Shemot – Exodo. Buenos Aires: Bnei Sholem, 2009.

_____. *El Midrash dice*: el libro de Devarim – Deuteronomio. Buenos Aires: Bnei Sholem, 2006.

_____. *El Midrash dice*: el libro de Bamidbar – Números. Buenos Aires: Bnei Sholem, 1999.

WITTE JR., John; GREEN, M. Christian (Ed.). *Religion and human rights*: an introduction. Oxford: Oxford University Press, 2012.

ZAGREBELSKY, Gustavo. *El Derecho Dúctil*. Ley, Derechos, Justicia. Madrid: Trotta, 1995.